# 데이터는 어떻게
# 인생의 무기가 되는가

# Don't Trust Your Gut

**당신의 모든 선택에서 진짜 원하는 것을 얻는 법**

# 데이터는 어떻게
# 인생의 무기가 되는가

세스 스티븐스 다비도위츠 지음 | 안진이 옮김

더 퀘스트

**옮긴이 | 안진이**

대학원에서 미술 이론을 전공했고, 현재 전문 번역가로 활동하고 있다. 《50 이후, 건강을 결정하는 7가지 습관》《지혜롭게 나이 든다는 것》《프렌즈》《컬러의 힘》《이기적 감정》《하버드 철학자들의 인생수업》《타임 푸어》《마음가면》《영혼의 순례자 반 고흐》 등 다양한 분야의 책을 우리말로 옮겼다.

# 데이터는 어떻게 인생의 무기가 되는가

**초판 발행** · 2022년 10월 5일
**초판 3쇄 발행** · 2022년 11월 4일

**지은이** · 세스 스티븐스 다비도위츠
**옮긴이** · 안진이
**발행인** · 이종원
**발행처** · (주)도서출판 길벗
**브랜드** · 더퀘스트
**출판사 등록일** · 1990년 12월 24일
**주소** · 서울시 마포구 월드컵로 10길 56(서교동)
**대표전화** · 02)332-0931 | **팩스** · 02)323-0586
**홈페이지** · www.gilbut.co.kr | **이메일** · gilbut@gilbut.co.kr
**대량구매 및 납품 문의** · 02) 330-9708

**기획 및 책임편집** · 박윤조(joecool@gilbut.co.kr) | **편집** · 안아람, 이민주 | **제작** · 이준호, 손일순, 이진혁
**마케팅** · 한준희, 김선영, 이지현 | **영업관리** · 김명자, 심선숙 | **독자지원** · 윤정아, 최희창

**표지 디자인** · [★] 규 | **교정교열 및 전산편집** · 이은경 | **CTP 출력 및 인쇄, 제본** · 북솔루션

• 더퀘스트는 ㈜도서출판 길벗의 인문교양 · 비즈니스 단행본 브랜드입니다.
• 잘못 만든 책은 구입한 서점에서 바꿔 드립니다.
• 이 책에 실린 모든 내용, 디자인, 이미지, 편집 구성의 저작권은 (주)도서출판 길벗(더퀘스트)과 지은이에게 있습니다.
  허락 없이 복제하거나 다른 매체에 실을 수 없습니다.

ISBN 979-11-407-0135-3 03320
(길벗 도서번호 040124)

값 18,800원

줄리아에게

만약 데이터가 당신을 사랑하는 게 틀렸다고 말한다면,
나는 그냥 틀릴게.

세스는 단순한 데이터과학자가 아니다. 데이터주의의 선구자로서 데이터 혁명을 이용해 삶을 새롭게 상상하는 방법을 알려준다. 이 책은 분석과 유머와 인간미의 절묘한 배합으로 독자를 확 끌어당기는 최고의 역작이다.

**대니얼 핑크** | 《드라이브》《파는 것이 인간이다》 저자

빅데이터를 보는 시각은 두 가지다. 빅데이터를 직관에 대한 위협으로 볼 수도 있고, 직관을 시험하는 자원으로 볼 수도 있다. 데이터 기반 사고의 전문가가 쓴 이 흥미진진한 책은 정보를 손쉽게 활용해서 더 현명한 결정을 내리도록 도와주는 놀랍고 유용한 통찰로 가득하다.

**애덤 그랜트** | 《기브 앤 테이크》《싱크 어게인》 저자, TED 팟캐스트 '워크라이프' 진행자

외모를 어떻게 바꾸면 가장 멋져 보일까? 누구와 결혼해야 할까? 어떻게 해야 좋은 부모가 될까? 창업하기에는 나이가 너무 많다고 느끼는가? 부자가 되려면 어떻게 해야 할까? 무엇을 하면 행복해질까? 이 중 단 하나라도 답을 주는 책이 있다면 읽겠는가? 세스 스티븐스 다비도위츠가 바로 그런 책을 내놓았다. 《괴짜 경제학》과 《데일 카네기 인간관계론》이 합쳐진 듯한 이 책은 데이터에 기반해서 인생을 조금 더 영리하게 사는 법을 안내한다.

**이언 브레머** | 국제정치학자, 유라시아그룹 총장

세스 스티븐스 다비도위츠는 그 누구보다도 설득력 있는 데이터를 보여준다. 실용적이면서 도발적이고 흥미진진해서 손에서 놓을 수 없는 책이다.

**그레첸 루빈** | 《무조건 행복할 것》 저자

인생의 작은 이점을 잘 활용해서 더 나은 삶을 살 수 있다는 메시지가 마음에 쏙 든다. 농구 코트에서 나도 바로 그런 작은 이점을 찾아낸 덕택에 선수 생활을 잘 해냈다. 그리고 내가 보기에 큰 성공을 거둔 사람들은 모두 작은 이점이 누적되는 것의 가치를 안다. 작은 이점이 쌓이고 쌓여서 결국 큰 차이를 만든다.

**세인 베티에** | NBA 2회 챔피언

데이터 중심 조직이 왜 데이터에 기반한 의사결정을 해야 하는지를 훌륭하게 설명한다. 혁신적인 접근법이 내게도 리더로서 결정적인 변화의 계기를 제공했다. 지혜가 가득하면서도 유머러스한 문체가 호소력 있게 다가온다.

**민디 그로스먼** | 웨이트워처 CEO

반드시 읽어야 할 책. 더 나은 삶을 추구하는 데 도움이 되는 발견들이 가득하고, 모든 발견은 데이터로 뒷받침된다. 게다가 책장이 절로 넘어간다. 세스 스티븐스 다비도위츠는 표와 통계를 매력적으로 만드는 특별한 재주를 가진 똑똑하고 재치 있는 작가다.

**케이티 밀크먼** | 《슈퍼 해빗》 저자

스티븐스 다비도위츠는 시종일관 대화하듯 경쾌한 문장을 구사해서 이 괴짜답고 전문적인 내용에 편안함을 더해준다. 기존 통념을 긍정하기도 하고 반박하기도 하는데, 매끄러운 전개와 풍부한 디테일로 자기계발 장르에 분석적 엄밀함을 더해준다는 점에서 더욱 반갑다.

**《퍼블리셔스위클리》**

# '머니볼'을 넘어 '라이프볼'로

마인드 마이너 송길영, 《그냥 하지 말라》 저자

인생은 선택의 연속입니다. 아침식사로 무엇을 먹을 것인가부터 어느 학교에 진학해 어떤 직장을 다닐 것인가까지 숱한 선택 속에서 인생은 무한히 분기합니다. 컴퓨터 게임이라면 지금의 나를 저장한 뒤 다시 시작할 수 있겠지만, 현실의 내 삶은 비가역적이고 세이브 버튼 같은 건 존재하지 않으니 더욱 신중해집니다.

이처럼 두렵기만 한 모두의 처음을 어떻게 도울 수 있을까요? 먼저 겪어봤다 하는 이들이 저마다 목소리를 더하며 선택은 더욱 어려워지기만 합니다. 부모님의 잔소리와 선배의 조언부터 독취사 카페의 댓글과 유튜브에 나온 성공한 이들의 무용담까지 정보는 차고 넘칩니다. 그렇지만 나와 환경부터 다른 사람들 개인의 주관적 경험에 불과한 조언에 내 인생을 맡기자니 미덥지 않다 싶으면 내 안의 방어기제가 작동해 주저하게 됩니다.

이처럼 몇 사람의 직감에 기반한 조언이 아니라 인류의 생애로부터 배울 수는 없을까요? 여기 힌트가 가득한 책이 있습니다. 야구 선수들의 막대한 데이터에 기반한 세이버메트릭스(야구 통계 기법)에서 효율적으로 자원을 분배하여 이기는 최선의 방안을 도출해냈던 '머니볼'의 인생판 같은 책이 나온 것입니다. 게다가 엄청 재미있기까지 합니다.

저자는 우리의 직관적 결정이 효율과 멀어질 수 있는 사례들을 깨알같이 소개합니다. 무엇을 하며 휴일을 보내야 가장 행복할 것인가 하는 소소한 결정에서 어떻게 양육하는 것이 우리 아이의 미래 성공을 위해 도움이 될 것인가 하는 큰 결정에 이르기까지 삶의 수많은 문제에 대응하는 '꿀팁'을 전례 없는 양의 데이터에서 추출해 알려줍니다.

그리고 데이터의 다양한 효용은 일상의 많은 부분에 적용할 수 있습니다. 영업사원이 어떤 표정을 지어야 판매가 늘어날까요? 온라인 데이트 사이트에서는 어떤 전략을 세워야 더 많은 상대로부터 호감을 끌어낼 수 있을까요? 어떤 연애 상대를 선택해야 오래가는 관계에서 안정적으로 행복감을 느낄 수 있을까요? 성공 확률을 높이려면 어느 나이에 창업해야 할까요? 그리고 어떤 직업을 가져야 높은 소득을 지속할 수 있을까요? 숱한 미디어가 다양한 영역에서 많은 이가 꿈꾸는 성과를 이룬 사람들의 비결을 쏟아내지만, 저자는 그런 이야기가 실제로는 효율적인 해결책이 아닐 수 있음을 보여주는 흥미로운 연구와 분석을 숨 쉴 틈 없이 전해줍니다.

심지어 어떤 스포츠 팀을 응원해야 여러분의 삶에서 행복감을 느낄 것인지까지도 알려주는 저자의 집요함을 보노라면, 이 책이 단순히 정해진 문제에 답을 주는 것을 넘어 우리가 스스로 문제에 답을 내려면 어떻게 세상을 분석하고 이해해야 하는지 가르쳐준다는 것을 알 수 있습니다.

자, 이제 당신의 차례입니다.

당신에게 느닷없는 휴일이 하루 주어진다면 다음 중 무엇을 해야 가장 행복할까요?


- 거래처 사람과 골프
- 햇살 가득한 거실에서 독서
- 최근에 가입한 동호회 회원과 테니스
- 이성 친구와 데이트
- 침대에 누워서 빈둥거림


답은 이 책 안에 있습니다.

무수히 쌓이는 인류의 데이터로부터 '데이터 중심 인생 해법'을 찾을 수 있음을 보여준 저자에게 감사하며, 그 비법을 알고 싶은 모든 분에게 일독을 권합니다.

# C O N T E N T S

## 1장 AI 시대의 결혼

## 2장 아이를 잘 키우는 비결: '동네'가 중요하다

## 3장 재능 없이도 운동으로 성공하는 가장 그럴싸한 방법

## 4장 미국의 숨은 부자는 누구인가?

## 5장 성공이라는 길고 따분한 과정

## 9장    현대인을 불행에 빠뜨리는 함정

# 데이터를 사랑하는 사람들을 위한 자기계발서

당신은 더 나은 결정을 할 수 있다. 빅데이터가 당신을 도와줄 것이다.

인터넷과 인터넷이 만들어낸 방대한 데이터 덕분에 인간 생활의 중요한 영역들을 이해하는 방식에 조용한 혁명이 일어나고 있다. 지난 몇 년 동안 학자들은 다양한 데이터세트를 발굴했다. 오케이큐피드OkCupid 메시지, 위키피디아Wikipedia 프로필, 페이스북Facebook의 혼인 상태를 비롯한 모든 데이터를 수집했다. 수백만 개의 데이터 속에서 인생사의 중대한 질문들에 대한 신빙성 있는 답을 찾아낸 것이다. 아마도 최초일 것이다.

- 어떤 부모가 좋은 부모인가?

- 숨은 부자들은 누구인가? 그리고 그들이 부자인 이유는?
- 당신이 연예인이 될 확률은 얼마나 되는가?
- 특별히 운이 좋은 사람들의 비결은 무엇인가?
- 무엇을 보고 행복한 결혼생활을 예측할 수 있는가?
- 사람들을 행복하게 만드는 요인은 무엇인가?

데이터로 밝혀진 답은 당신이 짐작했던 것과 다를 수도 있으며 당신이 그 데이터를 보기 전의 결정과 다른 결정을 권한다. 간단히 말하면 산처럼 쌓여 있는 새로운 데이터 속에는 당신 또는 당신 주변 사람들이 더 나은 결정을 내리도록 해줄 통찰이 담겨 있다.

다음은 연구자들이 삶의 여러 영역을 탐구해서 밝혀낸 세 가지 사실이다.

### 사례 #1

당신이 독신 남성 또는 여성이고 데이트를 많이 못하고 있다고 가정하자. 당신은 주변 사람들의 충고를 모두 수용해서 더 멋진 사람이 되려고 노력한다. 옷에 신경을 쓰고, 치아 미백을 하고, 거금을 들여 머리 모양도 바꿨다. 그런데도 데이트가 성사되지 않는다.

빅데이터의 통찰이 당신에게 도움이 될지도 모른다.

수학자이자 저술가인 크리스티안 러더Christian Rudder는 데이트 앱인 오케이큐피드에서 데이트 신청을 많이 받는 사람들의 특징을 알아내기 위해 수천만 명의 데이터를 분석했다. 그 결과는 별로 놀랍지 않았다. 데이트 상대로 선호도가 가장 높은 사람들은 아름다운 외모를 가지고 태어난 사람들이었다. 세상의 모든 브래드 피트와 나탈리 포트먼들.

하지만 러더는 데이터 더미 속에서 신기하게 선호도가 높은 다른 집단을 발견했다. 그들은 외모가 매우 특이했는데 예컨대 머리칼이 파란색이거나, 보디아트(신체 전체를 매개체로 사용하는 예술의 한 형태-옮긴이)를 했거나, 독특한 안경을 썼거나, 머리를 빡빡 깎은 사람들이었다.

왜 그런 사람들이 인기가 많을까? 평범하지 않은 사람들이 데이트 신청을 많이 받는 가장 큰 이유[1]는 대다수 사람이 그들에게 특별한 매력을 느끼지 않거나 그들이 매력적이지 않다고 판단하지만 어떤 사람들은 그들에게 강하게 이끌리기 때문이다. 그리고 데이트에서는 그런 끌림이 가장 중요하다.

당신이 넋이 나갈 정도로 아름다운 사람이 아니라면 데이트의 세계에서 최고의 전략은 "예를 많이 받고, 아니요도 많이 받지만, '그저 그렇다Meh'는 아주 조금 받는 것"이라고 러더는 말한다. 러더는 이런 전략을 사용할 때 메시지를 70퍼센트 더 받는다는 사실을 발견했다. 데이터는 이렇게 말한다. '당신의 극단적인 모습을 보여주어라. 그러면 어떤 사람들은 당신이 극도로 매력적이라고 여긴다.'

**사례 #2** ———————————————————

당신이 얼마 전에 아이를 낳았다고 가정하자. 당신은 어느 동네에서 아이를 키울지 정해야 한다. 결정하는 방법은 뻔하다. 친구 몇 명에게 조언을 구하고, 인터넷 검색으로 기본적인 정보를 찾고, 집을 몇 군데 둘러본다. 그러다가, 짠! 당신 가족에게 알맞은 집을 발견한다. 당신은 여기에 과학이 개입할 여지는 별로 없다고 생각할 것이다.

그런데 이제는 어느 동네에 살지도 과학적으로 결정할 수 있다.

최근 연구자들은 새롭게 전산화된 세금 납부 기록을 활용해 미국인 수억 명의 인생 경로를 추적했다. 그들은 특정한 도시에서 어린 시절을 보낸다는 것, 심지어는 그 도시 내의 특정한 동네에서 어린 시절을 보낸다는 것이 어떤 사람의 성취 수준을 크게 높여줄 수도 있다는 결과를 얻었다. 그리고 그런 동네들은 사람들이 좋다고 생각하는 동네와 반드시 일치하지는 않았다. 집값이 가장 비싼 동네가 좋은 동네도 아니었다. 이제는 광범위한 데이터를 분석해서 부모들에게 미국의 모든 동네의 질을 알려주는 지도도 나와 있다.

이것이 전부가 아니다. 연구자들은 자녀를 양육하기에 가장 좋은 동네들의 공통적인 특징을 찾아내기 위해 데이터를 발굴했다. 그 과정에서 자녀 양육에 관한 통념이 뒤집히기도 했다. 빅데이터 덕택에 우리는 마침내 부모들에게 아이를 성공한 사람으로 키우는 데서 진짜로 중요한 것(예를 들어 성인 역할모델)과 별로 중요하지 않은 것(예를 들어 비싼 사립학교)을 알려줄 수 있게 됐다.

사례 #3

당신이 화가 지망생인데 성공의 기회를 잡지 못하고 있다고 가정하자. 당신은 작품 활동에 도움이 되는 책이라면 모두 사들이고, 친구들에게 조언도 구한다. 당신은 작품들을 수정하고, 수정하고, 또 수정한다. 그러나 어떤 방법도 통하지 않는다. 무엇을 잘못하고 있는지 모르겠다.

빅데이터가 당신의 실수를 잡아냈다.

새뮤얼 P. 프레이버거Samuel P. Fraiberger는 최근에 화가 수십만 명의 경력에 관한 연구[2]를 진행한 결과, 왜 어떤 사람은 화가로 성공하고 어떤 사람은 성공하지 못하는지에 관한 숨은 패턴을 찾아냈다. 그렇다면 이름이 널리 알려진 화가들과 무명으로 남은 화가들을 가르는 비밀은 무엇인가?

비밀은 화가들이 작품을 선보이는 방식에 있었다. 데이터에 따르면 결정적인 성공을 거두지 못한 화가들은 한두 군데에서 계속 전시회를 여는 경향이 있었다. 반면 큰 성공을 거둔 화가들은 다양한 장소에 작품을 전시해 성공의 기회를 잡을 수 있었다.

지금까지 예술가로서 성공하려면 얼굴 비추기showing up가 중요하다고 이야기한 사람은 많았다. 하지만 데이터과학자들이 발견한 성공의 비결은 '다양한 장소에' 얼굴을 비추는 것이다.

이 책은 독신자들, 초보 부모들, 화가 지망생들에게 유용한 내용을 많이 담고 있지만, 그런 사람들에게만 도움을 주려고 쓴 책은 아니다. 나의 목표는 당신이 삶의 어느 단계에 있든 간에 새로 발굴된 빅데이터 속에서 당신에게 유용한 교훈을 찾아서 제공하는 것이다. 더 행복해지는 방법, 외모를 개선하는 방법, 일에서 성공하는 방법 등 다양한 주제에 관해 데이터과학자들이 최근에 밝혀낸 사실들을 소개하려고 한다. 그리고 이런 책을 만들어보자는 아이디어를 떠올린 건 어느 날 저녁 내가…… 야구 경기를 보던 중이었다.

## 당신 인생을 위한 '머니볼'

나처럼 야구 팬인 사람들은 다 알아차렸을 것이다. 지금의 야구는 30년 전의 야구와 전혀 다른 게임이다. 내가 뉴욕 메츠를 응원했던 소년 시절, 야구팀들은 직감과 직관을 사용해서 의사결정을 했다. 번트를 댈지 도루를 할지는 감독의 느낌에 따라 정했고, 선수 선발은 담당자가 받은 인상에 달려 있었다.

　그러다가 20세기 후반에 이르자 더 나은 방법의 실마리가 보이기 시작했다. 내가 어릴 적에 우리 아버지는 해마다 빌 제임스Bill James가 쓴 새 책을 집으로 가져왔다. 캔자스주 통조림 공장에서 야간 경비원으로 일했던 제임스는 열정적인 야구광이었다. 그리고 그에게는 경기를 분석하는 독특한 수단이 있었다. 최신형 컴퓨터와 디지털화된 데이터였다. 제임스가 세이버메트릭스sabermetrics(야구 통계학) 전문가로 불리던 동료들과 함께 데이터를 분석한 결과, 야구팀들이 직감에 의존해서 의사결정을 하면 대부분 잘못된 결과를 낳았다.

　야구팀들은 번트를 얼마나 많이 사용해야 할까? 야구 통계 전문가들은 번트를 많이 줄여야 한다고 말했다. 도루는 얼마나 많이 해야 할까? 거의 하지 말아야 한다. 출루를 많이 하는 선수들은 얼마나 가치가 있을까? 팀이 생각하는 것보다 더 큰 가치가 있었다. 야구팀들은 누구를 선발해야 하나? 대학팀의 투수들이다. 제임스의 작업에 흥미를 느낀 사람은 우리 아버지 말고도 또 있었다. 야구선수였다가 야구단 임원이 된 빌리 빈Billy Beane도 빌 제임스의 열렬한 팬이었다. 그래서 빌리 빈은 오클랜드 애슬레틱스의 감독이 됐을 때 빌 제임스의 야구 데이터 분석을 팀 운영에 도입하기로 했다.

　그 결과는 놀라웠다. 《머니볼Moneyball》[3]이라는 책과 영화에 나온 유명한 이야기처럼, 오클랜드 애슬레틱스는 선수들의 연봉 총액이 가장 낮은 팀들 중 하나였는데도 2002년과 2003년에 플레이오프에 진출했다. 그리고 그때부터 야구에서 통계 분석의 역할이 갑자기 커졌다. "머니볼 A(애슬레틱스)보다도 더 머니볼스러운 팀"[4]으로 불렸던 탬파베이 레이스는 2020년에 선수들의 연봉 총액이 세 번째로 낮은 팀이었는데도 월드시리즈에 진출했다.

　게다가 '머니볼'의 원칙들과 그 원칙들의 강력한 전제가 되는 '데이터가 우리의 편견을 수정하는 데 유용하다'는 생각은 다른 여러 영역에도 변화를 일으켰다. 다른 스포츠를 예로 들어보자. NBA 농구팀들은 모든 슛의 경로를 기록하는 분석법에 점점 많이 의존하고 있다.[5] 3억 개의 슛에서 얻은 데이터를 분석한 결과, 그 슛들이 최적의 숏과 거리가 멀다는 사실이 발견됐다. NBA에서 점프숏을 하는 선수들은 평균적으로 숏이 너무 길어서 실패할 확률보다 너무 짧아서 실패할 확률이 두 배 높았다. 그리고 선수들이 코너에서 숏할 때는 바스켓 뒤쪽의 백보드를 벗어나 옆으로 빗나갈 확률이 높았다. 아마도 공이 백보드에 부딪힐 것을 지나치게 염려한 탓일 것이다. 농구선수들은 그런 정보를 활용해서 편향을 교정하고 점수를 더 많이 올릴 수 있었다.

실리콘밸리의 기업들은 대부분 '머니볼' 원칙을 토대로 설립됐다. 내가 예전에 데이터과학자로 일했던 기업인 구글은 중요한 결정을 할 때 데이터의 힘을 확고하게 신뢰한다. 구글이 매번 숙련된 디자이너들의 직관을 무시하고 데이터를 더 선호했기 때문에 어느 디자이너가 구글을 그만뒀다는 이야기는 유명하다. 그 디자이너에게 결정타가 됐던 일은 지메일Gmail에 41가지 색조의 파란색으로 만든 광고 링크를 삽입해서 클릭 수가 가장 많은 색을 알아보는 실험이었다.[6] 그 디자이너는 속이 터졌겠지만, 그 데이터 실험은 구글에 매년 약 2억 달러의 광고 수익을 추가로 확보해주었다.[7] 1조 8,000억 달러 규모의 기업으로 성장하는 동안 구글은 데이터에 대한 믿음을 철회한 적이 한 번도 없었다. 구글의 전 CEO 에릭 슈미트Eric Schimidt는 그 믿음을 이렇게 표현했다. "우리는 신을 믿는다. 신이 아닌 사람들은 모두 데이터를 가져와야 한다."[8]

세계적인 수학자로서 르네상스 테크놀로지Renaissance Technologies를 설립한 제임스 사이먼스James Simons는 월가에 정밀한 데이터 분석법을 소개한 인물이다. 그는 복잡한 통계 모형을 사용하는 금융수학자들과 함께 주가와 현실세계의 사건들에 관한 전례 없는 규모의 데이터세트를 만들고 패턴을 찾았다. 실적 발표 후에 주식시장에는 어떤 일이 벌어지는가? 식량 부족 사태가 발생한 다음에는? 기업이 신문에 나면 주가는 어떻게 되는가?

르네상스 테크놀로지가 설립된 이후 그 기업의 대표주자로서 오직 데이터 패턴만 보고 주식을 거래한 메달리언 펀드Medallion fund는 매년 세전 66퍼센트의 수익을 올렸다.[9] 같은 기간 동안 S&P500 지수는 매년 10퍼센트 상승했다. S&P500 상승률보다 유의미하게 높은 수익을 올리기란 사실상 불가능하다는 '효율적 시장efficient market' 가설에 어긋나는 결과였다. 효율적 시장 가설을 처음 내놓은 분석가 케네스 프렌치Kenneth French는 르네상스 테크놀로지의 성공을 이렇게 설명했다. "그들은 우리보다 우월한 사람들인 것 같다."[10]

그런데 생활 속의 중대한 결정은 어떨까? 우리는 누구와 결혼할지, 데이트를 어떻게 할지, 무엇을 하며 시간을 보낼지, 취직을 할지 말지를 어떻게 결정하는가?

우리는 2002년의 애슬레틱스와 비슷한가, 아니면 그해의 다른 야구팀들과 더 비슷한가? 우리는 구글에 더 가까운가, 아니면 구멍가게에 더 가까운가? 르네상스 테크놀로지와 더 비슷한가, 아니면 전통적인 자산관리사와 더 비슷한가?

내가 보기에 우리 대부분은 중대한 결정을 할 때마다 직감에 크게 의존한다. 우리는 친구 몇 명, 가족과 친척, 또는 인생 코치를 자처하는 사람들과 상담을 한다. 별다른 근거가 없는 충고의 글을 찾아서 읽기도 한다. 아주 기본적인 통계 수치를 살짝 들여다보기도 한다. 그러고 나서는 '타당하다고 느껴지는' 쪽을 선택한다.

나는 야구 경기를 보다가 궁금해졌다. 만약 우리가 인생의 중요한 결정을 할 때도 데이터에 기반한 접근법을 사용한다면 어떤 일이 벌어질까? 빌리 빈이 오클랜드 애슬레틱스를 운영한 방법대로 우리의 개인 생활을 운영한다면 어떨까?

그런 방식으로 인생에 접근하기는 점점 쉬워지고 있다. 나의 전작인 《모두 거짓말을 한다Everybody Lies》에서는 인터넷 덕분에 새롭게 확보된 데이터가 사회와 인간 정신에 대한 우리의 이해를 어떻게 변화시키고 있는지를 살펴봤다. 야구 통계에 집착하던 팬들이 요구하고 수집한 데이터 덕분에 야구에서 통계혁명이 먼저 일어났다. 이제는 '머니볼'이 아닌 '라이프볼Lifeball' 혁명도 가능하다. 우리의 스마트폰과 컴퓨터가 수집한 모든 데이터 덕분이다.

사소하지 않은 질문 하나. 무엇이 사람들을 행복하게 만드는가?

20세기에는 이 질문에 정밀하고 체계적으로 답해주는 데이터를 구할 수 없었다. '머니볼 혁명'이 야구계를 강타했을 때 야구 통계 전문가들은 의무적으로 녹화된 모든 경기의 스포츠 실황 중계에서 데이터를 가져와서 분석할 수 있었을 것이다. 하지만 그 시절의 데이터과학자들은 사람들의 중대한 결정과 그 결정에 뒤따른 기분에 관해서는 실황 중계 자료를 가지고 있지 않았다. 행복은 야구와 달리 정밀한 양적 조사의 대상이 될 수 없었다.

그러나 지금은 가능하다.

조지 매케론Geroge MacKerron과 수재나 모라토Susana Mourato 같은 영리한 연구자들은 아이폰을 활용해 전례 없는 행복 데이터세트를 만들었다.[11] 그들은 그 프로젝트에 '매피니스Mappiness'라는 이름을 붙였다. 그들은 수만 명의 사용자를 모은 다음 그 사용자들의 스마트폰에 종일 알림을 전송해서 지금 무엇을 하고 있는지, 누구와 함께 있는지, 얼마나 행복한지와 같은 간단한 질문들을 던지고 300만 개가 넘는 행복 데이터세트를 구축했다. 그전까지 수십 개의 데이터 측정값을 가지고 진행했던 행복 연구와는 현격한 차이가 있었다.

300만 개 이상의 측정값에서 얻은 결과 중에는 도발적인 것도 있었다. 예컨대 스포츠 팬들에게는 자신이 응원하는 팀이 이길 때 얻는 기쁨보다 자신이 응원하는 팀이 졌을 때 느끼는 고통이 더 컸다. 알코올을 섭취해서 행복이 증진되는 효과는 친구들과 어울릴 때보다 집안일을 할 때 더 많이 나타났다. 분석 결과 중에는 심오한 것도 있었다. 예컨대 일은 사람들을 불행하게 만드는 경향이 있었는데, 친구들과 함께 일할 때는 예외였다.

하지만 그 결과들은 모두 쓸모가 있다. 날씨가 우리의 기분에 정확히 어떤 영향을 끼치는지 궁금했던 적이 있는가? 실제로는 별로 즐겁지 않은데 마치 즐거운 것처럼 우리를 교묘하게 속이는 활동은 무엇인가? 행복에서 돈은 실제로 어떤 역할을 하는가? 주변 환경은 기분에 얼마나 큰 영향을 끼치는가? 매케론과 모라토 같은 연구자들 덕분에 이제는 이 모든 질문에 신빙성 있는 대답을 할 수 있다.

그 대답들은 이 책의 8장과 9장에 소개될 것이다. 그리고 나는 수백만 개의 스마트폰 메시지에서 추출한 신빙성 있는 행복의 공식으로 이 책을 마무리할 것이다. 나는 그 공식을 '데이터 중심 인생 해법'이라고 부른다.

야구 경기를 시청하다가 떠오른 생각을 계기로 나는 지난 4년 동안 탐구에 집중했다. 연구자들과 이야기를 나누고 학술 논문을 읽었다. 어떤 연구자도 예상하지 못했을 정도로 논문의 부록까지 자세히 읽었다. 독자적인 조사와 해석도 했다. 결혼, 육아, 스포츠, 재테크, 기업 경영, 행운, 외모, 행복과 같은 여러 분야에서 빌 제임스 같은 사람들을 찾아내고 모두가 자기 삶의 빌리 빈이 되도록 해주는 것이 나의 일이라고 생각했다. 이제는 그동안 알아낸 것을 모두 쏟아낼 준비가 됐다.

내가 하려는 이야기를 '인생의 머니볼'이라고 불러도 좋다.


## 인생에도 '내야 시프트'가 있다

선행 연구를 검토하기 전에 나 자신에게 몇 가지 기본적인 질문을 던져봤다. 머니볼 원칙대로 사는 삶은 어떤 모습일까? 우리가 개인적인 의사결정을 할 때도 오클랜드 애슬레틱스나 탬파베이 레이스처럼 본능이 아니라 데이터를 따른다면 그 결정은 어떻게 보일까? 머니볼 이후 나타난 야구 경기의 뚜렷한 특징 하나는, 통계 분석의 결과를 따르는 야구팀이 했던 결정 가운데 어떤 것은 겉보기에……
그러니까, 조금 이상했다는 것이다. 예컨대 내야수의 위치를 생각해
보자.

머니볼 이후에 야구팀들은 '내야 시프트'를 점점 많이 한다. 야
구팀들은 수비수 여러 명을 경기장의 비슷한 구역에 몰아넣고 나머
지 넓은 구역을 비워둔다. 마치 타자에게 공을 그쪽으로 치라고 자
리를 비워준 것처럼 보인다. 전통적인 야구 팬들의 시각으로 보면
내야 시프트는 정신 나간 짓이다. 하지만 사실은 정신 나간 게 아니
다. 특정한 선수들이 공을 쳐서 어디로 보낼지를 예측하는 방대한
데이터에 따르면 내야 시프트는 타당한 전략이다.[12] 내야 시프트는
잘못된 전략처럼 보이지만 숫자가 알려주는 바에 따르면 올바른 전
략이다.

만약 우리가 머니볼식 접근법으로 인생을 살아간다면 이것과
마찬가지로 이상해 보이는 결정들이 타당성을 획득하는 경험을 하
게 될 것이다. 그런 결정들을 '인생의 내야 시프트'라고 부르자.

우리는 앞에서 두세 가지 예를 살펴봤다. 데이트 신청을 더 많
이 받기 위해 머리를 빡빡 밀어버리거나 머리카락을 파란색으로 염
색하는 것이 '인생의 내야 시프트'에 해당한다. 또 하나, 영업의 빅
데이터에서 발견된 사례를 보자.

당신이 어떤 물건을 판매하려는 사람이라고 가정하자. 뭔가를
판다는 것은 갈수록 흔히 겪는 일이 되고 있다. 베스트셀러 작가 대
니얼 핑크Daniel Pink가 《파는 것이 인간이다To Sell Is Human》에서 언급

한 대로 "동료를 설득하든, 후원금을 모금하든, [아니면] 아이들을 어르고 있든 간에…… 오늘날 우리는 모두 영업을 하고 있다."13

당신이 팔려는 물건이 무엇이든 간에 당신은 최선을 다해 상대를 설득해야 한다.

당신은 홍보 문구를 미리 글로 써본다. (이건 좋은 방법이다!) 당신은 미리 말하기 연습을 한다. (좋다!) 당신은 밤잠을 푹 잔다. (좋다!) 아침을 든든히 먹어둔다. (좋다!) 당신은 초조함을 억누르며 영업 전선에 나간다. (좋다!)

그리고 영업을 하는 동안 당신은 입을 크게 벌려 함박웃음을 지으며 당신의 흥분을 전달하려고 한다. (이건…… 좋지 않다.)

최근의 한 연구에서 영업사원의 감정 표현이 판매량에 끼치는 영향을 분석했다.

**데이터세트** 라이브 방송으로 상품을 판매하는 플랫폼에서 이뤄진 9만 9,451건의 상품 판매. (오늘날 사람들은 아마존라이브Amazon Live와 같은 서비스를 통해 상품을 구입하는 일이 점점 많아진다. 라이브 방송을 이용하면 동영상을 통해 잠재 고객들에게 상품을 홍보할 수 있다.) 연구자들은 모든 상품 판매 방송의 동영상과 방송 후 그 상품의 판매량에 관한 데이터를 확보했다. (또 그들은 판매된 상품, 그 상품의 가격, 그리고 무료배송 여부에 관한 데이터도 가지고 있었다.)

**방법** 인공지능과 딥러닝deep learning(인간의 뉴런과 비슷한 인공신경망 방식으로 정보를 처리하는 기술-옮긴이). 연구자들은 동영상의

6,232만 개 장면을 데이터로 변환했다. 구체적으로 말하면 인공지능을 사용해 영상 속 영업사원의 감정 표현을 부호화했다. 영업사원은 화가 나 보였나? 불쾌해 보였나? 겁을 먹은 것처럼 보였나? 놀란 표정이었나? 슬펐나? 아니면 행복해 보였나?

**결과** 연구자들은 영업사원의 감정 표현이 상품 판매량을 예측하는 주요 지표라는 사실을 발견했다. 놀라운 결과는 아니지만, 영업사원이 분노나 혐오와 같은 부정적 감정을 표현했을 때는 상품 판매량이 적었다. 그러니까 노여움은 판매에 도움이 안 된다. 조금 더 놀라운 사실. 영업사원이 행복이나 놀라움과 같은 긍정적인 감정을 강하게 표현했을 때는 판매량이 더 적었다. 그러니까 기쁨도 판매에 도움이 안 된다. 판매량을 늘리기 위해서는 영업사원이 흥분을 가라앉혀야 한다. 영업사원이 웃음 대신 덤덤한 표정을 지었을 때 상품 판매량의 증가 효과는 무료배송 혜택의 두 배 정도에 달했다.[14]

때로는 상품을 판매하기 위해 상품에 대한 당신의 열정을 덜 표현해야 한다. 그러면 안 될 것 같지만, 데이터는 그것이 옳은 전략이라고 말한다.


## 《모두 거짓말을 한다》에서 《데이터는 어떻게 인생의 무기가 되는가》로

잠시 나의 첫 책인 《모두 거짓말을 한다》의 독자들에게 이 책을 집필하는 이유를 설명하고 싶다. 어떤 독자들은《모두 거짓말을 한다》를 재미있게 읽었기 때문에 이 책을 집어들었을 것이다. 만약 당신이 이 책을 읽게 된 이유가 그것과 무관하다면, 나는 다음 몇 단락에서 나의 첫 책도 구입하라고 당신을 설득할 수 있을지도 모른다. 한번 해보자.

《모두 거짓말을 한다》는 구글 검색 데이터를 활용해서 사람들이 진짜로 어떤 생각을 하고 어떤 행동을 하는지를 알아본 나의 연구를 소개한 책이다. 사람들은 검색엔진에게는 아주 솔직하게 이야기하므로 나는 구글 검색을 '디지털 자백약'이라고 불렀다. 그리고 나는 구글 검색 데이터를 지금까지 수집된 인간 심리에 관한 데이터세트 중에 가장 중요한 데이터세트로 평가했다.

《모두 거짓말을 한다》에서 나는 다음과 같은 사실을 소개했다.

- 구글의 인종차별적 검색어를 활용하면 버락 오바마<sub>Barack Obama</sub>가 2008년과 2012년 대통령 선거에서 표를 많이 얻지 못한 지역이 어디인지 예측할 수 있었다.
- 사람들은 구글에 "상사가 싫어요"라든가 "지금 나는 취했다"라든가 "나는 여자친구의 젖가슴을 사랑해"와 같은 문장을 통째로 입력할 때가 많다.
- 인도에서 구글 검색창에 "남편이 원하는 것"이라고 입력하면 "남편은 내가 젖을 먹여주기를 원해요"가 맨 먼저 검색된다. 인도에서는 아기에게 모유수유하는 방법에 관한 조언을

구하는 검색 횟수와 남편에게 모유수유하는 방법을 찾는 검
색 횟수가 거의 비슷하다.

- 구글에서 '셀프 낙태'라는 검색어는 미국에서 합법적으로
  낙태를 하기 어려운 주들에서 집중적으로 나타난다.
- 남성들은 기타 조율하는 법, 타이어 교체하는 법, 오믈렛 만
  드는 법보다 '성기를 크게 만드는 법'에 관한 정보를 더 많이
  검색한다. 남성들이 성기에 관해 구글에 가장 많이 입력한
  질문들 중 하나는 "내 성기는 얼마나 큰가?"였다.

《모두 거짓말을 한다》 마지막 부분에서 나는 내가 앞으로도 구
글 검색 데이터로 알아낼 수 있는 것을 계속 탐구할 것이고, 다음 책
의 제목은 "여전히 모두 거짓말을 한다"일 것이라고 예고했다. 미
안하다. 내가 거짓말을 한 셈이 됐다. 《모두 거짓말을 한다》라는 책
을 쓴 사람이 보기에 그건 당연한 일이지만.

이 책은 얼핏 보기에는 전작과 많이 달라 보인다. 남성들이 자기
생식기에 관해 어떤 내용을 검색하는지를 더 알고 싶었던 독자들은
크게 실망할 것이다. 아이고, 알았다. 한 가지 정보를 더 알려주겠다.
남성들이 때때로 구글에 자기 성기의 크기를 공개하는 문장을 통째
로 입력한다는 사실을 아는가?[15] 예를 들어 남성들은 구글에 "내 성
기는 5인치(약 12.5센티미터)"라고 입력한다. 그리고 성기와 관련된
검색어 데이터를 모두 분석해보면, '사람들이 구글에 보고한' 성기
크기는 5인치를 중심으로 '표준에 가까운' 분포를 나타낸다.

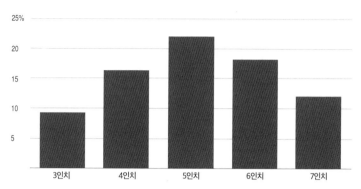

구글에서 "내 성기는 _____인치"를 검색한 비율

〔출처〕구글트렌드 〔데이터〕가공: 데이터래퍼

　　하지만 구글 검색 데이터라는 이상한 세계에 관한 나의 연구 이
야기는 그만하자. 앞에서 얘기한 대로 그 연구 이야기는《모두 거짓
말을 한다》에 더 자세히 서술되어 있으니까.

　　《모두 거짓말을 한다》에 소개된 연구들과 달리, 이 책에 소개할
연구들은 대부분 내가 아닌 다른 사람들이 진행한 것이다. 이 책은
실용적인 성격이 강하고, 현대생활의 여러 영역을 무작위로 탐색하
기보다 자기계발에 초점을 맞춘다. 그리고 이 책은 나의 전작에 비
해 섹스에 관한 이야기를 훨씬 적게 한다. 이 책에서 섹스 이야기를
할 때는 전작에서 큰 비중을 차지한 주제인 사람들의 비밀스러운 성
적 욕구 또는 불안정에 초점을 맞추지 않는다. 섹스에 관한 이야기
는 섹스가 사람들을 행복하게 만드는가 아닌가라는 문제로 한정된
다(미리 알려주자면 답은 '예'였다).

하지만 나는 두 가지 이유에서 이 책이《모두 거짓말을 한다》의 자연스러운 후속작이라고 생각한다.

첫째, 이 책을 집필한 동기 중 하나는 독자들이 '원한다고 이야기하는' 데이터가 아니라 독자들이 '진짜로 원하는' 데이터를 찾아보는 것이었다. 유능한 시장분석가들과 마찬가지로 나도《모두 거짓말을 한다》를 출간한 뒤에 독자들에게 어떤 내용에 가장 공감했느냐고 물어봤다. 대다수 독자는 세상의 가장 큰 문제와 그 해결책에 관한 부분이 특히 인상적이었다고 대답했다. 예를 들어 아동학대와 불평등에 관한 내용이 좋았다고 했다.

그러나《모두 거짓말을 한다》의 저자로서 나는 사람들이 입으로 하는 말을 그대로 믿지 않고 다른 데이터, 곧 일종의 디지털 자백약을 보고 싶었다. 나는 그 책의 아마존 전자책에서 어느 부분에 밑줄이 가장 많이 그어졌는지 살펴봤다. 사람들은 자기 삶을 개선할 수 있는 방법에 관한 문구에 밑줄을 많이 그었고, 세상을 개선하는 방법에 관한 문구에는 밑줄을 거의 긋지 않았다. 나는 사람들이 인정하든 않든 간에 사람들은 자기계발에 매력을 느낀다는 결론에 도달했다.

전자책 뷰어인 아마존 킨들Kindle 데이터에 관한 한층 광범위한 연구에서도 결론은 비슷했다. 연구자들이 다량의 책 표본을 조사한 결과, 밑줄이 많이 그어진 문장들에는 다른 문장들보다 '당신you'이라는 단어가 12배나 자주 등장한다는 사실을 발견했다. 다시 말해 사람들은 '당신'이라는 단어가 포함된 문장을 정말 좋아한

다.[16]

그래서 이 책의 첫 문장은 다음과 같다.

"당신은 더 나은 결정을 할 수 있다. 빅데이터가 당신을 도와줄 것이다."

이 문장은 직감이 아니라 데이터에서 나온 것이다. 이 문장은 '당신'이 삶에서 원하는 것을 더 얻도록 '당신'을 도와주기 위해 집 필한 책에 담겨 '당신'에게 배달되었다. 이 정도면 당신의 마음에 들었는가?

독자들에게 도움을 주는 책들의 인기는 역사적으로 인기가 많 았던 책들을 살펴봐도 확인할 수 있다. 나는 베스트셀러가 된 책들 을 시대별로 조사했다.[17] 지금까지 논픽션 베스트셀러가 가장 많 았던 분야는 바로 자기계발이다(모든 시대를 통틀어 자기계발은 논픽 션 베스트셀러의 약 42퍼센트를 차지한다). 다음으로 베스트셀러가 많았던 분야는 유명인의 회고록(28퍼센트)이고, 3위는 섹스에 관한 책(8퍼센트)이다.

내가 하려는 말은 나 역시 데이터에 의거해서 자기계발 책을 먼저 쓰겠다는 것이다. 그리고 나서는 《데이터로 보는 섹스Sex: The Data》를 출간하려고 한다. 다음에는 그 책으로 내가 유명해져서 《섹 스: 잘 팔리는 책에 관한 데이터를 따라가서 유명해진 작가의 회고 록》을 쓰게 되기를 희망한다.

《모두 거짓말을 한다》와 이 책의 두 번째 연결고리는 이 책도 현 대인의 삶의 비밀을 밝혀내기 위해 데이터를 활용한다는 것이다. 현명한 결정을 하는 데 데이터가 유용한 이유 중 하나는 세상에 관한 기본적인 정보들이 우리 눈에 보이지 않는다는 것이다. 삶에서 원하는 것을 얻는 사람들의 비밀은 빅데이터가 밝혀냈다.

비밀 하나. 부자는 어떤 사람들인가? 돈을 더 많이 벌고 싶은 사람 입장에서는 이걸 안다면 분명 도움이 될 것이다. 하지만 부자가 어떤 사람들인지를 안다는 것은 쉬운 일이 아니다. 부유한 사람들은 대개 자신이 부유하다는 사실이 남들에게 알려지기를 바라지 않기 때문이다.

최근의 한 연구는 새롭게 전산화된 세금 납부 기록을 활용해 지금까지 진행된 부자들에 관한 연구 중에서 가장 광범위한 연구를 수행했다.[18] 연구 결과 미국의 전형적인 부자는 IT기업 거물도, 기업의 임원도, 당신이 자연스럽게 떠올렸을 법한 그 어떤 사람도 아니었다. 연구자들의 표현을 빌리면 미국의 전형적인 부자는 "동네 기업의 사장님"들이었다. 예를 들어 "자동차 영업사원〔또는〕주류 도매업자" 같은 사람들. 아무도 예상 못했던 결과가 아닌가? 4장에서 우리는 그 이유에 관해 이야기하고, 이러한 결과가 직업 선택에 관해 무엇을 알려주는지도 논의할 것이다.

대중매체도 우리에게 거짓말을 한다. 아니 대중매체는 선별된 이야기만 우리에게 들려주기 때문에 세상이 어떻게 돌아가는지에 관해 잘못된 생각을 심어준다. 그런 거짓말에 넘어가지 말고 데이터를 활용하자. 그러면 의사결정에 도움이 되는 정보를 얻을 수 있다.

예컨대 사업가의 성공과 연령이라는 주제를 보자. 데이터로 밝혀진 바에 따르면 대중매체는 우리에게 전형적인 사업가의 연령에 관해 왜곡된 시각을 제공한다. 최근의 한 연구는 비즈니스 잡지에 특집기사로 소개되는 사업가들의 중위 연령이 27세라는 사실을 발견했다.[19] 대중매체는 젊은 나이에 창업에 성공한 천재들의 섹시한 이야기를 들려주기를 좋아한다.

하지만 전형적인 사업가의 실제 연령은 얼마일까? 전체 기업을 대상으로 진행된 최근의 한 연구에 따르면 성공한 사업가의 평균 연령은 42세다.[20] 그리고 60세까지는 나이가 많을수록 창업에 성공할 확률이 증가한다.[21] 게다가 이러한 현상은 일반적으로 젊어야 새로운 기술을 익힐 수 있다고 생각하는 IT산업에서도 동일하게 나타났다.[22]

'어느 분야에서나 나이가 많을수록 창업에 유리하다'는 사실은 이미 중년에 이르렀고 사업을 해볼 기회는 지나갔다고 생각하는 사람들에게는 분명히 유용한 정보다. 5장에서는 창업의 성공에 관한 몇 가지 선입견을 깨뜨리고 데이터에서 발견된 신빙성 있는 공식을 소개한다. 누구든 이 공식을 활용하면 창업에 성공할 확률을 극대화할 수 있다.

당신이 세상이 진짜로 어떻게 돌아가는지에 관한 데이터를 가지고 있다면, 그래서 사람들의 거짓말과 대중매체의 거짓말을 걸러낼 수 있다면, 당신은 더 나은 결정을 할 준비가 된 것이다.

# 신에서 느낌으로, 느낌에서 데이터로

역사학자 유발 노아 하라리Yuval Noah Harari는 《호모 데우스Homo Deus》마지막 장에서 우리가 18세기 이래로 목격된 적이 없는 "굉장한 종교혁명"을 경험하고 있다고 주장했다. 하라리가 말하는 새로운 종교는 '데이터주의Dataism',23 곧 데이터를 향한 믿음이다.

우리는 어떻게 데이터를 신봉하게 되었는가?

인류 역사에서 대부분의 시간 동안 교육을 가장 많이 받은 사람들은 신에게 가장 높은 권위를 부여했다. 하라리의 설명을 직접 들어보자. "누구와 결혼할지, 어떤 직업을 선택할지, 전쟁을 일으킬지 말지 고민될 때 사람들은 성경을 읽고 성경의 조언을 따랐다."

하라리는 '인문주의 혁명'이 18세기에 일어났다고 설명한다. 인문주의 혁명은 신 중심 세계관에 의문을 제기했다. 볼테르Voltaire, 존 로크John Locke, 그리고 내가 가장 좋아하는 철학자 데이비드 흄David Hume 같은 학자들은 '신'이란 인간의 상상의 산물이며 성경의 가르침에는 오류가 있다고 주장했다. 그들은 인간을 인도해줄 외부의 권위자는 없으니 인간이 스스로 인간을 인도해야 한다고 주장했다. 하라리의 주장에 따르면 인문주의 시대에 중요한 결정을 하는 방법은 "자신의 목소리를 듣고" "해 지는 풍경을 바라보고" "혼자 일기를 쓰고" "좋은 친구와 터놓고 이야기를 나누는 것"이었다.

하라리에 따르면 데이터주의 혁명은 이제 막 시작됐으며 사람들에게 받아들여지려면 수십 년이 넘게 소요될 수도 있다. 이 혁명은 인문주의자들의 감정 중심 세계관에 의문을 제기했다. 생명과학자와 생물학자들은 우리의 감정이 차지하고 있던 유사종교적 지위에 의문을 표했다. 하라리의 표현에 따르면 그들은 "유기체는 알고리즘"이고 감정은 단순히 "생화학적 계산의 과정들"이라는 사실을 발견했다.[24]

게다가 아모스 트버스키Amos Tversky와 대니얼 카너먼Daniel Kahneman 같은 전설적인 행동과학자들은 감정이 우리를 잘못될 길로 인도할 때도 많다는 사실을 발견했다. 트버스키와 카너먼의 주장에 따르면 우리의 마음은 편견으로 가득하다.[25]

직감이 믿을 만한 안내인이라고 생각하는가? 트버스키와 카너먼은 그렇지 않다고 말한다. 우리는 지나치게 낙관적일 때가 많다. 우리는 쉽게 기억된 이야기들의 중요도를 과대평가하고, 우리가 믿고 싶어하는 것과 일치하는 정보에 매달린다. 예측이 불가능했던 사건들을 우리가 설명할 수 있다고 잘못된 결론을 내린다. 직감의 오류를 나열하자면 끝도 없다. 인문주의자들에게는 "자신의 목소리를 들어라"라는 구호가 인류를 해방시키는 낭만적인 소리로 들렸을 것이다. 하지만 솔직히 말해서《심리학 리뷰Psychological Review》 최신호를 읽거나 위키피디아에 올라온 '인지편향 목록'이라는 훌륭한 글을 읽고 나면 "자신의 목소리를 들어라"라는 말이 위험하게 들린다.

마지막으로 빅데이터 혁명은 우리에게 우리 자신의 목소리를 듣는 것이 아닌 새로운 대안을 제공한다. 인문주의자들은 신 없는 우주에서 우리가 의지할 수 있는 유일한 지혜의 원천은 우리의 직관과 타인의 조언이라고 여겼겠지만, 이제는 데이터과학자들이 만들고 분석하는 어마어마한 데이터세트들이 우리 자신의 마음속 편향으로부터 우리를 자유롭게 해줄 수 있다.

하라리의 이야기를 더 들어보자. "21세기에 감정은 더 이상 세계 최고의 알고리즘이 아니다. 우리는 전례 없는 컴퓨팅 능력과 거대한 데이터베이스를 활용해 우수한 알고리즘을 개발하고 있다." 데이터주의에 따르면 "누구와 결혼할지, 어떤 직업을 가질지, 전쟁을 일으킬지 말지 고민될 때" 답은 "우리 자신보다 우리를 더 잘 아는 알고리즘"에 있다.

나는 이 책이 데이터주의의 바이블이라고 주장하거나 '데이터주의의 십계명'을 제시할 정도로 오만한 사람은 아니다. 그래도 당신이 이 책에 소개되는 업적을 남긴 연구자들을 '데이터주의의 예언자'들로 생각해준다면 나는 정말 기쁘겠다. (그들은 진짜로 새로운 길을 개척하는 선구자들이다.)

한편으로 나는 이 책을 통해 데이터주의라는 새로운 세계관이 어떤 것인지 보여주고, 당신 또는 당신의 친구가 중대한 결정을 앞두고 있을 때 유용할 수도 있는 알고리즘을 제공하려 한다. 이 책은 아홉 개 장으로 구성된다. 각각의 장은 삶의 중요한 영역에 관해 데이터가 우리에게 무엇을 알려주는지를 다룬다. 그리고 첫 번째 장은 삶의 가장 큰 결정이자 하라리가 데이터주의에 의해 변화해야 한다고 맨 처음 지적한 영역을 다룬다.

데이터주의자들이여, 그리고 앞으로 데이터주의로 개종할 가능성이 있는 사람들이여, 우리가 '누구와 결혼할지'를 정하는 데 알고리즘이 도움이 될까?

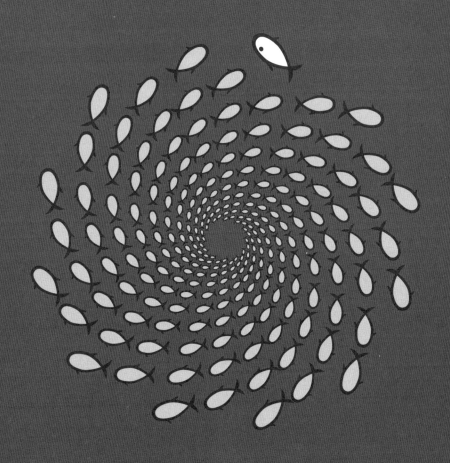

# 1장

## AI 시대의 결혼

누구와 결혼해야 할까?

　이것은 한 사람의 일생에서 가장 중요한 결정일 것이다. 억만장자 투자인인 워런 버핏Warren Buffett도 그렇게 생각한다. 그는 결혼 상대를 정하는 일이 "당신이 하는 결정 중에 가장 중요한 것"[1]이라고 말한다.

　그런데 사람들은 이토록 중요한 결정을 하면서 과학에 도움을 청하지 않는다. 솔직히 말하면 지금까지 과학은 이 문제에 도움이 될 수가 없었다.

　연애를 과학적으로 연구하는 학자들은 '누구와 결혼해야 할까'라는 질문의 답을 찾으려고 노력했다. 그러나 실험 대상이 될 연인들을 많이 모으기가 어려웠고 엄청난 비용도 마련할 수 없었다. 그러다 보니 연애에 관한 연구는 대부분 작은 표본에 의존했으며 종종 연구들끼리 상충하는 결과가 나왔다. 2007년 로체스터대학교의 유명한 학자 해리 라이스Harry Reis는 연애과학이라는 분야를 청소년기에 비유했다.[2] "(이 분야는) 성장하는 중이고, 때로는 통제 불가능하며, 우리가 바라는 것 이상으로 신비롭다."

　그런데 몇 년 전에 젊고 에너지 넘치고 똑똑한 데다 호기심이

남달랐던 캐나다의 과학자 서맨사 조엘Samantha Joel이 연구 방법을 바꿔보겠다는 목표를 세웠다. 연애를 연구하는 다른 학자들과 마찬가지로 조엘도 연애의 성공을 예측하는 요인에 관심을 가졌다. 하지만 그녀의 접근법은 다른 학자들과 뚜렷한 차이가 있었다. 조엘은 새로운 사람들을 모집해서 작은 표본을 만든 것이 아니라 그전에 수행된 연구들의 데이터를 한데 모았다. 연구의 규모가 작더라도 여러 편의 연구에서 얻은 데이터를 합치면 대규모 데이터세트를 얻을 수 있다고 생각한 것이다. 데이터만 충분하다면 연애의 성공과 실패를 예측하는 요인들을 찾아낼 수 있을 것 같았다.

조엘의 계획은 성공했다.[3] 그녀는 연애에 관한 데이터를 수집한 적이 있는 연구자들에게 일일이 연락했다. 결국 그녀의 연구진에는 과학자 85명이 합류했고, 조엘은 11,196쌍의 연인들에 관한 데이터세트를 구축할 수 있었다.*

데이터세트의 규모는 엄청났다. 그 안에 들어 있는 정보의 양도 엄청났다. 조엘 연구진은 모든 연인에 대해 두 사람이 관계에 만족하는 정도를 수치화했다. 그들은 연인관계인 두 사람을 평가하기 위해 당신이 생각해낼 수 있는 모든 것에 관한 데이터를 가지고 있었다.

연구자들이 가지고 있던 데이터는 다음과 같은 사항을 망라했다.[4]

---

* 이 연구는 이성애 관계에 초점을 맞췄다. 후속 연구는 동성애자 연인들이 이성애자 연인들과 차이점이 있는지 여부를 알아볼지도 모른다.

- 인구 분포(예를 들어 연령, 학력, 소득 수준, 인종에 따라)
- 외모(예를 들어 다른 사람들은 두 사람의 외모가 얼마나 매력적이라고 생각하는가?)
- 성적 취향(예를 들어 두 사람은 얼마나 자주 섹스를 원하는가? 두 사람은 섹스가 얼마나 특이하기를 원하는가?)
- 관심사와 취미
- 정신건강과 육체건강
- 가치관(예를 들어 정치, 인간관계, 자녀 양육에 관한 견해)
- 그 밖에 다수

조엘 연구진은 단지 그 분야의 다른 연구자들보다 데이터를 많이 확보한 것만이 아니라 더 나은 통계학적 방법도 가지고 있었다. 조엘은 다른 몇몇 연구자와 함께 머신러닝machine learning(기계학습)을 배웠다. 머신러닝이란 인공지능의 한 종류로서 현대 연구자들이 다량의 데이터에 숨어 있는 패턴을 찾아내는 데 도움이 된다. 첨단 기술을 동원해 연애의 행복을 예측하려는 최초의 시도였다는 점에서 조엘의 프로젝트를 'AI 결혼'이라고 불러도 될 것 같다.

당신이 퀴즈를 좋아한다면 결과를 한번 예측해보라. 연애의 성공을 가장 잘 예측하는 변수는 무엇일까? 공통의 가치관보다 공통의 관심사가 더 중요할까? 섹스 취향은 장기적으로 얼마나 중요할까? 자기와 성장 배경이 비슷한 사람과 사귀면 더 행복할까?

연구자들을 모으고 데이터를 수집하고 분석하는 작업이 끝나자, 조엘은 연애과학의 역사를 통틀어 가장 흥분되는 프로젝트의 결과를 공개할 준비가 됐다.

조엘은 2019년 10월에 캐나다 워털루대학교에서 다음과 같은 직설적인 제목으로 강연[5]하기로 했다. '우리가 사람들의 애인 선택을 도와줄 수 있을까?'

어떤 답이 나왔을까? 조엘은 세계적으로 유명한 과학자 85명과 협력하고, 43편의 연구에서 얻은 데이터를 종합하고, 1만 쌍 이상의 연인들에게서 수백 가지 변수를 발굴하고, 최첨단 머신러닝 모델을 활용해서 사람들이 애인을 더 잘 고르도록 해줄 수 있었을까?

아니었다.

조엘이 화상 인터뷰[6]에서 나에게 말한 바에 따르면 그 데이터에서 얻은 제1의 교훈이자 가장 놀라운 교훈은 "관계란 예측 불가능하다"는 것이었다. 조엘 연구진은 연인관계인 두 사람의 배경, 취향, 가치관은 두 사람이 행복한 연애를 할 가능성에 별다른 영향을 주지 않는다는 놀라운 사실을 발견했다.

내 말 알아들으시겠는가, 여러분. 현재 인공지능은 다음과 같은 일을 할 수 있다.

- 체스와 바둑에서 세계 최고의 선수들을 이길 수 있다.
- 인터넷상의 대화만 가지고 사회적인 소요 사태의 발생을 5일 전에 비교적 정확하게 예측할 수 있다.[7]
- 사람들의 입냄새를 분석해서 파킨슨병과 같은 질병을 조기

발견할 수 있다.[8]

그러나 AI에게 어떤 인간 두 명이 행복한 삶을 함께 꾸려갈 수 있는지 여부를 알아내라고 해보라. 우리 모두와 마찬가지로 AI는 아무것도 알아내지 못할 것이다.

어휴…… 조금 실망스럽긴 하다. 데이터과학이 우리 삶에서 중요한 결정을 하는 데 혁명적인 변화를 일으킬 수 있다고 과감하게 선언하는 책의 한 장을 이런 식으로 시작하다니 정말 별로다. 데이터과학은 정말로 애인 선택에 아무런 도움을 주지 못한단 말인가? 애인 선택이야말로 우리 삶에서 가장 중요한 결정일 텐데?

꼭 그렇지는 않다. 조엘 연구진의 머신러닝 프로젝트에는 중요한 교훈들이 담겨 있다. 연애의 성공을 예측하는 데는 컴퓨터의 능력이 대다수 사람들보다 못하긴 하지만.

일례로 조엘 연구진은 연인 한 쌍의 행복을 예측하기 위해 그들이 수집했던 모든 변수의 영향이 예상외로 미미하다는 사실을 발견했다. 하지만 연구진은 당신을 행복하게 만들 확률이 높은 연애 상대의 특징 몇 가지를 알아냈다. 더 중요한 것은, 연애의 성공을 예측하기가 이토록 어렵다는 사실은 우리가 연애 상대를 선택하는 방법에 대해 직관에 반하는 함의를 던져준다는 점이다.

생각해보라. 사람들은 조엘 연구진이 연구한 변수들이 연애 상대를 선택할 때 중요하다고 믿는다. 그들은 어떤 특징들을 가진 상대를 만나면 자신이 행복해질 거라는 가정 아래 그런 상대를 얻기 위해 치열하게 경쟁한다. 만약 조엘 연구진이 발견한 것처럼 사람들이 치열하게 경쟁해서 얻으려고 하는 특징들이 평균적으로 연애의 행복과 상관관계가 없다면, 사람들이 데이트를 잘못하고 있다는 이야기가 된다.

여기서 또 하나의 오래된 질문에 부딪힌다. 사람들은 연애 상대를 어떻게 선택하는가? 최근에는 이 질문 역시 새로운 데이터의 공격에 시달리고 있다.

몇 년 전부터 연구자들은 온라인 데이트 사이트에서 데이터를 얻어서 독신자 수만 명의 특징과 단점에 관한 대규모 데이터세트를 정밀하게 분석해서 사람들이 어떤 데이트 상대를 선호하는지 알아보려고 했다. 데이트 상대의 선호도 연구에서 얻은 결론은 연애의 행복에 관한 연구의 결론과 달리 확정적이었다. 데이터과학자들의 발견에 따르면 데이트 상대의 어떤 특징들이 행복한 연애로 이어지는지를 알아내기는 몹시 어렵지만, 데이트의 세계에서 매력적으로 여겨지는 특징들을 가려내기는 아주 쉽다.

실제로 최근의 한 연구에서는 온라인 데이트 사이트에서 특정한 사람의 데이트 신청을 받은 상대가 손가락을 왼쪽으로 움직이느냐 오른쪽으로 움직이느냐(미국의 대표적인 데이트 앱 '틴더'에서는 화면을 오른쪽으로 밀면 '수락'이고 왼쪽으로 밀면 '거절'이다-옮긴이)를 매우 정확하게 예측할 수 있다는 사실을 발견했다. 그게 전부가 아니었다. 상대가 데이트 신청을 수락하거나 거절하는 데 걸리는 시간도 아주 정확하게 예측할 수 있었다.[9] (사람들은 데이트를 신청한 사람이 자신의 기준에 약간 못 미치는 경우에 고민을 길게 하는 경향이 있다.)

다른 말로 표현하면 다음과 같다. 누가 좋은 연애 상대일지를 데이터로 예측하기는 어렵다. 반면 누가 연애 상대로 인기가 많을지는 데이터로 쉽게 예측할 수 있다. 그러니까 대다수 사람은 데이트를 잘못하고 있다.*

## 사람들은 어떤 애인을 원하는가

21세기 초에 들어서면서 연애 상대를 찾는 일에 큰 변화가 일어났다. 온라인 데이트가 늘어난 것이다. 1990년에 사람들이 배우자를 만나는 방법은 여섯 가지였다. 가장 흔한 방법은 친구의 소개였다. 다음으로는 동료의 소개, 술집에서 만나기, 가족의 소개, 학교에서 만나기, 동네에서 만나기, 교회에서 만나기가 있었다.

1994년에 최초의 현대적 온라인 데이트 사이트 키스닷컴kiss. com이 생겼고, 1년 뒤에는 매치닷컴Match.com이 생겼다. 그리고 2000년에 나는 설레는 마음으로 유대인들의 온라인 데이트 사이트

---

* 더 쏙쏙 이해되는 표현으로 바꾸면 다음과 같다. 당신이 누구를 클릭할지를 예측하기는 쉽지만, 당신이 누구와 궁합이 잘 맞을지를 예측하기는 어렵다.

제이데이트JDate에 계정을 만들었다. 새롭고 멋진 걸 발견했다고 자부하고 있었는데…… 머지않아 알게 됐다. 이번에도 내가 발견한 건 사실 나와 비슷한 괴짜들이 많이 이용하는 사이트였다는 사실을.

하지만 그 뒤로 온라인 데이트 사이트 이용은 급격하게 증가했다. 2017년이 되자 연인과 부부들의 40퍼센트 정도는 온라인으로 만난 사람들이었다. 그리고 이 수치는 해마다 증가하고 있다.

온라인 데이트는 사람들의 애정 생활에 긍정적으로 작용했을까? 이 점은 논란의 여지가 있다. 독신자들은 데이트 앱과 웹사이트를 통해 만난 사람들과의 상호작용이나 데이트에서 만족감을 느끼지 못했고 그 사람들과 잘 맞지도 않았다고 불평한다. 최근에 질문과 답변 웹사이트인 쿼라Quora.com에 달린 댓글들은 온라인 데이트

## 이성애자 커플이 만난 경로

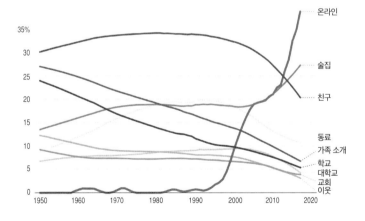

〔출처〕 마이클 로젠펠드. 로젠펠드, 토머스 & 하우젠(2019)에 최초로 공개 〔데이터〕 가공: 데이터래퍼

에 관해 다음과 같은 불만을 토로했다. "온라인 데이트는 정말 피곤하다." "매력적이거나 적극적인 여성들의 프로필 중 상당수는 나이지리아 사기꾼들이다." "남성들의 신체가 적나라하게 노출된 사진이 너무 많다."[10]

하지만 온라인 데이트의 효과 중 한 가지는 논란의 여지가 없다. 연애를 연구하는 학자들에게는 온라인 데이트가 확실히 득이 됐다는 것이다. 솔직히 말해서 연애과학 분야에 있는 사람 중에 데이트 앱과 웹사이트의 존재에 대해 불평하는 사람은 하나도 없다.

알다시피 20세기에는 구애의 과정이 오프라인에서 진행됐다. 그래서 독신자들이 하는 결정은 소수의 선택된 사람들에게만 알려지고 얼마 후에는 잊힌다. 사람들이 어떤 연애 상대를 원하는지 알아보려고 하는 과학자들에게 방법은 하나밖에 없었다. 사람들에게 물어보는 것. 해럴드 T. 크리스텐슨Harold T. Christensen이 1947년에 수행한 획기적인 연구가 바로 그런 식으로 진행됐다. 크리스텐슨은 연구 대상자인 학생 1,157명에게 잠재적인 연애 상대의 특징 21가지에 대해 중요도 점수를 매겨보라고 요청했다.[11] 남녀 모두가 가장 중요하다고 응답한 제1의 특징은 '신뢰감dependable character'이었다. 남녀 모두가 가장 낮은 점수를 매긴 특징, 곧 자신들이 가장 덜 중요시한다고 답한 특징은 '뛰어난 외모'와 '경제적 전망'이었다.

그런데 이런 식으로 사람들이 스스로 답변한 결과를 믿을 수 있을까? 사람들이 민감한 주제에 관해 거짓말을 한다는 사실은 오래전부터 알려져 있었다(나의 전작《모두 거짓말을 한다》의 주제가 바로 그것이다). 어쩌면 사람들은 아름다운 얼굴, 잘록한 허리, 두둑한 지갑을 가진 사람과 데이트하기를 간절히 바라는데 단지 그 사실을 인정하고 싶지 않은 것인지도 모르겠다.

21세기에 들어 연구자들은 사람들이 연애 상대에게 바라는 것을 알아내기 위해 직접 물어보는 것보다 나은 방법을 획득했다. 이제 구애의 상당 부분이 앱이나 웹사이트에서 이뤄지기 때문에 데이트 사이트 이용자들의 프로필, 클릭 횟수, 메시지도 데이터가 될 수 있다. 데이트 신청에 대한 대답인 '수락Yays'과 '거절Nays'은 쉽게 부호화해서 csv 파일로 만들 수 있다. 그리고 전 세계의 연구자들은 오케이큐피드, e하모니eHarmony, 매치닷컴, 힌지Hinge와 같은 여러 데이트 중개 서비스에서 발굴한 데이터를 통해 데이트 시장에서 여러 요인이 어떤 사람의 매력에 얼마나 기여하는가를 알아볼 수 있다. 그들은 비교적 단순한 방법으로 한 인간이 다른 인간들에게 매력적인 존재가 되는 이유에 관해 전례 없이 방대한 지식을 수집했다.

머리말에서 언급한 대로, 무엇을 매력적이라고 느끼느냐는 사람마다 다르다. 그리고 데이트 사이트 이용자들은 때때로 그런 다양성을 이용해 틈새시장을 파고든다. 하지만 평균적으로 사람들을 더 매력적으로 만드는 특징은 예측 가능하다.

어떤 특징을 가진 사람들이 매력적인가?

음……. 사람들이 선호하는 연애 상대에 관한 첫 번째 진실은, 삶의 다른 수많은 진실과 마찬가지로 과학자들이 알아내기 전에 록 가수가 노래로 먼저 표현했다. 카운팅 크로스Counting Crows의 애덤 두리츠Adam Duritz가 1993년에 발표한 명곡 〈미스터 존스Mr. Jones〉에서 노래한 바와 같이 우리는 모두 "아름다운 것"을 찾으려고 한다.

## 외모가 훌륭한 사람

권터 J. 히치Günter J. Hitsch, 알리 호르타슈Ali Hortaçsu, 댄 애리얼리Dan Ariely 연구팀은 온라인 데이트 사이트 이용자 중 이성애자 수천 명의 데이터를 분석했다.

그 데이트 사이트 이용자들은 모두 사진을 올려놓았으므로 연구자들은 다양한 집단에 속한 사람들을 모집해 그들에게 사례비를 주면서 이용자들의 사진을 보고 각 이용자의 매력을 1부터 10까지의 점수로 평가하도록 했다.

연구자들은 이 10점 만점 평가의 도움을 받아 모든 데이트 사이트 이용자들의 전통적인 외적 매력을 수치화했다. 그들은 어떤 사람의 외모가 그 사람의 매력에 얼마나 큰 영향을 끼치는지를 알아봤다. 그들은 어떤 사람이 다른 사람들에게서 먼저 메시지를 받은 횟수와 그 사람이 보낸 메시지에 응답받는 횟수를 토대로 그 사람의 매력을 측정했다.

연구자들은 외모가 중요하다는 결론을 얻었다.[12] 외모는 정말 중요했다.

이성애자 여성이 데이트 사이트에서 얻는 인기의 30퍼센트는 외모로 결정된다. 이성애자 여성들은 외모지상주의가 조금 덜했지만 그래도 외모를 중요하게 생각했다. 이성애자 남성들의 인기는 약

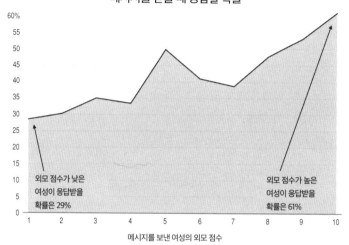

**가장 매력적인 남성들이 외모 점수가 다양한 여성들에게
메시지를 받을 때 응답할 확률**

외모 점수가 낮은
여성이 응답받을
확률은 29%

외모 점수가 높은
여성이 응답받을
확률은 61%

메시지를 보낸 여성의 외모 점수

〔출처〕 히치, 호르타슈, 애리얼리(2010) 〔데이터〕 제공: 귄터 히치, 가공: 데이터래퍼

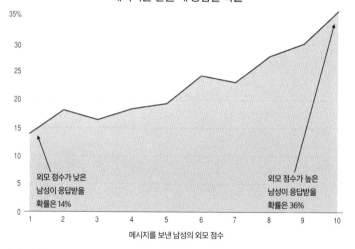

**가장 매력적인 여성들이 외모 점수가 다양한 남성들에게
메시지를 받을 때 응답할 확률**

외모 점수가 낮은
남성이 응답받을
확률은 14%

외모 점수가 높은
남성이 응답받을
확률은 36%

메시지를 보낸 남성의 외모 점수

〔출처〕 히치, 호르타슈, 애리얼리(2010) 〔데이터〕 제공: 귄터 히치, 가공: 데이터래퍼

18퍼센트가 외모에 좌우된다. 분석 결과 남성과 여성 모두에게 외모는 온라인 데이트 사이트에서 잠재적 연애 상대인 사람들로부터 메시지를 얼마나 받는지, 그리고 상대방들이 그 사람의 메시지에 답장을 얼마나 잘하는지를 예측하는 중요한 변수였다.

이러한 결과에 대해 당신은 "그야 당연하지"라고 말할 수도 있고, "거봐, 사람들이 외모는 중요하지 않다고 말할 때부터 난 알고 있었어. 그 사람들도 속으로는 외모를 따지고 있었어. 그러니까 외모를 안 본다는 건 새빨간 거짓말이야"라고 말할 수도 있겠다.

## 키가 큰 사람(남자의 경우)

히치, 호르타슈, 애리얼리는 키가 데이트 상대의 매력에 어떤 영향을 끼치는지도 조사했다.[13] (그 데이트 사이트 이용자들은 모두 키가 얼마인지를 등록했다.)

이번에도 결과는 뚜렷했다. 남성의 키는 여성들에게 매력을 어필하는 데 지대한 영향을 끼쳤다. 인기가 가장 많은 남성들은 190센티미터에서 194센티미터 사이였다. 이 구간에 해당하는 남성들은 키가 170센티미터에서 174센티미터 사이인 남성들보다 메시지를 65퍼센트 더 많이 받았다.

또 히치, 호르타슈, 애리얼리는 데이트 상대의 소득이 선호도에 끼치는 영향도 알아봤는데, 그 결과는 잠시 후에 소개하겠다. 이런 분석을 통해 연구자들은 데이트 시장에서 소득과 키의 영향에 관한 흥미진진한 비교를 할 수 있었다. 그들은 키 작은 남성이 키 때문에 잃어버린 선호도 점수를 만회하려면 소득이 얼마나 되어야 하는지를 알아봤다.

　연구자들은 평균적으로 키가 180센티미터에 연봉 6만 2,500달러(약 8,125만 원)인 남성은 키가 165센티미터에 연봉 23만 7,500달러(약 3억 875만 원)인 남성과 선호도가 비슷하다는 사실을 발견했다. 다시 말해 데이트 시장에서는 키 15센티미터의 차이가 연봉 17만 5,000달러(약 2억 2,750만 원)의 가치를 가지고 있었다.

　여성들의 경우 데이트 상대로서의 매력에 키가 끼치는 영향은 정반대였고 남성들만큼 뚜렷하지도 않았다. 일반적으로 키 큰 여성들은 데이트 사이트에서 인기를 끌지 못했다. 연구자들의 분석에 따

### 키가 데이트 성공에 끼치는 영향

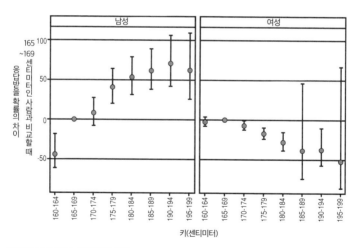

〔출처〕 히치, 호르타슈, 애리얼리(2010)

르면 키가 190센티미터인 여성은 키가 165센티미터인 여성보다 메시지를 42퍼센트 적게 받는다.


## (사람들은 절대로 인정하지 않겠지만) 선호도 높은 인종에 속하는 사람[14]

어떤 사람의 외적 특징들이 데이트 시장에서의 성공을 일정 정도 좌우한다는 불쾌한 이야기를 조금 더 해야겠다. 과학자들은 데이트에서 인종차별의 확실한 증거를 찾아냈다. 수학자이자 오케이큐피드의 공동 설립자인 크리스티안 러더는 100만 명이 넘는 오케이큐피드 이용자들의 메시지에서 얻은 데이터를 분석했다. 그는 《빅데이터 인간을 해석하다Dataclysm》라는 흥미로운 책에서 그 결과를 소개한다.

다음에 실린 불쾌한 도표 두 개는 오케이큐피드에서 여러 인종에 속한 이성애자 남성들과 여성들이 서로에게 메시지를 보냈을 때 받은 응답률을 나타낸다. 만약 인종이 데이트 결정에 영향을 끼치지 않는다면 표의 숫자들이 동일해야 한다. 다시 말해 흑인 여성과 백인 여성이 똑같이 백인 남성에게 메시지를 보낼 때 응답받을 확률이 동일해야 한다. 그런데 두 경우의 수치는 제법 큰 차이를 나타냈다. 흑인 여성이 백인 남성에게서 응답받을 확률은 32퍼센트였고, 백인 여성이 백인 남성에게서 응답받을 확률은 41퍼센트였다.

이 데이터에서 발견된 가장 충격적인 사실은 미국 흑인 여성들이 데이트 시장에서 겪는 어려움일 것이다. 첫 번째 표의 두 번째 행

## 응답률: 여성이 남성에게 먼저 메시지를 보낸 경우

|  | 아시아 남성 | 흑인 남성 | 히스패닉 남성 | 백인 남성 |
|---|---|---|---|---|
| 아시아 여성 | 48 | 55 | 49 | 41 |
| 흑인 여성 | 31 | 37 | 36 | 32 |
| 히스패닉 여성 | 51 | 46 | 48 | 40 |
| 백인 여성 | 48 | 51 | 47 | 41 |

〔출처〕크리스티안 러더의 OK트렌드 포스트
https://www.gwern.net/docs/psychology/okcupid/howyourraceaffectsthemessagesyouget.html
〔데이터〕가공: 데이터래퍼

## 응답률: 남성이 여성에게 먼저 메시지를 보낸 경우

|  | 아시아 여성 | 흑인 여성 | 히스패닉 여성 | 백인 여성 |
|---|---|---|---|---|
| 아시아 남성 | 22 | 34 | 22 | 21 |
| 흑인 남성 | 17 | 28 | 19 | 21 |
| 히스패닉 남성 | 20 | 31 | 24 | 22 |
| 백인 남성 | 29 | 38 | 30 | 29 |

〔출처〕크리스티안 러더의 OK트렌드 포스트
https://www.gwern.net/docs/psychology/okcupid/howyourraceaffectsthemessagesyouget.html
〔데이터〕가공: 데이터래퍼

에 주목하라. 거의 모든 인종 집단에 속한 남성들이 흑인 여성들의 메시지에 응답을 적게 한다.

두 번째 표의 두 번째 열은 흑인 여성들이 남성들의 냉혹한 반응에 어떻게 대응하는지를 보여준다. 눈높이를 낮춘 흑인 여성들은 어떤 집단에 속한 남성들이 메시지를 보내더라도 응답할 확률이 가장 높다.

흑인 여성들의 데이트 경험은 백인 남성들의 데이트 경험과 많이 다르다. 백인 남성들은 자신이 보낸 메시지에 응답받을 확률이 상당히 높다. 이 사실은 두 번째 표의 마지막 행에서 확인된다. 그래서 그들은 눈높이를 높여서 여성들의 메시지에 답장을 가장 적게 한다. 이 사실은 첫 번째 표의 마지막 열에서 확인할 수 있다.

남성들 집단 중에 메시지에 응답받을 확률이 가장 낮은 인종 집단은 흑인과 아시아인이었다.

러더의 표에 더 이상의 분별은 없다. 이 두 표는 남성과 여성을 인종별로 짝지어 모든 경우의 평균적인 응답률을 보여주지만, 응답률 격차의 원인이 됐을지도 모르는 집단들 간의 다른 차이점은 고려하지 않았다. 어쩌면 데이트 시장에서 특정한 인종 집단이 인기가 많거나 적은 데는 인종 집단에 따른 평균 소득의 격차가 작용했을 수도 있다.

히치, 호르타슈, 애리얼리는 이 요인들을 고려해서 데이터 보정을 시도했다. 그런데 다른 요인들을 넣어서 계산하자 아시아 남성에 대한 편견은 더 심한 것으로 나타났다. 미국에 거주하는 아시아 남성들은 평균 이상의 소득을 올린다. 그리고 평균 이상의 소득은 여성들이 선호하는 특징이기 때문에, 아시아 남성들의 메시지에 여성들이 응답할 확률이 낮다는 사실은 더욱 충격적이다. 연구자들은 평균적인 백인 여성에게 어느 아시아 남성이 그가 백인인 경우와 똑같이 매력적이기 위해서는 그 남성의 연소득이 무려 24만 7,000달러(약 3억 2,110만 원) 높아져야 한다는 결과를 얻었다.

## 부유한 사람

별로 놀랍지 않은 사실들로 돌아가보자. 소득은 데이트 시장에서 사람들의 인기에 영향을 끼친다. 특히 남성들의 인기에 영향이 크다.

히치, 호르타슈, 애리얼리의 분석에 따르면 다른 조건이 모두 동일할 때 어떤 남성의 소득이 3만 5,000달러에서 5만 달러, 15만 달러, 20만 달러로 높아지면 평균적인 여성이 그에게 메시지를 보낼 확률은 8.9퍼센트씩 높아진다. 어떤 여성의 소득이 동일한 액수만큼 증가할 경우 평균적인 남성이 그녀에게 메시지를 보낼 확률은 3.9퍼센트씩 높아진다.

물론 높은 소득을 올리는 남성이 이성애자 여성들에게 인기가 많다는 것은 잘 알려진 사실이다. 제인 오스틴Jane Austen의 《오만과 편견Pride and Prejudice》의 첫 문장만 해도 그렇다. "재산깨나 있는 독신남이라면 마땅히 아내가 필요하다는 것은 누구나 인정하는 진리다." 또는 캐나다의 록밴드 '베어네이키드 레이디스Barenaked Ladies'의 견해를 보라. 레이디스라는 이름과 달리 실제로는 남성들로 구성된 이 록밴드는 "백만 달러를 가지고 있다면" 누군가의 사랑을 돈으로 살 수 있을 거라고 생각한다.

재산에 따라 연애 상대로서의 호감도가 달라진다[15]거나 남성들이 돈을 더 벌기 위해 노력한다는 것은 진부한 이야기다. 사실 나는 소득의 영향이 생각보다 작다는 데 놀랐다.

다음으로 어떤 남성의 직업이 그 남성의 소득과 별개로 데이트 선호도에 상당한 영향을 끼친다는 이야기를 해보자. 예컨대 다른 조건이 모두 동일하다면 남성이 웨이터일 때보다 소방관일 때 여성들의 관심을 훨씬 많이 기대할 수 있다.

데이터에 따르면 때로는 남성들이 더 매력적인 직업으로 전환하는 것이 연봉이 대폭 인상되는 것보다 데이트 상대로서의 인기를 높여준다. 온라인 데이트 사이트에서 얻은 데이터에 따르면 숙박업으로 연 6만 달러를 버는 남성은 같은 업계에 계속 머물면서 연봉을 20만 달러로 높일 때보다 소방관으로 전직해서 같은 연봉을 받을 때 여성들에게 더 매력적인 사람이 된다. 다시 말해 평균적인 이성애자 여성에게는 20만 달러를 버는 숙박업 종사자보다 6만 달러를 버는 소방관이 더 매력적으로 보인다.

대개 남성들은 여성의 사랑을 '돈으로 사기' 위해 높은 연봉을 받아야 한다고 생각하지만, 데이터는 멋진 직업을 가지는 것이 따분하지만 돈을 잘 버는 직업을 가지는 것보다 여성들에게 인기를 끌기에 좋다고 알려준다.

# 법을 집행하는 사람 아니면
# 곤경에 처한 이를 돕는 사람(남자의 경우)

데이트 시장에서 직업은 중요하다.[16] 당신이 남자라면 직업은 더욱 중요하다.

히치, 호르타슈, 애리얼리는 온라인 데이트 사이트에서 이용자들의 직업 데이터를 확보했다. 여성의 외적 매력을 고려해서 분석한 결과, 여성의 직업은 그 여성이 받는 메시지의 개수에 별다른 영향을 끼치지 않았다.

하지만 남성이 여성에게 구애할 때는 이야기가 달라진다. 특정한 직업을 가진 남성들이 메시지를 더 많이 받는다. 이용자의 소득을 포함해 연구자들이 확보한 다른 모든 데이터를 계산에 넣어도 결과는 동일했다.

변호사, 경찰관, 소방관, 군인, 의사인 남성들은 소득 수준이 비슷한 다른 남성들보다 메시지를 많이 받았다. 이들은 학력과 외모와 키가 동일한 다른 남성들보다도 메시지를 많이 받았다. 일반적으로 변호사 남성들 중에서도 회계 전문이라면 인기가 별로 없었다.*

---

\* 시트콤 〈사인펠드Seinfeld〉의 팬들은 이 이야기를 듣고 조지 콘스탄자를 떠올릴 것이다. 절친한 친구 제리 사인펠드에 따르면 콘스탄자는 "우리 시대 최고의 사기꾼에 거짓말쟁이"였고 직장도 불안정했는데, 여자들을 유혹하려고 늘 자기 직업을 거짓으로 꾸며냈다. 그는 자신이 해양생물학자(아마도 '과학/연구 종사자'로 분류될 것이다)라고도 하고 건축가(아마도 '예술가'라는 범주에 들어갈 것이다)라고도 했다. 그러나 데이터과학은 이 두 직업이 여성들에게 인기가 많은 직업이 아니라고 말한다. 만약 조지가 데이터에 기반한 거짓말을 하고 싶었다면 자신이 변호사라고 말해야 했다.

다음은 온라인 데이트 사이트에서 이성애자 여성들에게 인기가 가장 많은 직업부터 인기가 가장 적은 직업 순으로 정리한 목록이다.

### 남성의 직업에 대한 선호도 (고정 수입이 있는 경우)

| 직업 | 여성들의 접근 증가율('학생'과 비교) |
|---|---|
| 법률가/변호사 | 8.6% |
| 경찰/소방관 | 7.7% |
| 군인 | 6.7% |
| 의료인 | 5% |
| 행정직/성직/비서직 | 4.9% |
| 오락/방송/영화 종사자 | 4.2% |
| 임원/관리 | 4.0% |
| 제조업자 | 3.7% |
| 금융/회계 종사자 | 2.4% |
| 자영업자 | 2.2% |
| 정치가/공무원 | 1.7% |
| 미술가/음악가/작가 | 1.7% |
| 판매/마케팅 종사자 | 1.4% |
| 기술/과학/공학/연구/컴퓨터 종사자 | 1.2% |
| 운송업자 | 1.0% |
| 교사/교육자/교수 | 1.0% |
| 학생 | 0% |
| 육체노동/건설 종사자 | -0.3% |
| 서비스/숙박/음식 종사자 | -3% |

〔출처〕 히치, 호르타슈, 애리얼리(2010)

## 이름이 섹시한 사람

몇 년 전에 연구자들은 온라인 데이트 사이트 이용자들에게 발신자의 이름만 달리해서 무작위로 메시지를 보냈다. 발신자의 사진이나 정보는 없었다. 연구자들은 어떤 이름들이 다른 이름들에 비해 수신자가 메시지를 클릭할 확률이 두 배나 높다는 사실을 발견했다.[17] 섹시한 이름들(답장받을 확률이 높은 이름들)은 다음과 같다.

- 알렉산더
- 에마
- 제이콥
- 맥스

- 샬롯
- 해나
- 마리
- 피터

섹시하지 않은 이름들(답장받을 확률이 낮은 이름들)은 다음과 같다.

- 셀리나
- 데니스
- 저스틴
- 맨디

- 샨탈
- 재클린
- 케빈
- 마빈

## 자신과 비슷한 사람

우리는 우리 자신과 비슷한 짝을 원할까, 아니면 우리 자신과 다른 짝을 원할까?

컴퓨터공학자이자 데이터과학자인 에마 피어슨Emma Pierson은 온라인 데이트 사이트인 e하모니에서 연인 100만 쌍을 분석한 결과를 데이터 저널리즘 사이트인 '파이브서티에이트FiveThirtyEight'에 공개했다. 피어슨은 e하모니가 이용자들을 평가하는 102개 항목을 분석해서 사람들이 자기와 같은 특징을 가진 사람과 짝이 될 확률이 높은지 낮은지를 계산했다. 결과는 확실했다. 사람들은 차이보다 유사성에 매력을 느꼈다.[18]

특히 이성애자 여성들이 자기와 유사한 사람에게 이끌린다. 피어슨의 분석 결과, 어떤 남성이 자신과 똑같은 특징을 가지고 있다면 여성이 그에게 메시지를 보낼 확률은 높아진다. 문자 그대로 102가지 항목 모두에 이러한 결과가 적용된다. 102가지 항목에는 연령, 학력, 소득과 같이 일반적으로 중요하게 여겨지는 특징들 외에 프로필에 올린 사진의 개수, 프로필에 사용한 형용사 등의 별난 특징들도 포함된다. 자신을 '창의적'이라고 소개한 여성은 똑같은 단어를 사용해서 자기를 소개한 남성에게 메시지를 더 많이 보낸다. 이성애자 남성들 역시 자신과 비슷한 여성을 선호하는 경향이 있었지만, 선호도는 여성들만큼 강하지 않았다.*

피어슨이 '파이브서티에이트'에 기고한 글에는 다음과 같은 제

---

* 피어슨이 분석한 102가지 특징 중 80퍼센트 정도에서 여성들이 남성보다 유사성 선호가 뚜렷했다.

목이 붙어 있었다. "사람들이 궁극적으로 원하는 데이트 상대는 자기 자신인가?"

사람들이 자기와 비슷한 특징을 지닌 상대와 짝을 지으려 한다는 피어슨의 발견은 데이트 앱 힌지의 데이터를 사용한 다른 연구에서도 확인됐다. 이 연구를 진행한 사람들도 재치 있는 제목을 붙였다. "극과 극은 비슷하다." 또한 연구자들은 데이트 사이트 이용자들이 하나의 새롭고 독특한 영역에서 자신과의 유사성에 매력을 느낀다는 사실을 발견했다. 그 영역은 바로 이름의 머리글자였다. 힌지 이용자들이 자신과 같은 머리글자를 가진 사람과 데이트를 할 확률은 11.3퍼센트 더 높았다.[19] 그리고 이런 효과는 애덤 코언Adam Cohen과 애리얼 코언Ariel Cohen처럼 종교가 같아서 이름의 머리글자도 동일하고 짝지어질 가능성도 높은 사람들 때문이 아니었다(Cohen이라는 성을 가진 사람들은 대개 유대인이다-옮긴이). 종교를 고려해서 계산했을 때도 동일한 머리글자를 가진 사람들이 데이트하게 될 확률은 똑같이 높게 나타났다.*

지니 S.는 제리 S.의 마음을 사로잡는다. 제리는 그녀에게 청혼하지만, 곧 그 결정을 취소한다. "나랑 똑같은 사람과 함께할 수는

---

* 〈사인펠드〉의 팬들은 제리 사인펠드를 떠올릴 것이다. 시즌7의 24회에서 제리 사인펠드는 지니 스타인먼이라는 여성과 데이트를 한다. 지니는 제리의 복사판 같은 사람이다. 그녀는 그와 이름 머리글자만 같은 게 아니다. 그녀는 그와 똑같이 사람들의 복장을 평가하기 좋아하고, 레스토랑에서 시리얼을 주문하며, 낯선 사람에게 안 좋은 일이 생기면 "어쩌나!"라고 외친다.

없어. 나는 나 자신이 싫거든."

데이터에 따르면 우리 모두 제리 사인펠드처럼 각자 자신의 지니 스타인먼을 찾아 헤맨다. 그런데 막상 그런 짝을 찾고 나서는 불행해진 우리 자신을 발견하기도 한다.

데이터에 따르면 성향이 정반대인 사람들이 서로 끌린다는 통념은 틀렸다. 사람들은 자신과의 유사성에 이끌린다. 그 효과는 생각보다 크다.

## 무엇으로 행복한 연애를 예측할 수 있는가

온라인 데이트 사이트에서 수집한, 심히 흥미롭지만 때로는 불쾌한 데이터는 독신자들이 어떤 특징을 가진 사람들에게 매력을 느낄지 예측할 수 있다고 이야기한다. 하지만 그들이 그런 특징에 매력을 느끼는 것이 바람직할까?

만약 당신이 평균적인 데이트 사이트 이용자라면 과학자들이 찾아낸 선호도 높은 특징을 가진 사람들을 클릭할 것이다. 그렇다면 당신은 데이트를 잘하고 있는 걸까, 아니면 잘못된 데이트를 하고 있는 걸까?*

---

* 연애의 모든 것에 관한 과학적이고 철저한 지침을 원하는 독자들에게는 러더의 《빅데이터 인간을 해석하다》와 로건 유리Logan Ury의 《사랑은 과학이다How to Not Die Alone》을 추천한다.

이 장의 첫머리에서 나는 서맨사 조엘의 연구를 언급했다. 조엘 연구진이 연인관계의 질에 관한 사상 최대 규모의 데이터세트를 확보했다는 사실을 상기하라. 수많은 특징 목록을 기반으로 분석한 결과, 그들은 어떤 사람이 상대와 행복한 연애를 할지 예측하기란 몹시 어렵다는 사실을 발견했다. 행복한 연애를 보장하는 특징이나 행복한 연애를 가로막는 특징들은 정해져 있지 않았다. 그리고 세상의 어떤 알고리즘도 어느 두 사람이 행복한 연인이 될지 아닐지를 정확히 예측할 수 없었다.

하지만 어떤 특징들은 관계를 어느 정도 예측할 수 있었다. 그리고 어떤 특징들은 어떤 사람이 행복한 연애를 할 확률을 어느 정도는 높여준다. 이제부터 나는 행복한 연애를 무엇으로 예측할 수 있는지 이야기하려고 한다. 그런 요인들은 사람들이 원하는 애인의 특징들과 거의 무관하다.

## 데이터과학이 말한다: "문제는 당신이 아니고 나야"

존이라는 남자가 샐리라는 여자와 사귄다고 가정하자. 당신은 존이 샐리와 행복한 연애를 할지 미리 알아보고 싶다. 당신은 존과 샐리(또는 존이나 샐리)에게 그들 자신에 관해 세 가지를 물어볼 수 있다. 그리고 그 정보를 활용해 존의 연애가 얼마나 행복할지 예측해야 한다.

당신은 어떤 질문을 하고 싶은가? 두 사람의 관계에 관해 무엇을 알고 싶은가?

조엘과 공저자들의 연구 결과에 따르면 존이 샐리와 함께해서 행복할지를 알아내는 데 가장 유용한 세 가지 질문은 샐리와는 관련이 없고 모두 존과 관련이 있다. 존이 샐리와 사귀면서 얼마나 행복할지를 예측하려면 다음과 같은 질문을 해야 한다.

- "존, 당신은 샐리를 만나기 전에 당신의 삶에 만족하고 있었나요?"
- "존, 당신은 샐리를 만나기 전에 우울증 증상이 없었나요?"
- "존, 당신은 샐리를 만나기 전에 긍정적인 정서를 가지고 있었나요?"

연구자들은 이와 같은 질문들에 "예"라고 대답한 사람들은 지금 행복한 연애를 하고 있다고 생각할 확률이 유의미하게 높다는 사실을 발견했다. 다시 말해 연인관계 바깥에서 행복한 사람이 연인관계 안에서도 쉽게 행복해진다.

그리고 상당히 놀라운 사실 하나. 사람들이 자기 자신에 관한 질문에 어떤 대답을 하느냐가 연애 상대의 모든 특징을 합친 것보다 네 배 정도 연애의 행복도를 잘 예측했다.*

물론 연인관계 바깥의 행복이 연인관계 안의 행복에 막대한 영향을 끼칠 수 있다는 개념 자체는 혁명적인 것이 아니다. '오늘의 명 언Daily Inspirational Quotes'에 소개되는 다음과 같은 격언을 생각해보라. "자기 자신에게 만족하지 못하면 누구도 그 사람을 행복하게 만들어줄 수 없다."

나 같은 냉소적인 데이터광들은 이런 격언을 볼 때마다 고개를 갸우뚱한다. 하지만 조엘과 공저자들의 연구 논문을 읽고 나서는 나도 이 격언이 대체로 진실이라는 것을 받아들이게 됐다.

이것은 데이터 중심적인 삶의 중요한 측면이다. 우리 같은 데이터광들은 관습적 지혜 또는 진부한 조언과 상반되는 사실을 알게 될 때 가장 즐거워한다. 그런 발견은 세상 사람들이 알지 못하는 어떤 것을 알아내려는 우리의 자연스러운 욕구를 채워준다. 그러나 한편으로 우리 데이터광들은 데이터가 관습적 지혜 또는 진부한 조언과

---

\* 〈사인펠드〉의 팬들은 또다시 조지 코스탄자를 떠올릴 것이다. 조지는 애인과 헤어질 때 늘 같은 말을 한다. "너 때문이 아니야. 나 때문이야." 조지는 이 대사가 자기 연애 생활의 핵심이라고 생각하기 때문에, 어떤 여자가 그에게 이별을 통보하면서 정확히 똑같은 말을 했을 때 화를 벌컥 냈다. 그는 그녀를 끈질기게 추궁해서 이별의 원인이 사실은 그녀가 아니라 자신에게 있다고 인정하게 만든다. "그래, 알았어. 조지, 너 때문이야." 그녀는 그에게 이렇게 말해준다. 내가 하고 싶은 말은 이제 조지의 이 대사를 뒷받침하는 데이터가 생겼다는 것이다. 조지가 다음과 같이 말했다면 그의 주장은 더 탄탄해졌을 것이다. "연애의 행복을 예측하는 머신러닝 모델에 따르면 나의 연애를 예측할 때는 당신에 관한 모든 것보다 나의 정신 상태가 네 배 더 중요하대. 과학자들이 말하길, 내가 내 삶에 만족하지 못하고 우울증에 시달리고 부정적인 정서를 가지고 있다면 내가 행복한 연애를 하기는 극도로 어렵다는 거야. 나는 이 조건들을 다 가지고 있잖아. 내가 좀 더 긍정적인 인생관을 가지기 전까지는 어느 누구와도 행복한 연애를 하기가 어렵대. 그러니까 너 때문이 아니야. 나 때문이라고!"

일치할 때도 그 결과를 받아들여야 한다. 우리는 데이터가 우리를 데려가는 곳으로 기꺼이 가야 한다. 데이터를 따라가다가 '오늘의 명언'에 소개된 격언들과 똑같은 내용을 발견할지라도.

86명의 과학자로 이뤄진 연구진과 누군지 몰라도 '오늘의 명언'을 작성하는 사람이 공통으로 발견한 바와 같이, 연인관계의 행복을 가장 잘 예측하는 요인은 연인관계 바깥의 행복이다. 그러면 연애 전의 마음 상태 외에 어떤 요인들로 연애의 행복을 예측할 수 있을까? 연애 상대의 어떤 특징들을 보고 연인관계의 행복을 예측할 수 있을까? 연애 상대의 특징 가운데 연인관계의 행복을 예측하는 데 도움이 안 되는 것들을 먼저 살펴보자.

## 외모의 중요성은 과대평가되었다:
## 그리고 당신이 오래전부터 들어왔고 늘 무시했지만
## 데이터로 입증되었다는 사실을 알고 나면
## 조금 더 잘 따를 조언들

관계를 오래 지속하는 연인과 부부 1만 1,000쌍 이상을 분석한 머신러닝 모델에 따르면, 연애 상대가 가진 특징 중에 그 상대와 함께해서 행복해질 확률을 가장 적게 예측하는 특징들은 다음과 같다. 이 특징들을 '중요하지 않은 여덟 가지'라고 부르자.[20] 연애 상대가 다음 특징들을 어떤 조합으로 가지고 있든 간에 그 상대와 행복한 연애를 할 확률은 거의 같다.

- 인종/혈통
- 종교
- 키
- 직업
- 외모
- 과거의 혼인 여부
- 성적 취향
- 자기 자신과의 유사성

이 '중요하지 않은 여덟 가지' 목록을 어떻게 이해해야 할까? 나는 중요하지 않은 특징들의 목록과 이 장에서 앞서 소개한 또 하나의 데이터 기반 목록이 겹치는 것을 보고 깜짝 놀랐다.

앞에서 나는 사람들이 연애 상대에게서 가장 선호하는 특징들을 소개했다. 온라인 데이트 사이트에서 얻은 빅데이터를 통해 알아낸 '데이트 시장에서 가치 있는 특징들의 목록'은 조엘 연구진이 대규모 데이터세트를 분석해서 알아낸 '연애의 장기적 성공과 상관관계가 없는 연애 상대의 특징들 목록'과 거의 완벽하게 일치한다.

예컨대 전통적인 매력을 생각해보라. 알다시피 아름다운 외모는 데이트 시장에서 가장 가치 있는 특징 중 하나다. 히치, 호르타슈, 애리얼리가 온라인 데이트 사이트의 독신 남녀 수만 명을 분석해서 알아낸 바에 따르면, 누가 메시지를 받고 누가 메시지에 답장을 많이 받는지는 상당 부분 그들의 전통적인 매력으로 설명 가능하다. 하지만 조엘 연구진이 관계를 오래 유지한 1만 1,000쌍 이상의 연인들을 분석한 결과, 연애 상대의 전통적인 매력은 행복한 연애를 예측하지 못한다. 키 큰 남성, 멋진 직업을 가진 남성, 특정 인종 집단에 속한 사람들, 자기 자신과 꼭 닮은 사람들은 데이트 시장에서 높은 가치를 인정받는다(이 장의 앞부분에 제시한 증거를 보라). 하지만 관계를 오래 유지한 수많은 연인에게 물어보라. 선호도 높은 특징을 가진 상대와 짝이 되는 데 성공한 사람들이 더 행복한 연애를 한다는 증거는 없다.

만약 연애과학이라는 분야에서 빅데이터 연구들이 밝혀낸 가장 중요한 사실을 한 문장으로 요약하라고 한다면, 나의 대답은 다음과 같다(이것을 '사랑의 제1법칙'이라고 불러달라). '데이트 시장에서 사람들은 행복한 연애를 할 확률을 높여주지 않는 특징들을 가진 짝을 만나려고 맹렬하게 경쟁한다.'

그리고 만약 연애의 장기적 성공으로 이어지지 않는데도 사람들이 선호하는 특징들을 뭐라고 부를지 정해보라고 한다면 나는 '번쩍이는 특징'이라고 부르겠다. 번쩍이는 특징들은 신속하게 우리의 주의를 사로잡는다. 예컨대 거의 모든 사람은 전통적인 미인에게 매력을 느낀다. 그러나 데이터를 분석해보면 우리의 주의를 사로잡는 번쩍이는 특징들은 연애의 장기적 성공에 아무런 영향을 끼치지 않는다. 데이터는 독신자들이 번쩍이는 특징에 쉽게 유혹당한다는 것을 보여준다.

## 사랑의 유킬리스: 저평가된 자산을 강조하라

연애과학이라는 분야의 연구들을 정독하고 나서 나는 오늘날의 데이트 시장이 1990년대의 야구 시장과 아주 흡사하다는 생각이 떠올랐다.

이 책을 집필할 동기를 제공한 '머니볼 혁명'을 생각해보라. 오클랜드 애슬레틱스를 비롯한 몇몇 야구팀은 데이터 분석을 통해 야구 시장이 제대로 작동하지 않고 있다는 사실을 깨달았다. 시장에 나온 선수들의 가격(팀이 선수들에게 지불해야 하는 연봉은 얼마인가)과 선수들이 팀에 제공하는 가치(그 선수들이 팀의 성적을 얼마나 향상시키는가)가 일치하지 않았다.

선수들은 자신이 팀에 제공할 것으로 예상되는 가치가 아닌 다른 요인들을 기준으로 선발되고 연봉을 받았다. 야구 시장은 야구 선수들의 잘생긴 외모와 같은 번쩍이는 특징들을 과대평가하고, 겉보기에 야구 스타가 될 것 같지 않은 선수들은 과소평가하는 경향이 있었다.

과소평가되던 선수 중 하나가 케빈 유킬리스Kevin Youkilis였다. 유킬리스는 "달리기도, 던지기도, 수비도 못하는 뚱뚱한 3루수"로 일컬어졌다. 그의 대학 시절 코치는 이렇게 말했다. "그는 체형이 각져서 선수복을 입어도 근사해 보이지 않았어요. 키가 크지 않았고 유망한 선수처럼 보이지도 않았지요. 선수복을 입으면 통통해 보였어요."[21] 대학 시절 그의 기록은 훌륭했지만 그는 '야구선수 같지 않은 외모' 때문에 선수 선발에서 8차까지 탈락했다.

하지만 데이터 분석가들은 유킬리스가 외견상 우수한 프로 야구선수처럼 보이지는 않지만 진짜로 중요한 기술은 다 갖췄다는 사실을 알았다. 보스턴 레드삭스는 그런 데이터 분석 결과를 보고 8차 선발에서 유킬리스를 선택했다. 그러자 오클랜드 애슬레틱스의 단장이었던 빌리 빈은 크게 실망했다. 빈은 유킬리스를 반드시 선발하고 싶었지만 기다리면 가격이 더 떨어질 거라고 예상했다. 이렇게 선발된 키 작고 통통한 선수는 나중에 세 번이나 올스타로 선발되고 그가 속한 팀을 두 번이나 월드시리즈 챔피언에 올려놓았다.

다시 말해 1990년대에 데이터를 활용했던 야구팀들은 데이터를 잘 모르는 팀들이 좋아하는 번쩍이는 특징을 가지고 있지 않았던 유킬리스 같은 선수들에게 주목함으로써 성공을 거뒀다. 마이클 루이스Michael Lewis는 이를 다음과 같이 표현했다. "눈에 보이는 것에만 의존할 때 인간의 마음은 스스로를 속인다. 그리고 마음의 속임수 하나하나는 그 환각을 꿰뚫어보고 현실을 직시했던 사람들에게 돈벌이의 기회를 제공했다."

이와 마찬가지로 데이트 시장에서 데이터는 중요한 모순을 드러냈다. 독신자들의 정신은 속임수를 쓴다. 잠재적 데이트 상대의 비용(그 사람들과 데이트하기가 얼마나 어려운가)은 그 사람들의 가치(장기간 연애를 할 때 그 사람이 당신을 행복하게 해줄 확률은 얼마인가)와 일치하지 않는다.

그렇다면 우리도 빌리 빈과 비슷한 사고방식으로 데이트 전략을 세울 수 있을까? 데이트 시장의 다른 사람들이 별로 선호하지 않지만 좋은 연애 상대가 될 확률은 같은 후보자에게 초점을 맞추면 어떻겠는가? 데이터로 입증된 바에 따르면 다음 집단에 속하는 사람들은 모두 연애 상대를 행복하게 해줄 가능성은 동일하지만 데이트 시장에서 인기는 별로 없는 사람들이다.

**데이트 시장에서 지나치게 과소평가되는 집단**

- 키 작은 남성
- 키가 아주 큰 여성
- 아시아 남성
- 아프리카계 미국인 여성
- 아직 학생인 남성 또는 교육, 숙박, 과학, 건설, 교통 등 인기 없는 분야에서 일하는 남성
- 전통적인 미인이 아닌 남성과 여성

연애 상대를 찾을 때 이런 사람들에게 레이더의 초점을 맞춘다면 치열한 경쟁을 거치지 않고도 좋은 짝을 찾을 수 있다. 마땅히 관심을 기울일 가치가 있는데도 남들은 관심을 가지지 않는 훌륭한 상대를 찾을 확률이 높아진다. 당신만의 '사랑의 유킬리스'를 찾아낼

지도 모른다!

　사람들에게 데이트 시장에서 아름다운 외모와 같은 번쩍이는 특징들이 과대평가되고 있으니 그런 데는 신경 쓰지 말라고 이야기한다면 어떨까? 그것은 데이터에 근거를 둔 조언이긴 하지만 현실에서 실천하기는 어려워 보인다. 사람들이 번쩍이는 특징을 선호하는 데는 이유가 있다. 번쩍이는 것은 문자 그대로 우리의 주의를 사로잡는다. 우리 모두 "아름다운 것"을 찾으려 한다는 애덤 두리츠의 노랫말을 다시 생각해보라. 그렇다면 우리가 번쩍이는 특징에 유혹당하지 않고 성공적인 연애를 향해 나아가도록 해주는 과학적인 방법이 있을까?

　텍사스대학교의 연구자들은 데이터에 의거해서 중요하고 유의미하고 매력적인 사실 하나를 발견했다. 교수들은 학기 초에 강의를 처음 시작하면서 이성애자 학생 전원에게 그 강의실에 함께 있는 이성 동급생들의 매력을 일일이 평가해달라고 했다.[22] 당연한 이야기지만 평가 결과에는 상당한 의견 일치가 나타났다. 대다수 학생은 가장 매력적인 이성으로 같은 학생을 꼽았다. 그들은 전통적인 미인을 선택했다. 강의실에 브래드 피트나 나탈리 포트먼이 있다고 생각해보라. 아니면 브래드 피트나 나탈리 포트먼과 가장 닮은 학생을 찾아보라.

　학기가 끝날 무렵 교수들은 학생들에게 다시 한번 이성 동급생들의 매력을 평가해달라고 요청했다. 여기서부터 연구는 흥미로워진다. 이번에는 평가가 사람마다 달랐다. 학생들은 남들이 그리 매력적이라고 생각하지 않는 동급생을 가장 매력적이라고 평가했다.

학기가 시작되는 시점과 끝나는 시점 사이에 어떤 일이 벌어졌기에 그렇게 많은 학생이 이성의 매력에 대한 평가를 바꿨을까? 바로 그 학생들이 함께 시간을 보냈기 때문이다.

강의 첫날에는 사냥꾼의 눈매에 턱이 강인해 보이는 남학생이 매력적으로 보였을 것이다. 하지만 그 남학생과 대화를 나누는 시간이 즐겁지 않았던 여학생들에게 그는 점점 매력을 잃어간다. 코가 매부리코이고 광대뼈가 낮은 여학생은 강의 첫날에는 매력적으로 보이지 않았을 것이다. 하지만 그녀와 이야기를 나누면서 즐거웠던 남학생들에게 그녀는 점점 더 매력적인 사람으로 다가온다.

이 연구 결과는 우리가 데이트에 접근하는 방식에 시사하는 바가 크다. 알다시피 우리는 강의 첫날에 아름다운 외모와 같은 번쩍이는 특징을 가진 사람, 곧 매우 높은 매력 점수를 받을 법한 사람들과 짝지어지기를 바란다. 하지만 다른 사람들도 다 그런 짝을 원하기 때문에 경쟁이 치열할뿐더러 그런 사람이 반드시 더 나은 짝이라는 보장도 없다. 한편 번쩍이는 특징을 가지고 있지 않은 사람들과 마주칠 때 우리는 그들에게 매력을 느끼지 않아서 데이트를 하지 않으려 한다.

연구 결과는 상대가 처음에 매력이 없어 보이더라도 그것에 구애받지 말아야 한다고 이야기한다. 우리가 어떤 사람을 좋아하면 시간이 지날수록 그 사람의 육체적 매력도 증가할 수 있다(우리가 그 사람을 좋아하지 않는다면 그 사람의 육체적 매력은 시간이 갈수록

희미해진다). 데이터에 따르면 우리는 과소평가된 사람들(대다수가 매력을 느끼는 특징들을 가지고 있지 않은 사람들)과 데이트를 더 많이 해봐야 한다. 처음에는 그들이 매력적이라고 느껴지지 않더라도 데이트를 해보고, 인내심을 가지고 그들의 잠재적 매력이 커질 여지를 허용해야 한다.

연애의 성공을 예측하지 못하는 특징들에 관한 이야기는 이 정도로 해두자. 그렇다면 연애의 행복을 예측해주는 특징은 무엇인가?

## 최고의 짝이 될 사람은 누구인가?: 삶에 만족하고, 자기 자신을 사랑하고, 더 나은 사람이 되려고 노력하는 사람

조엘 연구진은 연인들의 특징 중에 그들의 연애가 얼마나 행복한지를 예측하는 데 어느 정도 도움이 되는 특징 몇 가지를 발견했다. 연구 결과에 따르면 다음과 같은 특징을 가진 사람과 연애를 하면 행복해질 가능성이 가장 높다.

- 삶에 대한 만족
- 안정적 애착 유형(무슨 말인지 모르겠다면 인내심을 가지고 기다려라. 잠시 후에 설명이 나온다.)

- 성실성
- 성장 마인드세트

대체 이 목록을 어떻게 이해해야 할까?

일단 첫 번째 교훈은, 행복한 연애의 확률을 높이기 위해서는 반드시…… 난해한 심리학 학술지를 읽으면서 이 용어들의 의미를 배워야 한다는 것일지도 모르겠다. 당신이 특정한 상대와 연애해서 얼마나 행복해질지를 가장 잘 예측하는 요인은 상대가 심리학자들이 고안한 각종 테스트에서 얼마나 높은 점수를 받느냐였다. 그러니까 다음에 당신의 애인이 스포츠 중계는 그만 보고 자기와 함께 소파에 드러누워서 인터넷에서 찾아낸 새로운 심리 테스트나 해보자고 제안한다면, 당신은 "내가 바보 같은 심리 테스트를 얼마나 싫어하는지 알아? 제발 하루만이라도 저녁시간에 혼자 스포츠 중계를 보게 놔둘 수 없어?"라며 신경질을 내고 '역시 연애 따위는 안 하고 혼자 사는 게 최고야'라고 생각해버릴 게 아니라 순순히 애인의 제안에 따라야 한다. 그러면 당신은 애인이 장기간 연애를 하기에 좋은 자질을 가지고 있는지 알아볼 수 있다. 그리고 당신도 그 심리 테스트를 해보라.

이런 심리 테스트로 무엇을 알 수 있을까?

삶에 대한 만족도는 따로 설명할 필요가 없다. 자신의 삶에 만족하는 사람들은 장기간 연애 상대로 적합하다. 〔믹 재거Mick Jagger에 관한 우스개 하나. 재거가 무대에 올라가서 "나는 만족을 몰라"(롤링스톤스의 유명한 노래인 〈I Can't Get No Satisfaction〉을 가리킨다 -옮긴이)라고 노래할 때 그의 목소리, 리듬, 카리스마는 무척 매력적이다. 하지만 당신은 그 노랫말을 듣고는 재거가 오랫동안 연애를 하면서 한 여성을 행복하게 해줄 수 있는 사람인지에 대해 의문을 품어야 한다.〕

애착 유형에 관한 설명은 아미르 레빈Amir Levine과 레이철 헬러Rachel Heller의 《그들이 그렇게 연애하는 까닭Attached》이라는 탁월한 책에 나온다. 안정적 애착 유형은 연애 상대의 이상적인 특성이다. 안정적 애착 유형에 속하는 사람들은 다른 사람을 신뢰할 줄 알고, 다른 사람에게 신뢰를 받으며, 관심과 애정을 편안하게 표출하고, 다른 사람과 친밀한 시간을 보낸다. 애착 유형 테스트는 다음 사이트에서 해볼 수 있다. https://www.attachmentproject.com/attachment-style-quiz.

성실성은 1961년 어니스트 튜프스Ernest Tupes와 레이먼드 크리스털Raymond Christal이 최초로 제안한 '다섯 가지 기본 성격 특성' 중 하나다. 성실한 사람들은 규율을 잘 지키고, 효율적으로 움직이고, 정돈되어 있고, 믿음직하고, 조엘 연구진에 따르면 장기간 연애 상대로 적합한 사람들이다. 성실성 테스트는 다음 사이트에서 해볼 수 있다. https://www.truity.com/test/how-conscientious-are-you.

성장 마인드세트는 심리학자 캐럴 드웩Carol Dweck이 발견한 특성이다. 성장 마인드세트를 가진 사람들은 포기하지 않고 열심히 노력하면 재능과 능력을 향상시킬 수 있다고 믿는다. 그런 사람들은 더 나은 연애 상대가 되기 위해 노력할 것이고, 결국 더 나은 연애 상대가 될 확률이 높다. 성장 마인드세트 테스트는 다음 사이트에서 해볼 수 있다. https://www.idrlabs.com/growth-mindset-fixed-mindset/test.php.

행복한 연애를 가장 잘 예측하는 특징들은 매우 인상적이다. 그리고 이 특징들은 우리가 연애 시장에 접근하는 방식에 관해 진지한 문제를 제기한다. 온라인 데이트 사이트에서 이용자들이 외형적인 면을 절대적으로 중시한다는 우울한 데이터를 떠올려보라. 사람들은 섹시한 애인을 간절히 원한다. 섹시한 애인들은 그렇게 많지 않은데도.

실제로 연애를 하는 사람들에게서 얻은 데이터에서 섹시한 상대와 짝지어진 사람이 더 행복해졌다는 결과가 나올 수도 있었다. 그들은 거침없는 섹스에서 오랫동안 기쁨을 느꼈을 수도 있고, 매력적인 애인을 파티에 데리고 다니면서 사람들의 반응을 보고 만족을 느꼈을 수도 있다. 그러나 수천 쌍의 연인들에게서 얻은 데이터는 그렇지 않다는 것을 보여주었다. 연애를 해서 행복해질 확률이 높은 사람은 좋은 성격 특성을 가진 짝을 만난 사람이었다.

1만 쌍이 넘는 다른 연인들의 성공과 실패에서 교훈을 얻어보자. 짝을 찾을 때는 사람들의 피부색, 얼굴의 대칭, 키, 매력적인 직업, 머리글자 같은 걸로 사람들을 판단하지 말자. 데이터에 따르면 장기적으로 가장 중요한 요소는 그 사람의 성격이다.

## 두 사람 사이의 일은 결국 무작위적이고
## 예측할 수 없는 일 아닐까?

왜 어떤 연인들은 시간이 지날수록 행복해지는가? 왜 어떤 연인들은 시간이 지나면서 멀어지는가?

서맨사 조엘 연구진은 이 질문들에도 답해보려고 노력했다. 그들은 데이터세트에 포함된 수많은 연인이 설문조사에 여러 번 참여했고 때로는 몇 년 간격으로 참여했다는 사실을 활용했다. 어떤 연인들은 연애를 처음 시작했을 때는 행복하지 않았으나 시간이 갈수록 행복해졌다고 답했고, 어떤 연인들은 그 반대라고 답했다. 시간이 지날수록 관계가 좋아진 연인들에게는 어떤 공통점이 있을까? 시간이 지날수록 관계가 나빠진 연인들은?

연구진은 혁신적인 연구의 일환으로 연인 수천 쌍에게서 수집한 광범위한 데이터를 머신러닝으로 분석해서 연애의 행복에 어떤 변화가 생길지 예측하는 작업을 했다. 이것은 조금 전에 살펴본 프로젝트의 질문과는 다른 질문이라는 점에 유의하라. 조금 전에 살펴본 프로젝트에서는 연구자들이 연애 중인 사람들이 특정한 시점에 행복한지 아닌지를 예측하려고 했다.

그렇다면 방대한 데이터세트와 머신러닝은 연애의 장기 전망에 관해 우리에게 무엇을 알려줄 수 있을까? 연인들의 소속 집단, 가치관, 심리적 특성, 취향은 그들의 관계가 좋아질지 나빠질지에 관해 무엇을 알려주는가?

아무것도 알려주지 않는다.

연구진이 구축한 모델은 실질적으로 연애의 행복을 예측하는 능력이 전혀 없었다. 행복한 연인들은 미래에도 행복할 확률이 더 높고, 행복하지 않은 연인들은 미래에도 불행할 확률이 더 높다. 하지만 연애를 하는 두 사람에 관한 어떤 사실도 미래의 행복을 더 잘 예측하는 데는 도움이 되지 않는다.

사람들은 흔히 미래의 행복에 관한 예측을 기반으로 연애에 관한 결정을 한다. 당신의 친구 중 하나가 지금 행복한 연애를 하고 있지 않은데도 행복해야 마땅하다거나 나중에 행복해질 거라는 생각 때문에 관계를 지속했던 적이 몇 번이나 있는가? 그 친구는 이렇게 말했을 것이다. "그래, 난 지금 불행해. 하지만 이 사람하고 잘해봐야지. 앞으로 좋아질 거야."

연구 결과에 따르면 사람들이 자기 자신과 연애 상대의 다양한 특징을 근거로 앞으로 관계가 달라지리라 기대하는 일은 십중팔구 실패로 귀결되고 만다. 지금 행복하지 않은데도 자기 자신과 여자친구가 공통점이 많으니 결국에는 행복해질 거라고 생각해서 연애를 지속하는 친구는 실수를 하고 있는 것이다.

데이터는 당신이 지금 연애에서 느끼는 행복보다 미래의 행복을 더 잘 예측하는 방법은 없다고 이야기한다. 그리고 연애 상대가 지금 당신을 행복하게 만들어주지 못하는데 당신과 상대의 어떤 특징 때문에 미래에는 행복해질 거라고 생각하는 건 잘못된 가정이다.

짝을 선택하는 방법에 관해 데이터가 알려주는 모든 조언을 요약하면 다음과 같다. 당신이 지금 혼자라면, 데이트 상대를 고를 때 모두가 원하는 특징을 갖고 있지 못한 사람들에게 에너지를 투입하라. 마음이 안정된 사람들에게 더 주의를 기울여라. 연애를 시작했다면 상대와 함께 있을 때 당신이 얼마나 행복한지에만 신경을 쓰고, 당신과 상대의 공통점이나 차이점에 관해서는 괜히 걱정하거나 근거 없는 자신감을 가지지 마라. 지금은 행복하지만 나중에는 틀어질 관계 또는 지금은 삐걱거리지만 나중에 행복해질 관계를 알아보는 능력이 당신에게 있다고 생각하지 마라. 세상에서 가장 훌륭한 현대 과학자들이 전례 없이 광범위한 데이터세트를 사용해서도 그런 식의 관계 변화를 예측할 수 없다면 당신도 예측할 수 없다.

---

**다음 장에서는…**

이미 동반자를 찾았다면 당신에게는 아이가 있을지도 모른다. 그리고 만약 아이가 있다면 당신은 틀림없이 더 나은 부모가 되는 방법을 알고 싶어 할 것이다. 방대한 데이터세트, 특히 미국인 수억 명의 납세 기록에서 어떤 부모가 좋은 부모인지에 관해 새로운 통찰을 얻어보자.

---

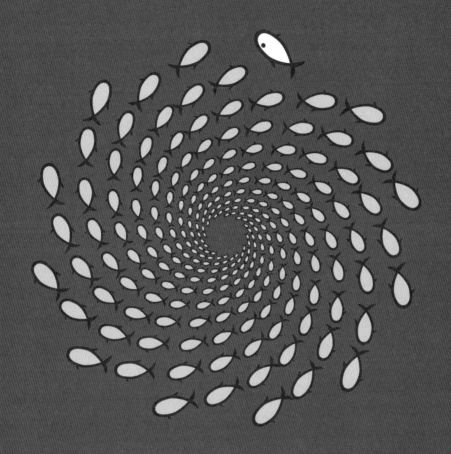

# 2장

# 아이를 잘 키우는 비결:
# '동네'가 중요하다

육아란 한마디로 까다로운 일이다. 최근의 한 연구에 따르면 아기가 태어나고 나서 첫 1년 동안 부모는 까다로운 결정을 1,750개나 해야 한다.[1] 이를테면 아기의 이름을 뭘로 지을지, 아기에게 모유수유를 할지, 아기에게 수면 교육을 어떻게 할지, 어느 소아과에 다닐지, 그리고 아기 사진을 소셜미디어에 올릴지 말지 등을 결정해야 한다.

그리고 이는 첫 1년 동안의 일일 뿐이다! 1년이 지나도 육아는 쉬워지지 않는다. 실제로 부모들은 아이가 만 8세일 때 부모 노릇이 가장 힘들다고 답변했다.[2]

부모들은 이렇게나 많은 결정을 어떤 방법으로 할까? 물론 검색은 언제든지 가능하다. 인터넷을 뒤지면 육아에 관한 어떤 질문에 대해서든 답이 줄줄이 나온다. 하지만 육아에 관한 전통적인 조언은 너무 뻔하거나 서로 모순되거나 둘 중 하나다.

뻔한 조언의 예를 들어보자. '키즈헬스KidsHealth.org'라는 웹사이트는 부모들에게 "좋은 역할모델이 되세요"라고 말한다. 그리고 "부모의 사랑은 무조건적"이라는 걸 보여주라고 권고한다. 다음으로 서로 모순되는 조언의 예를 보자. 최근 《뉴욕타임스New York Times》는 부모들에게 자녀를 훈육할 때 '타임아웃'이라는 방법을 써보라고 권장하는 기사[3]를 실었다. 그런데 2016년 PBS의 〈뉴스아워News-Hour〉는 온라인에 "자녀에게 타임아웃을 시키면 안 되는 이유"라는 제목의 칼럼[4]을 게재했다.

엄마인 에이바 네이어는 육아에 관한 책, 특히 아기의 수면과 발달에 관한 책을 아주 많이 읽고 나서 느낀 좌절감을 다음과 같이 토로했다.[5]

아기를 포대기로 단단히 감싸되 너무 꽉 조이지는 말라고 한다. 아기를 재울 때는 등을 바닥에 대고 눕히라고 한다. 하지만 아기들이 등을 대고 누워 있는 시간이 너무 길면 발달이 지체될 수도 있단다. 영아돌연사증후군SIDS을 방지하기 위해 아기에게 노리개 젖꼭지를 주라고 한다. 하지만 노리개 젖꼭지는 모유수유에 문제를 일으킬 수 있고 아기의 숙면을 방해할 수도 있으므로 사용을 자제하란다. 아기가 너무 깊은 잠에 빠져도 영아돌연사 위험이 있다고 한다.

에이바 네이어 씨, 내가 당신의 고충을 안다고 말한다면 그건 거짓말일 겁니다. (나는 아빠가 아니다. 조카가 하나 있긴 하지만. 조카에게 무슨 선물을 사줄지 정해야 할 때 나는 거의 항상 우리 어머니에게 물어본다. 어머니가 "트럭을 사줘라"라고 말씀하시면 나는 트럭을 산다. 그러면 조카는 트럭을 사줬다고 네 시간 동안 나에게 고마워한다.)

그래도 나는 에이바와 같은 부모들에게 데이터가 무엇을 알려줄 수 있는지 알아보기 위해 육아에 관한 문헌을 샅샅이 뒤졌다. 부모들에게 알려줄 수 있는 사실 중에 뻔하지 않고 서로 모순되지도 않는 것이 있을까? 부모들이 해야 하는 수천 가지의 까다로운 결정에 과학이 도움을 줄 수 있을까?

부모가 된 첫해에 내려야 하는 1,750가지 결정이나 첫해 이후의 수천 가지 결정에 모두 도움이 되는 과학적이고 설득력 있는 대답은 아직 나오지 않았다. 하지만 육아에 관한 교훈 가운데 과학적 연구를 통해 검증된 매우 중요하면서도 뻔하지 않은 교훈이 두 가지 있다.

- **교훈 1** 부모가 하는 모든 결정에 따르는 효과의 총합은 대다수 사람이 생각하는 것보다 훨씬 작다. 다시 말해 부모들은 그들이 해야 하는 결정을 두고 필요 이상으로 속을 태우고 있다.
- **교훈 2** 부모가 하는 결정들 가운데 정말로 중요한 것이 하나 있다. 그리고 이 지점에서 잘못된 결정을 하는 부모가 많다. 만약 부모가 이 지점에서 데이터를 활용해 현명한 결정을 한다면 그것만으로 누구나 평균 이상의 부모가 될 수 있다.

지금부터 이 두 가지 교훈과 그 교훈들의 근거를 살펴보자.

# 부모가 아이에게 끼치는 영향

육아에 관한 가장 기본적인 질문에서 시작하자. 부모는 얼마나 중요한가? '훌륭한' 부모는 평균적인 부모와 비교해서 아이의 삶을 얼마나 향상시킬 수 있는가?

다음 세 가지 세계[6]를 상상해보자.

**세계 1(훌륭한 부모는 비행기 승무원이 될 아이를 치위생사로 키워낼 수 있다)**

이 세계에서 훌륭한 부모는 중간쯤 되는 연 5만 9,000달러(약 7,670만 원) 정도의 소득을 올리는 직업(예를 들어 배관공, 비행기 승무원)을 가질 운명이었던 아이를 잘 키워서, 평균보다 조금 많은 돈을 버는 직업(예를 들어 간호사, 치위생사)을 가지고 연 7만 5,000달러(약 9,750만 원) 정도를 버는 사람으로 만들 수 있다.

**세계 2(훌륭한 부모는 비행기 승무원이 될 아이를 엔지니어로 키워낼 수 있다)**

이 세계에서 훌륭한 부모는 중간쯤 되는 연 5만 9,000달러 정도의 소득을 올리는 직업(예를 들어 배관공, 비행기 승무원)을 가질 운명이었던 아이를 잘 키워서, 연 10만 달러(약 1억 3,000만 원) 정도를 버는 중상류층(예를 들어 엔지니어, 판사)으로 만들 수 있다.

**세계 3(훌륭한 부모는 비행기 승무원이 될 아이를 신경외과 의사로 키워낼 수 있다)**

이 세계에서 훌륭한 부모는 중간쯤 되는 연 5만 9,000달러 정도의 소득을 올리는 직업(예를 들어 배관공, 비행기 승무원)을 가질 운명이었던 아이를 잘 키워서, 연 20만 달러(약 2억 6,000만 원)를 버는 부유한 사람(예를 들어 외과의사, 정신과의사)으로 만들 수 있다.

사람들은 자신이 세계 2 또는 세계 3에 산다고 생각한다. 아이가 어떻든 간에 부모가 유능하기만 하면 사회경제적 사다리에서 아이를 몇 칸 더 위로 밀어올려줄 수 있다고 믿는다.

그리고 확실히 어떤 부모들은 자녀가 큰 성공을 거두는 데 상당한 역할을 한 것으로 보인다. 벤저민 이매뉴얼과 마샤 이매뉴얼, 그리고 그 부부의 세 아들인 아리, 이즈키얼, 람이 대표적인 예다.

- 아리는 할리우드에서 인정받는 기획자로 일하고 있다. 그는 연예계를 배경으로 한 미국 드라마 〈안투라지Entourage〉의 실제 모델이기도 하다.
- 이즈키얼은 펜실베이니아대학교의 교무과장이다.
- 람은 버락 오바마의 백악관 각료였고 시카고 시장을 지냈다.

다시 말해 벤저민과 마샤가 키워낸 세 아들은 각각 경영계, 학계, 정치계의 사다리 맨 위 칸까지 올라갔다.

이쯤에서 유대인 독자 몇몇은 벤저민과 마샤가 키워낸 아이들을 보고 다른 생각을 하고 있으리라는 것을 나는 안다. 어떤 유대인 독자들은 이렇게 반문할 것이다. "그래, 다들 성공했네. 하지만 이 매뉴얼 집안에서 의사는 안 나왔잖아?"

유대인 사회의 오래된 농담(이 책에 나오는 n개의 오래된 유대인 농담 중 하나) 중 다음과 같은 것이 있다.

"역사상 최초로 유대인이 대통령에 당선됐다. 취임식에서 그가 선서하는 동안 그의 어머니는 고위 관료들 사이에 앉아 있었다. 어머니는 주변의 모든 사람을 향해 큰 소리로 말했다. '저 위에서 선서하고 있는 아이 보이시죠? 저 아이의 형이 의사랍니다.'"

걱정하지 마시라. 이즈키얼은 학계에서 활동하지만 종양 전문의기도 하니까.

이매뉴얼 형제들의 성공에서 육아법을 배워볼 수도 있겠다. 이즈키얼이 《유대인의 형제 교육법 Brothers Emanuel》이라는 책에 그들의 어린 시절 양육 환경을 자세히 소개해놓았기 때문이다.*

《유대인의 형제 교육법》에는 거의 모든 사람이 시카고 베어스의 미식축구 경기를 관람했던 일요일에 이매뉴얼 가족은 시카고 미술관이나 뮤지컬 등의 문화 행사에 자주 갔다는 이야기가 나온다. 세 아들은 가라테나 주짓수 같은 무술을 배우고 싶어했지만, 어머니는 무술이 아닌 발레를 시켰다. 세 아들은 발레를 한다는 이유로 다른 아이들에게 놀림을 당했지만, 지금은 발레가 용기와 자제력과 좋

---

* Q: 아이들이 성공해서 부유해지고 나면 부모는 무엇을 할까?
  A: 아이들이 성공한 과정을 알려주는 베스트셀러를 출간한다. 그리고 더 많은 영광과 돈을 거머쥔다.

은 성격을 길러주었다고 생각한다.

우리가 이매뉴얼 가족에게서 얻을 수 있는 교훈은 다음과 같다. 우리 아이들에게 문화적 소양을 길러주고 다른 아이들과 차별화하라. 다른 아이들에게 놀림받는 한이 있어도 아들에게 발레 타이즈를 신겨라.

하지만 사실은 이매뉴얼 가족이 얼마나 큰 성공을 거뒀든 간에 한 가족의 사례만으로는 특정한 육아전략이 타당하다는 것을 입증할 수 없다. 그리고 이매뉴얼 가족의 교훈과 상반되는 사례도 쉽게 찾을 수 있다.[7] 예컨대 데일 펀스비라는 사람의 이야기를 들어보자.* 얼마 전 펀스비는 미국의 질의응답 웹사이트인 '쿼라'에서 한 어머니의 질문에 답변을 달았다. 그 어머니는 아들을 발레 학원에 보내야 할지 말지에 관해 조언을 구하고 있었다. 펀스비는 어릴 때 예술활동을 싫어했고 그 때문에 아이들에게 괴롭힘을 당했는데도 어머니가 자기를 여러 예술 학원에 보냈다고 했다. 그런 경험을 하면서 그는 자기만의 주장이나 정체성을 가져서는 안 된다고 생각하게 됐다. 펀스비의 주장에 따르면 그는 어머니의 양육방식 때문에 자존감이 낮아졌고, 자기표현에 서툴고, 어머니를 증오하게 됐다.

부모가 아이들에게 끼치는 영향을 조사할 때 어려운 점 하나는 한 편의 일화로 많은 걸 알아낼 수는 없다는 것이다. 우리는 이매뉴

---

* 개인정보 보호를 위해 이름을 가명으로 바꿨다. 이 사람은 질의응답 웹사이트에 답변을 올리고 나중에 글을 삭제했기 때문이다.

얼의 이야기에서 교훈을 얻어야 할까, 아니면 펀스비의 이야기에서 교훈을 얻어야 할까? 육아의 영향을 조사할 때 어려운 점이 하나 더 있다. 상관관계와 인과관계는 다르다는 것이다.

20세기 말까지 학자들은 상당한 규모의 데이터세트에서 육아 전략과 자녀의 성공 사이의 상관관계를 열심히 찾았다. 그들은 많은 상관관계를 찾아냈다. 주디스 리치 해리스Judith Rich Harris가 쓴《양육 가설The Nuture Assumption》이라는 탁월한 책은 그런 상관관계의 일부를 소개한다. 예컨대 부모가 책을 많이 읽어준 아이들은 대체로 학교 성적이 우수했다.

하지만 이런 상관관계 중에 얼마나 많은 것이 인과관계일까? 혼동을 일으킬 수 있는 중요한 외부 요인이 하나 있다. 바로 유전이다. 알다시피 부모들은 아이들에게 단순히 박물관 관람이나 발레 수업이나 책만 전해주는 존재가 아니다. 부모는 아이들에게 DNA도 물려준다. 부모가 자녀에게 책을 읽어주는 것과 자녀 학력의 상관관계로 돌아가보자. 아이들은 부모가 읽어준 책들 덕분에 공부에 흥미를 느꼈을까, 아니면 부모와 자녀 모두 유전자 덕분에 책과 지식에 매력을 느꼈을까? 본성이 중요한가, 양육이 중요한가?

아이들이 어떻게 성장하느냐에 유전자가 중요한 역할을 한다는 것을 보여주는 이야기는 많다. 서로 떨어져 자란 일란성 쌍둥이들에게서 발견되는 증거를 보라. 이들은 동일한 유전자를 가지고 있지만 양육 환경은 동일하지 않았던 사람들이다. 한 사례로 일란성 쌍둥이인데 생후 4주 때부터 따로따로 양육된 짐 루이스와 짐 스프링어를 보자.[8] 두 사람은 39세 때 다시 만났는데, 둘 다 키가 180센티미터이고 체중이 81킬로그램이었다. 둘 다 손톱을 물어뜯는 버릇이 있었고 긴장성 두통을 앓았다. 어릴 때 둘 다 개를 키웠고 둘 다 개에게 '토이'라는 이름을 붙였다. 플로리다의 같은 해변으로 휴가여행을 다녀왔다. 둘 다 법조계에서 파트타임으로 일했고, 밀러라이트 맥주와 살렘 담배를 좋아했다.

두 명의 짐에게는 주목할 만한 차이점도 하나 있었다. 첫 아이에게 붙여준 중간 이름이 달랐다. 짐 루이스는 첫 아이 이름을 제임스 앨런이라고 지었고, 짐 스프링어는 첫 아이 이름을 제임스 알란이라고 지었다.

루이스와 스프링어가 서로를 만나지 못했다면 그들은 자신의 취향이 만들어지는 데 부모(양부모)가 큰 역할을 했다고 생각했을 것이다. 하지만 그 취향은 대부분 그들의 DNA에 미리 입력되어 있었던 것으로 보인다.

입양아였던 스티브 잡스Steve Jobs도 27세에 그의 친남매인 모나 심슨Mona Simpson을 처음 만났을 때 유전자의 중요성을 실감했다고 한다. 그는 두 사람이 꼭 닮아 있어서 깜짝 놀랐다. 둘 다 창의적인 분야에서 최고의 자리에 올라갔다는 점도 비슷했다(심슨은 수상 경력이 있는 소설가였다). 《뉴욕타임스》 인터뷰에서 잡스는 이렇게 말했다. "원래 저는 양육 환경이 중요하다고 생각했는데, 지금은 본성이 먼저라는 쪽으로 생각을 바꿨습니다."[9]

이매뉴얼 형제들의 이야기도 표면상으로는 훌륭한 양육의 힘을 보여주는 것 같지만, 세 아들이 성공한 요인이 양육이 아닐 수도 있음을 시사하는 숨은 반전이 있다. 벤저민과 마샤 이매뉴얼 부부는 친아들 세 명을 낳고 나서 넷째 쇼새너를 입양했다. 쇼새너도 세 오빠와 똑같이 문화적 경험을 많이 했지만 유전자는 달랐다. 그리고 그녀는 오빠들과 똑같은 성공을 거두지 못했다.* 부모가 자녀에게 얼마나 많은 영향을 끼치는지를 판별하는 과학적인 방법이 있을까? 부모가 자녀에게 끼치는 우연한 영향을 시험하려면 서로 다른 아이들을 서로 다른 부모와 무작위로 짝지어야 한다. 그리고 그 아이들이 어떻게 자라는지를 연구해야 한다. 그런데 이런 일이 실제로 벌어진 적이 있다. 부모가 자녀에게 끼치는 영향에 대한 신빙성 있는 증거가 최초로 확보된 건 순전히…… 한국전쟁에 관한 다큐멘터리 덕분이었다.

1954년 어느 날, 오리건주에서 여섯 아이를 키우며 살던 해리 홀트Harry Holt와 버사 홀트Bertha Holt 부부[10]는 그들이 잘 몰랐던 주제를 다룬 다큐멘터리 한 편을 시청했다. '한국 군인의 아기들'에 관한 다큐멘터리였다. 한국전쟁 중에 부모를 잃고 보육원에서 자라는 아이들이 등장했다. 그 아이들은 음식과 애정을 충분히 받지 못하고 있었다.

이 다큐멘터리를 보고 나서 홀트 부부는 평소에 내가 다큐멘터

---

* 다음 장에서 유전과 성공의 관계를 더 자세히 살펴볼 것이다. 그리고 그 관계를 당신에게 유리하게 활용하는 방법에 관해서도 이야기하려고 한다.

리를 볼 때와는 다른 반응을 보였다. 보통 나는 다큐멘터리를 보는 내내 딴생각을 하다가 여자친구에게는 내가 그 내용을 조금이라도 이해한다는 인상을 주려고 필사적으로 노력한다. 홀트 부부는 달랐다. 그들은 한국의 고아들에 관한 다큐멘터리를 보고 직접 한국에 가서 고아 몇 명을 입양하기로 마음먹었다.

다큐멘터리에 나온 고아들을 입양하겠다는 홀트 부부의 야심찬 계획에는 단 하나의 장애물이 있었다. 바로 법이었다. 당시 미국의 법률은 해외에서 입양할 수 있는 아이의 수를 최대 두 명으로 정해 놓고 있었다.

문제는 금방 해결됐다. 홀트 부부는 법을 바꿔달라고 의회에 로비를 했다. 선한 일을 하려는 홀트 부부의 열망에 감명받은 국회의원들은 그들에게 설득당했다. 홀트 부부는 한국으로 날아갔고, 얼마 후 새로 입양한 아이 여덟 명과 함께 오리건으로 돌아왔다. 이제 홀트 가족은 열여섯 명이 됐다!

어느 언론사에서 홀트 가족의 이야기를 취재했다. 라디오 방송국들도 홀트 부부의 이야기를 전했다. 신문에도 그 이야기가 실렸고, TV 방송에도 나왔다.

그리고 홀트 부부가 '한국 군인의 아기들' 이야기를 듣자마자 행동에 나섰던 것처럼, 홀트 가족의 이야기를 알게 된 미국인 수천 명이 움직이기 시작했다. 홀트 가족이 갔던 길을 따라가기를 원하는 미국인들이 하나둘 늘어났다. 그들 역시 전쟁 고아를 입양하고 싶어 했다.

미국인들이 외국 아기들을 입양하는 절차를 도와주는 기구인 홀트 국제아동복지회Holt International Children's Services로 가보자. 오랜 세월 동안 3만 명 이상의 한국 아이들이 이 기구의 도움을 받아 미국으로 입양됐다. 부모들은 입양을 신청하고, 승인을 받고, 순서대로 입양 가능한 아이를 데려오기만 하면 된다.

이 이야기가 육아에 관한 과학적 연구와 무슨 상관이 있을까? 다트머스대학교의 경제학 교수인 브루스 새서도트Bruce Sacerdote가 홀트 프로그램에 관한 이야기를 들었다. 다른 수많은 미국인과 마찬가지로 그도 뭔가를 하고 싶은 마음이 들었다. 사실 그는…… 회귀분석regression analysis을 돌려보려는 욕구를 느꼈다!

알다시피 홀트 국제아동복지회가 아이들을 부모들에게 배정하는 방법은 사실상 무작위 추첨이라 과학자들로서는 부모의 영향을 쉽게 평가할 수 있었다. 우연히 같은 부모에게 배정된 입양 가정의 형제자매들을 비교하면 된다. 부모가 자녀에게 끼치는 영향이 크다면 이 형제자매들은 비슷한 모습을 한 어른으로 성장할 것이다. 그리고 유전자를 공유하는 아이들에 관한 연구와 달리, 이 아이들을 비교할 때는 유전자가 상관관계의 원인일 가능성을 걱정하지 않아도 된다.

새서도트의 홀트 국제아동복지회 연구[11]가 멋진 이유 중 하나는 양육의 효과를 알려준다는 것이다. 양육의 효과에 관해서는 잠시 후에 자세히 설명하겠다. 이 연구가 멋진 또 하나의 이유는 비영리 기구 활동가들과 경제학자들이 똑같은 현상을 어떻게 달리 묘사하는지를 확인할 수 있다는 것이다.

우선 홀트 국제아동복지회가 제공하는 설명을 들어보자. 그들의 자체 설명에 따르면 홀트 국제아동복지회는 "힘든 상황에 빛이 되어주고" "취약한 가족을 지원하고, 부모 잃은 아이들을 보살피고, 아이들에게 입양 가정을 찾아주는" 역할을 수행한다.

다음은 경제학자 새서도트가 홀트 국제아동복지회의 서비스를 설명한 내용이다.

아기들을 여러 가정에 무작위로 배정하기 때문에 생모의 학력은 입양모의 학력과 상관관계가 없다. (…) 따라서 (1)의 1항과 3항이 누락되더라도 $\beta_1$의 값에 편향이 발생하지 않는다.

홀트 국제아동복지회는 그들이 "힘든 상황에 빛이 되어"준다고 주장한다. 새서도트는 그들이 "(1)의 1항과 3항이 누락되어도 $\beta_1$의 값에 편향이 발생하지 않"게 한다고 생각한다. 내가 보기에는 둘 다 맞는 말이다!

그러면 편향되지 않은 $\beta_1$의 값은 우리에게 무엇을 알려주는가? 대개의 경우 아이가 양육되는 가정의 환경이 그 아이가 나중에 무엇이 되는지에 끼치는 영향은 놀라울 만큼 미미하다는 것이다. 우연히 동일한 입양 가정에 배정되어 자란 형제와 자매들이 각기 다른 가정에 입양되어 따로 자란 형제와 자매들보다 조금 더 비슷할 뿐이다.

앞에서 나는 부모가 자녀에게 영향을 끼치는 정도가 각기 다른 세 가지 세계의 가능성을 제시했다. 새서도트의 연구에 따르면 우리는 '세계 1'에 살고 있다. 그 세계에서는 부모들이 자녀에게 결정적인 영향을 행사하지 않는다. 새서도트의 연구 결과에 따르면 한 아이가 양육되는 환경의 질이 1 표준편차만큼 향상되면 그 아이의 장래 소득은 약 26퍼센트 증가할 것으로 예상된다. 이것은 유의미한 차이이지만 사회경제적 사다리를 아주 많이 올라가는 건 아니다. 게다가 새서도트는 한 아이의 장래 소득에 본성이 끼치는 영향이 양육의 영향보다 2.5배 정도 크다는 결론에 도달했다.

새서도트의 연구는 양육의 영향이 놀랄 만큼 제한적이라는 증거의 일부에 불과하다. 다른 연구자들도 입양아들에 관한 후속 연구를 진행했다. 또 연구자들은 쌍둥이들을 대상으로 본성의 영향과 양육의 영향을 분리할 수 있는 독창적인 방법을 개발했다. 그 방법에 관해서는 다음 장에서 설명할 것이다.

이런 연구들은 횟수를 거듭할수록 유사한 결과로 수렴했다. 그 결과는 경제학자 브라이언 캐플런Bryan Caplan의 도발적인 책 《아이를 더 낳아야 하는 이기적인 이유Selfish Reasons to Have More Kids》에 요약되어 있다. "쌍둥이와 입양아를 대상으로 하는 연구에서 양육의 장기적 영향은 충격적일 만큼 작다는 결과가 나왔다."

놀랍긴 하지만 양육이라는 주제에 관한 신빙성 있는 증거에 따르면 부모들은 다음과 같은 것들에 별다른 영향을 끼치지 못한다.

- 기대수명

- 건강
- 교육
- 종교
- 장래 소득

부모들은 다음과 같은 것들에는 어느 정도 영향을 끼친다.

- 종교 성향
- 청소년기의 약물 및 알코올 복용, 성적 행동
- 부모에 대한 아이들의 감정

물론 부모들이 학력이나 소득에 지대한 영향을 끼칠 수도 있다는 극단적인 사례도 있긴 하다. 하버드대학교에 250만 달러를 기부한 억만장자 찰스 쿠슈너Charles Kushner를 생각해보자. 이 거액의 기부는 그의 아들 재러드가 GPA와 SAT 시험에서 상당히 낮은 점수를 받았는데도 입학 허가를 받아낸 원인이 됐을 것이다.[12] 그리고 쿠슈너는 재러드에게 자신의 황금알과도 같은 부동산 기업의 지분을 물려주었다. 재러드의 학력과 부는 그가 다른 아버지를 만났을 경우보다 훨씬 향상됐다고 말해야 할 것이다. 주제넘게 들릴 수도 있겠지만, 나는 8억 달러로 추정되는 쿠슈너의 순자산은 그가 부동산 제국을 물려받지 않았을 경우의 순자산보다 몇 배는 커진 것이 틀림없다고 생각한다. 그러나 데이터로 본다면 평균적인 부모들, 이를테면 하버드대학교에 몇백만 달러를 기부할 것인가가 아니라 아이들에게 책을 얼마나 읽어줄 것인가를 결정해야 하는 보통 부모들이 아이의 학력과 소득에 끼치는 영향은 제한적이다.

만약 육아의 전체적인 영향이 우리가 예상하는 것보다 작다면 부모 개개인의 육아에 관한 결정들 역시 우리가 생각하는 것보다 영향이 작을 것이다. 이런 식으로 한번 생각해보라. 부모들이 수천 가지 결정을 해야 하는데 아주 현명한 결정을 하는 부모들의 자녀가 나중에 26퍼센트 더 성공한다면, 부모의 결정들 하나하나는 그 자체로 그렇게 큰 차이를 만들어내지 못한다는 뜻이다.

실제로 에밀리 오스터Emily Oster의 중요한 책들에 대부분 소개된 최고의 연구들은 육아의 가장 논쟁적인 기술들에서도 그다지 큰 차이를 발견하지 못했다. 예를 들면 다음과 같다.

- 모유수유에 관한 무작위 대조군 실험연구[13]는 한 편밖에 없는데, 그 연구의 결과 모유수유는 아동 발달의 여러 측면에 유의미한 장기적 효과가 없었다.
- TV 시청에 관한 정밀한 연구의 결과 TV는 아이의 시험 성적에 장기적인 영향을 끼치지 않는 것으로 나타났다.[14]
- 어느 정밀한 무작위 실험연구에 따르면 아이들에게 체스와 같이 인지능력을 많이 사용하는 게임을 가르친다고 해서 장기적으로 아이들이 똑똑해지지는 않는다.[15]
- 이중언어 교육에 관한 정밀한 메타분석[16]의 결과, 이중언어

교육은 아동의 인지능력의 여러 측면을 조금밖에 향상시키지 못했다. 그 약간의 효과도 긍정적인 결과를 공개하는 것을 선호하는 편향 때문일 가능성이 있다.

그리고 남자아이들에게 발레를 가르치는 일에 관한 이매뉴얼/펀스비 논쟁과 관련해서 메타분석한 결과, 무용 수업에 참여하면 아이들의 불안이 감소할 수도 있다는 '제한적인 증거'[17]가 발견됐다. 하지만 그 논문의 저자들은 그런 결과가 "방법론의 질이 낮은" 연구들 때문일 수도 있으므로 "주의해서 받아들여야 한다"고 제안한다.

주의를 사로잡는 최신 연구가 아닌 세심하게 진행된 다른 연구들을 살펴보면, 부모들이 가장 많이 걱정하는 것들의 대부분은 놀라울 만큼 아이들에게 영향이 작았다. 간단히 말하면 부모들이 하는 결정의 대부분은 그들이 생각하는 것만큼 중요하지 않으며, 육아산업이 우리에게 이야기하는 것만큼 중요하지도 않다.

캐플런의 표현을 빌리면 다음과 같다.

만약 당신의 아이가 전혀 다른 가정에서 자랐거나 당신이 전혀 다른 부모였다고 해도 아이는 거의 똑같이 자랐을 것이다. 당신은 옆집의 '슈퍼 엄마'와 '슈퍼 아빠'라는 기준을 따라가느라 에너지를 소모할 필요가 없다. 그냥 당신에게 편안하게 느껴지는 방식으로 당신의 아이를 키워도 된다. 걱정은 그만해도 된다. 아이들은 제법 잘 자랄 테니까.

여기에 덧붙여 캐플런이 그의 책에 붙인 소제목들 중 하나를 보자. 이 소제목이야말로 캐플런이 수십 년에 걸친 사회과학 연구를 바탕으로 부모들에게 건네는 최고의 조언이다. "너무 깊이 고민하지 마세요."

나는 이 말이야말로 캐플런이 그 책을 쓴 해인 2011년 무렵의 과학적 근거를 가진 육아 조언들 중에 최고라고 생각한다. 부모가 하는 모든 행동의 결과를 합쳐도 사람들이 생각하는 것보다 작고, 부모들이 염려하는 문제에 관해 최선의 결정을 하더라도 아이의 장래에 측정 가능한 영향을 거의 주지 않는다는 증거는 2011년 이후로도 계속 쌓였다. 하지만 이제 중요한 사실 하나가 새롭게 밝혀지고 있다. 부모들이 하는 결정들 중 한 가지는 중요하며 깊이 고민할 가치가 있다는 증거가 일부 나왔기 때문이다.

지금 나는 부모들에게 이렇게 충고하고 싶다. "너무 깊이 고민하지 마세요……. 단 한 가지만 빼고요."


## 동네의 영향이 이렇게 큽니다

"Asiyefunzwa na mamaye hufunzwa na ulimwengu."

내가 가장 좋아하는 아프리카 속담이다. 스와힐리어로 된 이 속담을 번역하면 대략 다음과 같다. "아이를 키우려면 온 마을이 필요하다."

독자들 중에 궁금해하는 사람이 있을지도 모르니 내가 좋아하는 아프리카 속담을 몇 개 더 소개하겠다(번역해서).

- 비는 한 집 지붕에만 떨어지지 않는다.
- 얼룩말을 쫓아간 사람들 모두가 얼룩말을 잡지는 못한다. 하지만 얼룩말을 잡은 사람은 얼룩말을 쫓아간 사람이다.
- 분노가 아무리 뜨거워도 얌yam(마의 일종으로 아프리카에서 주식처럼 먹는 덩이줄기─옮긴이)을 익히지 못한다.

좋다. 하지만 이제 "아이를 키우려면 온 마을이 필요하다"로 돌아가보자.

1996년에 미국의 영부인이었던 힐러리 클린턴Hillary Clinton은 이 속담의 의미를 확장해서 《온 마을이 필요하다: 아이들에게서 배운 것들It Takes a Village: And Other Lessons Children Teach Us》이라는 책을 펴냈다. 클린턴의 책과 "아이를 키우려면 온 마을이 필요하다"라는 아프리카 속담은 한 아이의 삶이 그 아이가 사는 동네의 여러 사람에 의해 만들어진다는 주장을 담고 있다. 소방관과 경찰관, 집배원과 환경미화원, 교사와 코치들이 아이의 삶을 결정한다.

처음에 클린턴의 책은 정치인들이 더 높은 자리에 도전하기 전에 출간하는 아무런 쟁점도 없는 책들의 긴 목록에 또 한 권을 보태는 것처럼 보였다. 예를 들면 존 F. 케네디John F. Kennedy가 1956년에 용감한 사람들의 이야기를 모아서 출간한 책이라든가, 조지 부시

George H. W. Bush가 1987년에 "앞을 바라보자"고 권유했던 책이라든가, 지미 카터Jimmy Carter가 1975년에 출간했던 "최선을 다하고 있다"는 변명 같은 책들.

하지만 클린턴의 책이 출간된 지 몇 달이 지나서, 1996년 공화당 대선 후보였던 밥 돌Bob Dole은 당시 많은 사람이 영부인에게 품고 있던 부정적인 감정을 이용하기로 했다. 그래서 그는 겉보기에는 이론의 여지가 없어 보이는 클린턴의 명제에서 약점을 찾아냈다. 밥 돌은 클린턴의 책이 한 아이의 삶에 동네 사람들이 중요한 역할을 한다고 강조함으로써 그 아이를 양육해야 하는 부모의 책임을 축소한다고 하면서 그것은 사실상 가족의 가치를 향한 간접적인 공격이라고 주장했다. 공화당 전당대회에서 돌은 클린턴을 물고 늘어졌다. "유감스럽지만 나는 이렇게 말할 수밖에 없습니다. 아이를 키우는 데는 온 마을이 필요하지 않습니다. 아이를 키우는 데는 가정이 필요합니다."[18] 청중은 그 말에 열광했다. 그리고 친구들이여, 이것은 1996년 공화당 전당대회에서 하나의 아름답고 감동적이고 감성적인 아프리카 속담을 향한 공격이 가장 큰 박수를 이끌어냈다는 이야기다.

그러면 밥 돌과 아프리카 중에 어느 쪽이 옳았을까?

지난 22년 동안 데이터 중심으로 사고하는 학자들의 솔직한 대답은 바로…… (어깨를 추켜올린다) 어느 한쪽으로 결론을 지은 연구는 없었다는 것이다. 이번에도 문제는 동일하다. 인과관계를 규명하기가 어렵다는 것.

확실히 어떤 동네에서는 성공한 사람이 많이 나온다.[19] 내가 지난번 책에서 소개한 재미있는 사실 하나를 보자. 베이비붐 세대 중에 미시간대학교가 위치한 워시테노라는 카운티에서 태어난 아이 864명은 하나도 빠짐없이 위키피디아에 이름이 오를 정도로 유명해졌다. 시골 마을인 켄터키주 할란에서 태어난 아이 3만 1,167명 중에서는 단 한 명만 위키피디아에 이름을 올렸다. 이런 결과는 교수와 같은 중상류층 직업을 가진 부모의 아이들이 똑똑하고 야심차다는 사실과 얼마나 큰 관련이 있을까? 그런 아이들은 켄터키주 시골 마을에서 태어났더라도 지능과 의욕 면에서 똑같았을 것이다. 단순하게 말하면 서로 다른 동네에서 태어난 아이들은 서로 다르므로 동네가 그 아이들의 성공에 얼마나 이바지하는지 알아내기란 불가능해 보인다.

5년쯤 전까지만 해도 동네의 영향에 관해서는 잘 모르겠다고 어깨를 추켜올리는 것이 가장 현명한 대답이었다. 그 무렵 경제학자 라지 체티Raj Chetty가 이 문제를 탐구하기 시작했다.

라지 체티는 천재다. 내 말을 못 믿겠다고? 그러면 2021년 그에게 '천재상'을 수여한 맥아더재단을 믿어라. 아니면 2013년 그에게 40세 미만의 최고 경제학자에게 수여하는 존 베이크 클라크 메달을 수여한 경제학계를 믿어라. 아니면 2015년에 그에게 최고의 영예인 인도문화훈장 '파드마 슈리Padma Shri'를 수여한 인도 정부를 믿어라. 아니면 체티를 "오늘날 세계에서 가장 영향력 있는 경제학자"라고 부르는 경제학자 타일러 카우언Tyler Cowen을 믿어보라.

그러니까 3년 만에 하버드대학교에서 석사 학위를 취득하고 다시 3년 뒤에 박사학위를 취득했으며 현재는 스탠퍼드대학교와 하버드대학교를 오가며 강의를 하고 있는 체티가 특별한 인물이라는 데는 세상 모두가 동의한다. (체티는 나의 하버드 박사과정 지도교수였다.)

얼마 전에 체티는 너새니얼 헨드런Nathaniel Hendren, 이매뉴얼 사에즈Emmanuel Saez, 패트릭 클라인Patrick Kline 등의 연구자들과 함께 미국 국세청으로부터 미국 납세자 전체의 데이터를 익명화되고 개인정보가 제거된 상태로 받았다. 중요한 사실은 체티 연구진이 납세자와 그 부모들의 세금 기록을 연계함으로써 사람들이 어린 시절을 어디에서 보냈으며 성인이 되고 나서 소득이 얼마인지를 알아냈다는 것이다. 이를테면 체티 연구진은 어떤 아이가 생애 첫 5년을 로스앤젤레스에서 보냈으며 그 뒤로 줄곧 덴버에 살았다는 사실을 파악할 수 있었다. 그들이 그런 정보를 수집한 사람들의 표본은 작지 않았다. 그들은 미국인 전체 인구의 어린 시절 거주지를 파악했다. 굉장한 두뇌를 가진 사람의 손에 어마어마한 데이터세트가 들어간 셈이다.

당신이 전체 납세자 데이터를 가지고 있다면 동네의 영향을 어떻게 알아보겠는가? 가장 단순한 작업은 여러 지역에서 어린 시절을 보낸 사람들의 성장 후 소득을 직접 비교하는 것이다. 하지만 그러면 앞에서 설명했던 문제에 부딪힌다. 상관관계가 반드시 인과관계를 의미하지는 않는다.

바로 이 지점에서 체티의 재치(맥아더재단의 판단으로는 천재성)가 빛을 발한다. 체티 연구진은 미국인들 중에서도 매우 흥미로운 하나의 특정한 부분집합에 초점을 맞췄다. 그 부분집합은 어린 시절에 이사를 했던 형제자매들이었다. 앞서 설명한 대로 그들은 미국의 납세자 전체를 들여다볼 수 있었으므로 데이터세트의 규모가 아주 컸고 그 부분집합에 포함된 사람들의 수도 상당히 많았다.

어린 시절에 거주지를 옮긴 형제자매들은 동네의 인과관계를 밝히는 데 어떤 도움이 될까? 추론 과정을 자세히 살펴보자.

세라 존슨과 에밀리 존슨이라는 두 아이가 있는 가상의 가정을 생각하라. 그리고 로스앤젤레스와 덴버라는 두 도시를 생각하라. 가상의 세계에서 세라가 13세이고 에밀리가 8세였을 때 그 가족이 로스앤젤레스에서 덴버로 이사를 했다고 가정하라. 그리고 아이를 양육하는 데는 덴버가 로스앤젤레스보다 낫다고 가정하라. 만약 이 가정이 진실이라면 우리는 에밀리가 세라보다 잘될 것이라고 예측할 수 있다. 아이들에게 좋은 환경을 에밀리가 5년이나 더 누렸기 때문이다.

사실은 평균적으로 덴버가 로스앤젤레스보다 아이를 키우기에 좋은 동네라 할지라도 덴버에서 5년을 더 살았던 에밀리가 나중에 더 잘된다고 100퍼센트 장담할 수는 없다. 어쩌면 세라에게 다른 강점이 있어서 덴버에서 시간을 적게 보낸 불리함을 극복할 수도 있다. 어쩌면 세라가 존슨 집안에서 가장 영리한 아이여서 타고난 지능으로 동생보다 큰 성공을 거둘지도 모른다.*

　이런 식으로 어릴 때 이사했던 사람들 수만 명을 분석한다면(미국 납세자 전체의 데이터를 사용하면 그런 분석이 가능하다) 형제자매들의 능력 차이는 상쇄된다. 어떤 의미에서는 자녀가 둘 이상인 가족이 한 동네에서 다른 동네로 이사할 때마다 두 동네를 비교할 기회가 생긴다. 만약 그들이 먼저 살던 동네가 아이를 키우기에 더 좋은 곳이었다면 형제자매 중 손위인 아이가 더 큰 성공을 거둘 것으로 예상된다. 손위인 아이가 좋은 동네에서 더 오래 살았기 때문이다. 만약 그들이 새로 이사한 동네가 아이를 키우기에 더 좋은 곳이었다면 형제자매 중에 손아래인 아이가 더 큰 성공을 거둘 것으로 예상된다. 손아래인 아이가 새로 이사한 동네에 더 오래 있었기 때문이다. 앞에서도 말했지만 이런 예상이 늘 적중하지는 않는다. 하지만 어릴 때 이사한 사람들의 표본이 충분하고 '아이를 키우기에 더 좋은 동네'라는 것이 존재한다면, 가족이 어떤 동네를 떠났거나 그 동네로 이사했을 때 형제자매 중 어느 한쪽이 더 큰 성공을 거두었다는 일관된 경향이 나타날 것이다.

　또한 형제자매들은 부모가 같고 타고난 유전적 능력도 같다고 기대할 수 있으므로, 손위 아이와 손아래 아이의 성공에 일관된 차이가 나타나는 원인이 동네에 있다고 확신할 수 있다. 납세자 전체

---

* 세라가 존슨 집안에서 가장 영리한 아이라는 내 말이 에밀리에게는 기분 나쁘고 부당하게 들리겠다는 생각이 든다면, 부디 세라와 에밀리가 가상의 인물이라는 사실을 기억해달라.

를 범위로 삼아 난해한 계산을 몇 번 수행하면 미국의 모든 지역의 가치를 숫자로 환산한 값을 얻을 수 있다.

연구자들은 무엇을 알아냈을까? 먼저 대도시 지역을 분석한 결과를 보자. 일부 대도시 지역은 아이들에게 유리하다는 일관된 결과가 나타났다. 어떤 아이가 좋은 동네로 이사하면 그 아이가 나중에 교도소에 들어갈 확률이 감소한다. 또 아이의 학력이 높아지고 소득은 증가한다. 체티 연구진은 아이가 가장 좋은 환경을 가진 도시(이런 도시를 슈퍼메트로SuperMetro라고 부르자)에서 자란다는 것만으로 아이의 장래 소득이 약 12퍼센트 증가한다는 사실을 발견했다.[20]

평균적으로 아이들의 장래에 가장 좋은 변화를 일으키는 5대 슈퍼메트로는 다음과 같았다.

### 슈퍼메트로

| | 해당 도시에서 어린 시절을 보낸 사람들의 평균 소득 증가분(평균적인 장소에서 성장한 사람들과 비교) |
|---|---|
| 시애틀(워싱턴주) | 11.6% |
| 미네아폴리스(미네소타주) | 9.7% |
| 솔트레이크시티(유타주) | 9.2% |
| 레딩(펜실베이니아주) | 9.1% |
| 매디슨(위스콘신주) | 7.4% |

〔출처〕 기회의 평등 프로젝트(Equality of Opportunity Project)

따라서 부모라면 이런 대도시 지역들이 아이들을 키우기에 좋은 장소라는 것을 현명하게 고려해야 할 것이다. 하지만 부모들은 거주지를 선택할 때 도시만 고려하지 않는다. 그 도시 내에서 어느 동네에 살지도 선택해야 한다.

체티와 동료 연구자들의 연구는 단지 어느 도시가 얼마나 좋은가를 알려주는 데서 끝나지 않았다.[21] 특정한 도시 내에서도 어떤 동네들은 다른 동네들보다 성과가 좋았다. 그리고 어떤 동네들은 특정 집단에 속한 아이들에게 유리하게 작용하는 것 같았다.

체티와 동료 연구자들의 탁월한 논문에는 납세자 데이터를 활용해서 미국의 모든 동네가 남자아이 또는 여자아이를 키우기에 얼마나 좋은지, 특정 인종의 아이들을 키우기에 얼마나 좋은지, 사회경제적 지위가 각기 다른 아이들을 키우기에 얼마나 좋은지를 분석한 결과가 실려 있다.

연구자들은 대도시 지역 내에서도 동네별로 차이가 크다는 사실을 발견했다. 어떤 동네는 그곳에서 자란 아이들에게 아주 큰 이점을 선사한다.

예컨대 체티 연구진은 시애틀의 데이터를 잘게 쪼개서 인구조사의 단위가 되는 모든 동네에서 자란 아이들이 어떻게 됐는지를 알아봤다. 그 결과 시애틀 내에서도 노스퀸앤이라는 동네는 저소득층 아이들을 키우기에 유리한 곳이었고, 웨스트우드랜드라는 동네는 저소득층 아이들을 키우기에 불리한 곳으로 나타났다. 전반적으로는 어린 시절을 보내는 동네의 질이 1 표준편차만큼 개선될 때 그

사람의 소득은 13퍼센트가량 증가했다.[22]

체티 연구진은 '기회의 지도http://opportunityaltlas.org'라는 웹사이트를 개설해서 어떤 동네가 각기 다른 소득 수준, 젠더, 인종의 아이들을 키우기에 얼마나 유리한지를 누구나 찾아볼 수 있도록 했다.

다음 그림은 저소득층 부모 밑에서 태어난 남자아이가 시애틀의 각기 다른 동네에서 자랄 경우 예상되는 장래 소득을 보여준다.

**저소득층 가정에서 자란 아이들의 35세 때 가구소득**

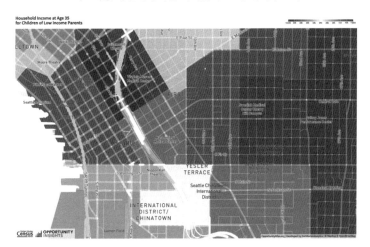

## 동네가 왜 가장 중요한지 수학적으로 보여줄게

새서도트와 동료들의 연구(부모의 영향에 관한 연구)를 체티와 동료들의 연구(동네의 영향에 관한 연구)와 비교해보면 재미있는 일이 벌어진다. 그 결과는 절묘하다.

앞서 설명한 대로 새서도트는 아이들이 각기 다른 가정에 무작위로 입양되었을 때 어떤 일이 벌어졌는지를 조사했고, 좋은 가정에서 자란 아이들의 소득이 26퍼센트 높아진다는 결과를 얻었다. 그런데 '좋은 가정'에는 여러 요소가 포함된다. 아이들을 양육하는 과정에서 부모가 해야 하는 결정이 수천 가지였고…… 어느 동네에서 생활하느냐도 그 결정 중 하나였다.

체티 연구진은 부모에게 아무 변화가 없는 상태에서 성장기에 있는 아이들이 다른 동네로 이사하는 경우 어떻게 자라는지를 연구했다. 그들은 부모도 아이도 변동이 없는 상태로 가장 좋은 동네로 이사할 때 그 아이의 소득이 일정 부분 증가한다는 것을 발견했고, 이때 소득이 증가하는 비율은 새서도트가 발견한 부모의 영향 전체의 상당 부분을 차지한다.

만약 이 두 편의 연구가 다 옳다면(사실 둘 다 아주 정밀하게 수행됐다) 어느 가정의 한 가지 요소(그 가정이 위치한 동네)가 그 가정의 영향 전체의 상당 부분을 설명한다는 이야기가 된다.

실제로 내가 두 연구의 수치를 종합해서 추산한 바에 따르면 부모의 영향 전체의 25퍼센트 정도(또는 그 이상)는 그 부모가 아이를 어디에서 양육하느냐에 달려 있었다.[23] 다시 말해 부모가 해야 하는 수천 가지의 까다로운 결정 중 단 하나가 다른 것들보다 훨씬 중요하다. 그리고 그것은 그렇게 중요한 결정인데도 그동안 육아서에서 많이 다뤄지지 않았다. 네이트 힐거Nate Hilger는 《부모의 함정The Parent Trap》에서 가장 잘 팔리는 육아서 60권 중에 부모들에게 어디에서 아이를 키워야 할지에 관한 조언을 제공하는 책은 한 권도 없다고 지적했다.

아이를 어디에서 양육하느냐가 그렇게 중요한 결정이라면, 아이들을 키우기에 좋은 동네들이 공통되게 지닌 특징에 관한 정보가 있으면 좋을 것 같다. 체티와 동료 연구자들은 그것도 알아봤다.

## 좋은 동네는 왜 좋을까?

체티 연구진은 아이를 키우기에 유리한지 불리한지에 따라 모든 동네의 순위를 매긴 데이터세트를 확보하고 나서, 그 데이터세트를 동네에 관한 다른 데이터세트들과 비교해서 한 동네가 아이 키우기 좋은 곳이 되는 것과 연관이 깊은 요인들이 무엇인지 알아봤다. 아이들의 성과를 향상시키는 동네들은 몇 가지 항목에서 일관되게 높은 점수를 얻었다.

당신이 스무고개 같은 게임을 좋아한다면 동네의 어떤 특징이 그곳에서 자란 아이들을 크게 성공한 사람으로 만드는지 한번 알아맞혀보라. 다음 쪽에 동네의 특징 여덟 가지의 목록이 있다. 그중 세 가지가 아이들의 높은 성공 확률을 예측하는 변수였고, 나머지 다섯 가지는 아이들의 성공을 그만큼 잘 예측하지 못했다.[24]

동네의 특징들 중에서 그 동네가 좋은 곳이라는(그 동네에서 자란 사람들이 성공할 확률이 높다는) 것과 관련이 깊은 특징 세 가지는 무엇일까?

- 인근의 고임금 일자리 개수
- 주민들 중 대졸 이상인 사람들의 비율
- 지역의 일자리 증가
- 학교의 학생/교사 비율
- 학교의 학생 한 명당 보조금 액수
- 양친이 있는 가정의 비율
- 인구조사 응답을 제출한 사람들의 비율
- 인구 밀도(도시, 교외, 시골 중 어디에 속하는가)

세 가지를 골랐는가?

아이의 성공 확률을 높여주는 동네를 예측하는 세 가지 변수는 다음과 같다.

- 주민들 중 대졸 이상인 사람들의 비율
- 양친이 있는 가정의 비율
- 인구조사 응답을 제출한 사람들의 비율

당신이 정답을 몇 개나 맞혔든 간에 세 가지 특징의 공통점이 무엇이며 아이를 키우기에 좋은 동네를 만드는 요인은 무엇인지 말해보라.

이 세 가지 특징은 모두 그 동네에 사는 성인들과 관련이 있다. 대졸 이상의 학력을 가진 성인들은 대체로 똑똑하고 유능하다. 양친이 있는 가정에서 함께 사는 아이들은 대체로 안정적인 가정생활을 한다. 인구조사 응답을 제출하는 성인들은 대체로 시민사회에 활발하게 참여한다.

이러한 결과는 아이들이 보고 자라는 성인들이 그 아이들의 삶의 성공에 지대한 영향을 끼칠 수도 있음을 뜻한다. 물론 어느 동네에서 성인들의 자질과 아이들의 삶의 성공이 상관관계를 지닌다고 해서 성인들이 그 성공의 원인이라는 것이 입증되지는 않는다. 하지만 체티와 동료 연구자들의 후속 연구에 따르면 동네에서 한 아이가 보고 자라는 성인들은 그 아이들에게 아주 유리하게 작용할 수 있다. 실제로 좋은 성인 역할모델은 좋은 학교나 경제적 번영보다 아이들에게 더 큰 영향을 끼치는 것 같다.

## 사례 1: 여성 발명가 역할모델의 힘[25]

'미국에서 발명가가 되는 사람들은 누구인가? 혁신에 노출되는 경험의 중요성'이라는 연구에서 체티와 동료 연구자들은 납세 기록, 특허 기록, 시험 점수 기록을 포괄하는 대규모 데이터세트를 구축했다. 그들은 그 데이터세트를 통해 어떤 아이들이 나중에 탁월한 과학적 업적을 남길지 예측하는 요소를 알아냈다.

연구 결과의 일부는 그다지 놀랍지 않았다. 어린 시절의 시험 점수는 나중에 발명가가 되는 것과 관련이 깊었다. 어린 시절에 수학 점수가 높았던 아이들은 어른이 되어서 특허를 취득할 확률이 더 높았다.

별로 놀랍지도 않고 힘만 빠지는 결과도 있었다. 연구자들은 아이의 젠더와 사회경제적 지위 역시 발명가로 성공할 확률에 영향을 준다는 사실을 알아냈다. 안타깝게도 흑인 여자아이들은 어릴 때 동일한 시험 점수를 받았던 백인 남자아이들에 비해 발명가가 될 확률이 낮았다.

그런데 발명가가 되는 것을 예측하는 데서 뜻밖에 큰 역할을 하는 요소가 하나 있었다. 바로 아이가 어린 시절을 보낸 동네의 어른들이었다. 어릴 때 발명가 어른들이 많은 동네로 이사했던 아이들은 나중에 발명가가 될 확률이 높았다. 그 효과는 그 동네의 성인 발명가들이 종사했던 분야에 집중된다. 의료기기를 개발하는 성인이 많이 사는 동네로 이사한 아이는 나중에 자라서 의료기기를 발명할 확률이 높아진다.

눈에 띄는 점은 어릴 때 성인 발명가들 근처에 사는 것의 효과가 젠더에 따라 다르게 나타났다는 것이다. 체티와 동료 연구자들의 분석에 따르면, 여자아이들이 성인 여성 발명가들 근처에서 어린 시절을 보낼 경우 발명가가 될 확률이 높아진다. 여자아이들이 성인 남성 발명가들 근처에서 어린 시절을 보낼 경우에는 발명가가 될 확률에 아무런 변화가 없다.

어릴 때 주변에서 여성 발명가를 많이 보고 자란 여자아이들은 그 여성들을 모방하려고 시도하는데, 제법 많이 성공한다. 당신의 딸을 발명가로 키우는 가장 좋은 전략은 어릴 때부터 딸에게 발명가로 성공한 성인 여성들을 가까이서 보도록 해주는 것이다.

## 사례 2: 흑인 남성 역할모델의 힘[26]

체티와 동료 연구자들의 두 번째 연구는 미국 흑인들의 사회적 이동성(소득, 직업, 계층 간의 이동이 얼마나 쉬운지를 나타낸다–옮긴이)을 예측하는 지표들을 살펴본 것이었다. 애석하게도 미국에서 흑인 남성들은 백인 남성들보다 사회적 이동성이 낮다. 다음 그래프를 보라. 만약 백인 남자아이와 흑인 남자아이 부모의 소득이 동일하다면 나중에 흑인 남자아이가 백인 남자아이보다 돈을 적게 벌 것이라고 예측할 수 있다.

　흑인 남성들은 미국의 거의 모든 지역에서 사회적 이동성이 낮다. 그런데 흑인들의 사회적 이동성이 더 높은 동네가 몇 군데 있다. 예컨대 뉴욕시의 퀸스빌리지와 오하이오주 신시내티의 웨스트엔드라는 동네를 비교해보자. 퀸스빌리지에서는 소득 수준(가구소득 백분위. 미국의 '백분위income percentile'는 한국의 백분위와 개념이 달라서 숫자가 클수록 소득이 높아진다–옮긴이) 25분위인 부모 밑에서 태어난 흑인 남자아이는 나중에 55.4분위의 소득을 얻을 것으로 예상된다.

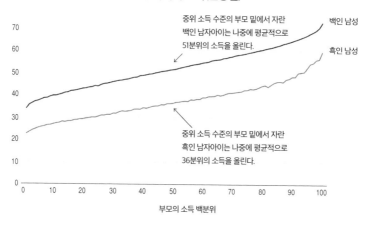

**부모와 자녀의 소득(인종별)**

중위 소득 수준의 부모 밑에서 자란
백인 남자아이는 나중에 평균적으로
51분위의 소득을 올린다.

백인 남성

흑인 남성

중위 소득 수준의 부모 밑에서 자란
흑인 남자아이는 나중에 평균적으로
36분위의 소득을 올린다.

부모의 소득 백분위

〔출처〕 기회 탐구(Opportunity Insights) 〔데이터〕 가공: 데이터래퍼

반면 웨스트엔드에서 소득 수준 25분위인 부모 밑에서 태어난 흑인
남자아이는 장래에 31.6분위의 소득을 기대할 수 있다.

그렇다면 지역에 따라 흑인 남성들의 장래 소득이 달라지는 이
유는 무엇으로 설명해야 할까?

미국 흑인들의 성공에 영향을 끼치는 진부하고 서글픈 변수가
하나 있었다. 체티 연구진은 동네의 인종차별이 심한 정도, 예컨대
그 동네 사람들이 구글에 인종차별적 검색어를 얼마나 많이 입력하
느냐가 흑인 남성들의 성공과 음의 상관관계를 나타낸다는 사실을
발견했다. 나의 전작인《모두 거짓말을 한다》에서도 구글 검색 데이
터를 보면 미국사회의 숨은 인종차별이 매우 심각하다는 나 자신의
연구 결과를 소개한 바 있다. 이것은 오늘날 미국에서 인종차별이

사회에 타격을 주고 있다는 또 하나의 증거다.

하지만 이번에도 흑인 남성들의 장래 성공 여부를 결정하는 놀라운 요인이 하나 있었다. 연구자들은 그 동네에 살았던 흑인 아버지의 수가 흑인 남성의 성공을 가장 잘 예측하는 변수들 중 하나라는 사실을 발견했다. 뉴욕시의 퀸스빌리지와 신시내티시의 웨스트엔드로 돌아가보자. 퀸스빌리지에서는 흑인 남자아이들의 56.2퍼센트가 아버지가 있는 가정에서 자랐지만, 웨스트엔드에서는 그 숫자가 20.5퍼센트였다.

어린 흑인 남자아이 주변에 흑인 아버지가 있었다는 것은 단순히 자기 아버지가 곁에 있었다는 것 이상으로 중요하다. 친부 없이 자라는 흑인 남자아이들도 퀸스빌리지처럼 다른 흑인 아버지들이 많은 동네에서 어린 시절을 보낸다면 성공할 확률이 높아진다.

## 성인 역할모델이 이렇게 중요한 이유

여자아이들이 과학자가 되겠다는 꿈을 실현하는 데, 흑인 남자아이들이 인종차별의 불리함을 이겨내는 데, 그리고 수많은 아이의 인생이 성공하는 데 동네의 성인들이 왜 그렇게 중요할까? 아이들의 장래에 부모가 아닌 동네 어른들의 영향이 의외로 크고 부모의 영향은 의외로 작다는 사실을 우리는 어떻게 활용해야 할까?

우리가 짐작할 수 있는 이유 중 하나는 아이들이 자기 부모에 대해 느끼는 감정은 복합적이라는 것이다. 아이들은 대부분 부모에게 반항하고 부모가 했던 것과 정반대의 행동을 하려고 한다. 만약 당신이 고학력자에 모범 시민이라면 당신의 아이들은 당신과 같은 어른이 되고 싶어할 수도 있지만 어쩌면 자기만의 길을 개척해서 전혀 다른 삶을 살고 싶어할지도 모른다.

반면 아이들이 동네의 다른 어른들과 맺는 관계는 그보다 훨씬 덜 복잡하다. 길 건너편에 사는 아저씨와 아주머니에게는 오이디푸스 콤플렉스나 엘렉트라 콤플렉스를 느낄 일이 없다. 아이들은 동네의 다른 어른들을 존경의 대상으로 바라보고 그 어른들의 행동을 모방하는 경향이 있다.

어떤 부모라도 아이들을 설득해서 자신이 원하는 대로 행동하게 만들기는 무척 어렵다. 반면에 아이들은 자신이 접하는 다른 몇몇 어른의 발자취를 따라가기를 자연스럽게 원할지도 모른다.


## 당신의 아이에게 꼭 있어야 할 것:
## 바람직한 성인 역할모델

이 장에서 소개한 연구 결과 중에는 놀라운 것도 있다. 당신은 전반적으로 부모가 아이들에게 더 큰 영향을 끼친다고 생각했을 것이다. 당신이 로스앤젤레스가 아니라 시애틀에 살면 자녀의 장래 소득이 유의미하게 높아질 거라고는 생각지도 못했을 것이다. 아마도 당신은 길 건너편에 사는 여성이 당신 딸의 진로에 영감을 제공할 일은 없으리라고 생각했을 것이다.

그래서 이 연구 결과들은 아이들을 잘 키우는 방법에 관해 중요한 교훈을 제공한다. 육아에 관한 과학적 연구에서 알아낸 두 가지 중요한 사실은 각기 다른 함의를 지닌다.

첫째, 입양아 연구를 비롯한 여러 연구에서 밝혀진 대로 부모가 자녀에게 끼치는 영향의 총합은 놀랄 만큼 작다. 그러니까 부모들은 뭔가를 결정해야 할 때 마음을 편히 가져도 될 것 같다.

당신이 무엇을 어떻게 해야 할지 확신이 서지 않아서 매일 밤 괴로워하는 부모라면, 당신은 지나치게 불안해하면서 육아에 접근하고 있는 것이다.

솔직히 육아에 관련된 결정들의 대부분은 내 입에서 절대로 나오지 않을 거라고 생각했을 방법으로 해결해도 괜찮다고 말하고 싶다. '당신의 직감을 따라가라'는 얘기다. 당신의 직감이 정확한 답을 알려주는 마법 같은 힘을 가지고 있어서 이런 말을 하는 게 아니다. 부모로서 당신이 하는 결정들은 사실은 그렇게 중요하지 않기 때문이다. 그때그때 옳다고 느껴지는 결정을 하면서 삶을 계속 살아가도 아무런 문제가 없다. 어떤 의미에서 데이터는 직감에 근거한 단순한 접근을 정당화한다. 자신감을 가져라. 당신이 이성적인 선택을 하는 한 당신은 부모 역할을 최대한 잘하고 있는 것이다.

하지만 데이터에 따르면 부모가 각별히 주의를 기울여야 하는 영역이 하나 있다. 당신의 아이를 어떤 사람들에게 노출시킬 것인가? 이 지점에서 당신은 아이의 삶에 지대한 영향을 끼칠 수도 있다.

만약 당신이 동네 연구에서 영감을 얻었다면, 앞에서 소개한 '기회의 지도' 웹사이트에 가서 상호작용형 지도를 보면서 어느 동네가 아이들에게 얼마나 유리한지 알아볼 수도 있다.

데이터에 근거해서 동네를 선택하지 못했더라도 연구 결과의 핵심만 가져와서 육아에 응용할 수도 있다. 단순하게 말하면 당신의 아이들이 모방하기를 바라는 성인들에게 당신의 아이를 노출시키는 게 좋다. 아이들에게 영감을 줄 것 같은 사람들이 주변에 있다면, 당신의 아이들이 그 사람들을 만날 수 있도록 기회를 만들어주어라. 역할모델이 될 수 있는 사람들에게 부탁해서 당신의 아이들에게 자신이 살아온 이야기를 들려주고 조언도 해주도록 하라.

어릴 때 접하는 역할모델이 아이들의 장래에 지대한 영향을 끼친다는 것을 시사하는 일화들은 예전에도 있었다. 이제는 미국인 수천만 명에게서 얻은 데이터로 역할모델의 중요성이 입증됐다.

---

**다음 장에서는…**

지금까지 납세 기록에서 얻은 데이터를 통해 아이의 장래 소득을 12퍼센트 정도 높이는 방법을 알아봤다. 그런데 당신의 아이가 스포츠계에서 성공하기를 원한다면? 당신에게 도움이 되는 최신 데이터가 나와 있다.

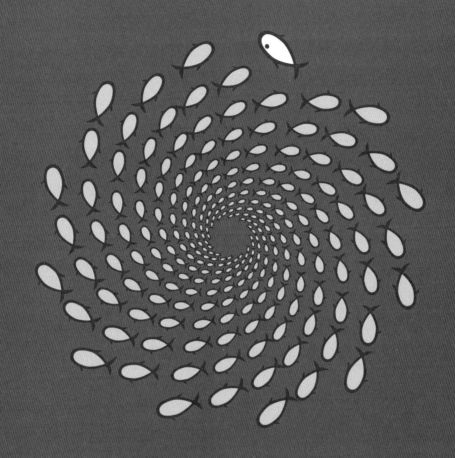

# 3장
# 재능 없이도 운동으로 성공하는 가장 그럴싸한 방법

당신은 어릴 때 무엇이 되기를 꿈꿨는가? 내 꿈은 단 하나였다. 나는 프로 운동선수가 되고 싶었다.*

　알다시피 어린 시절의 나는 스포츠에 집착했다. 여기서 '집착'이란 진짜 집착을 뜻한다. 내가 다섯 살 때 아버지는 나를 뉴욕 닉스의 경기에 데려갔다. 매디슨 스퀘어 가든에서 열린 줄리어스 어빙Julius Erving의 마지막 경기였다. 우리 옆자리에 앉아 있던 야구 팬들은 내가 선수들의 기록을 줄줄 외우는 소리를 듣고 내가 왜소한 어른일 거라고 확신했다. 어린아이가 스포츠에 관해 그렇게 많이 아는 건 불가능하다고 생각했기 때문이다.

　하지만 사람들이 나의 아이답지 않은 스포츠 지식에 놀라고 감명을 받아도 나는 내가 처한 상황이 마음에 들지 않았다. 내 꿈은 프로 운동선수들에 관해 많이 아는 사람이 되는 게 아니라 프로 운동선수가 되는 거였으니까. 나는 스스로에게 물었다. '왜 내가 줄리어

---

* 《모두 거짓말을 한다》에서 나의 운동선수 꿈이 좌절된 이야기를 했다. 그리고 NBA 농구선수들의 배경에 관한 놀라운 데이터도 소개했다. 독자 여러분, 스포츠는 내 삶의 중요한 주제이다. 그리고 스포츠에 관해 연구하고 글을 쓰기만 해도 나에게는 약간의 치유 효과가 있다.

스 어빙이 되고 줄리어스 어빙이 내 자유투 성공률을 소수점 아래 넷째 자리까지 외우는 사람이 될 수 없는 거지?'

그러나 나의 꿈을 가로막는 장애물이 하나 있었다. 그 장애물은 도저히 넘어설 수 없을 것 같았다. 나는 운동에 소질이 없었다. 나는 우리 반에서 가장 작았고, 눈에 띌 만큼 동작이 느렸다. 그리고 당신이 집에서 점수를 매기는 사람일 수도 있으니 솔직하게 말하는데, 그래, 나는 체력도 약한 편이었다.

나의 절친한 친구 개럿의 존재는 내가 처한 곤경을 더 부각했다. 개럿은 우리 반에서 키가 제일 컸고 근육질 몸매에 움직임이 빠른 아이였다. 개럿은 농구를 나보다 잘했고, 야구공을 던지고 치고 잡는 것도 나보다 잘했다. 개럿은 축구도 나보다 잘했고, 달리기도 나보다 잘했고, 피구도 나보다 잘했고, 본조볼Bonzo ball(벽과 공을 이용해서 하는 놀이의 일종-옮긴이)도 나보다 잘했고, 내가 더 잘하는 걸 찾아내기 위해 쉬는 시간에 내가 지어낸 모든 게임을 나보다 잘했다.

두 블록 떨어진 곳에 사는 친한 친구가 모든 스포츠 종목에서 나보다 한 수 위인데 내가 어떻게 세계 최고의 운동선수가 될 수 있겠는가? 나는 실현 가능성이 없는 꿈을 꾸는 아이였고, 개럿이 되고 싶은 세스였고, 운동을 좋아하지만 굼뜬 몸에 갇힌 아이였다. 한마디로 나는 망했다.

    ······
    ······
    ······

아니면 나에게도 희망이 있었을까?

우리 아버지이자 뉴욕대학교 언론학과의 저명한 교수였던 미첼 스티븐스Mitchell Stephens는 나를 보며 진심으로 안타까워했다. 자기 아들이 뭔가를 그토록 간절히 원하는데 아무리 노력해도 그 소망을 이루지 못하는 모습을 보는 건 괴로운 일이다. 그래서 아버지는 나를 돕기 위해 머리를 굴렸다.

스티븐스 집안 사람은 키가 큰 편이 아니다. 우리는 빠르지도 않고, 힘이 세지도 않다. 하지만, 빌어먹을, 우리는 머리가 좋다! 그리고 어느 날 오후, 아버지가 잠옷 바람으로 뉴욕 제트의 경기를 시청하던 중에 그 영리함이 빛을 발했다.

"키커kicker(미식축구에서 필드골을 차서 득점하는 역할을 주로 하는 선수-옮긴이)다!"

"저건 그렇게 어렵지 않겠어." 아버지의 결론이었다. 아버지는 나에게 세계 정상급 선수가 될 때까지 무조건 축구공을 차는 연습만 계속하라고 했다. 그러면 프로 운동선수의 꿈이 이뤄질 거라고.

그리하여 프로젝트가 굴러가기 시작했다!

스티븐스 가족은 흐뭇한 미소를 지으며 스포츠용품점에 가서 키킹 티kicking tee(바닥에 공을 고정시키는 기구-옮긴이)를 구입했다.

처음에는 공을 위로 차올리지도 못했다. 하지만 나는 연습을 하고 또 했다. 밤이고 낮이고 계속했다. 눈이 오든, 진눈깨비가 오든, 비가 오든 연습을 거르지 않았다. 소년, 키킹 티, 그리고 꿈.

여러분, 그게 나, 뉴저지 교외 출신의 키 작고 동작이 굼뜬 유대인 소년이 스탠퍼드대학교 미식축구 대표팀의 키커가 된 이야기다!

농담이다. 보시다시피 그런 일은 일어나지 않았다. 몇 달간 연습을 하고 나니 미식축구공을 매번 7~8미터쯤 차올릴 수 있게 됐다. 실력이 향상되어 뿌듯했던 나는 어느 날 개럿을 초대해서 내 실력을 보여줬다. 개럿은 자기가 얼마나 멀리 찰 수 있는지 한번 해보고 싶다고 말했다. 그는 미식축구공을 차본 적이 없었는데도 처음부터 25미터나 차올렸다.

나는 운동선수가 되려는 노력을 포기했다. 그리고 수학과 글쓰기를 연습하기 시작했다. 다른 사람들이 내가 가졌던 꿈을 이룰 수

데이터과학자(나)가 어린 시절의 꿈을 이루기 위해 노력하는(그리고 실패하는) 장면. 최근에 발견한 사진이다.

있었던 원인이 무엇인지를 분석하는 일에서라도 언젠가 세계적인 전문가가 되고 싶었다.

과학 전문 언론인인 데이비드 엡스타인David Epstein은 《스포츠 유전자The Sports Gene》라는 훌륭한 책을 통해, 스포츠에서 우수한 성적을 내기 위한 조건에 관한 중요한 대화의 포문을 열었다. 엡스타인의 지적에 따르면 수많은 부모와 아이들은 열정과 노력으로 스포츠에서 우수한 성적을 올리려고 하지만, 운동선수의 성공에는 유전자가 큰 비중을 차지한다는 증거가 점점 많이 발견된다.

유전의 효과가 가장 명백하게 나타나는 종목은 농구인 것 같다. 키가 크면 농구를 하기에 좋다는 이야기는 굳이 할 필요도 없을 것이다. 당신도 알고 있을 테니까. 하지만 키 큰 사람이 얼마나 유리한지는 당신도 몰랐을 것이다.

나를 포함한 여러 과학자는 각자의 연구를 통해 키가 1인치(약 2.5센티미터) 커지면 NBA 선수가 될 확률이 두 배 가까이 높아진다는 사실을 발견했다. 키 183센티미터인 남자가 NBA에 진출할 확률은 키 180.5센티미터인 남자가 NBA에 진출할 확률의 거의 두 배다. 그리고 이 패턴은 키의 범위가 달라져도 유지된다. 키 188센티미터인 남자가 NBA에 진출할 확률은 키 185.5센티미터인 남자가 NBA에 진출할 확률의 두 배 가까이 되고…… 또 키 208센티미터인 남자가 NBA에 진출할 확률은 키 205.5센티미터인 남자가 NBA에 진출할 확률의 두 배 가까이 되고…… 이런 식이다.

키의 효과는 아주 강력하다. 추산해보면 키 183센티미터 미만인 남자가 NBA에 진출할 확률은 120만 분의 1 정도밖에 안 되는 반면 키 213센티미터 이상인 남자가 NBA에 진출할 확률은 7분의 1 정도 된다.

그리고 엡스타인에 따르면 과학자들은 다른 여러 스포츠에도 이상적인 체형이 있고 유리한 유전 형질이 있다는 사실을 발견했다. 세계 정상급 운동선수들은 유전자 복권에 당첨된 덕분에 그들이 선택한 스포츠에 딱 맞는 체형을 가지고 태어난 사람들이다. 예컨대 수영 종목에서는 몸통이 길고 다리가 짧아서 발차기를 할 때 토크(회전력)가 커지는 체형이 이상적이다. 세계 정상급 수영선수들은 대체로 이런 체형을 만드는 유전자를 가지고 있다. 반대로 육상 중거리와 장거리 종목에서는 다리가 길어서 보폭이 커지는 체형이 이상적이다. 세계 최고의 중거리와 장거리 육상선수들은 대체로 이런 체형을 만드는 유전자를 가지고 있다.

엡스타인은 역사상 가장 빛나는 기록을 세운 수영선수 마이클 펠프스Michael Phelps의 체형과 역사상 최고로 손꼽히는 중거리 육상선수 히캄 엘 게루즈Hicham El Guerrouj의 체형이 뚜렷하게 대비된다고 지적한다. 마이클 펠프스(키 193센티미터)는 엘 게루즈(키 175센티미터)보다 18센티미터 크다. 하지만 신기하게도 두 사람의 다리 길이는 똑같다. 엡스타인의 표현을 빌리면 "그들은 길이가 똑같은 바지를 입는다". 펠프스는 짧은 다리 덕택에 수영계를 제패했고, 엘 게루즈는 긴 다리 덕택에 중거리 육상을 제패했다.[1]

엡스타인의 책에 제시된 사실들은 나와 우리 가족처럼 세계적인 운동선수가 되기를 꿈꾸지만 그에 걸맞은 유전자를 가지고 태어나지 못한 사람들의 의욕을 떨어뜨릴 수도 있다. 어떤 젊은이들은 그런 글을 읽고 훌륭한 운동선수가 되겠다는 꿈을 포기할지도 모른다. 세계 각국의 유리한 유전자를 가진 사람들과 경쟁해서 무엇 하겠는가?

하지만 엡스타인의 선구적인 책은 성공하는 운동선수의 조건에 관한 대화의 시작일 뿐이다. 물론 유전자는 운동선수로서 성공하는 데 중요한 역할을 한다.

그러나 유전자의 역할은 스포츠 종목에 따라 다르지 않을까? 어떤 스포츠는 거의 전적으로 유전자에 의해 결정되는 반면, 어떤 스포츠는 열정과 노력 같은 것들에 의해 결정되지 않을까? 우리 아버지가 이론적으로 미식축구 키커는 누구나 될 수 있다고 생각했던 것처럼, 어떤 스포츠 종목에서는 유전적 이점을 가지지 못한 아이들이 열정과 노력으로 정상에 오를 가능성이 있을까?

잠시 후에 나는 스포츠의 여러 종목이 유전에 의존하는 정도가 얼마나 다양한가에 관한 단서를 제공하는 데이터를 제시하려고 한다. 그리고 유리한 유전자를 가지지 못한 사람들에게 어떤 스포츠가 적합한지도 알려주려고 한다. 하지만 이 질문들에 답하기 전에, 패트릭 오로크Patrick O'Rourke라는 사람이 찾아낸 멋진 데이터에 관해 잠깐 이야기하고 싶다. 오로크의 데이터는 특별한 능력이 없는 아이가 어떤 스포츠 종목에 도전하면 성공할 확률이 가장 높은가라는 질문과도 연관된다. 원래 오로크는 유전적 이점이 없어도 되는 스포츠 종목을 알아보려고 했던 건 아니었다. 그는 대학에서 다른 종목에 비해 장학생을 많이 선발하는 스포츠 종목을 찾고 있었다.

## 체육 장학금 쉽게 받기 계산법[2]

어느 날 저녁, 공인회계사 패트릭 오로크는 친구들과 식사하면서 자신의 아들에 관해 이야기하고 있었다. 그의 아들은 우수한 고등학교 야구선수였지만 대학 장학생으로 선발될 정도의 실력은 못 되는 것 같았다. 친구들은 오로크의 아들을 위해 한 가지 아이디어를 냈다. 라크로스로 종목을 바꾸라는 것이었다. 라크로스를 선택하는 사람은 야구를 선택하는 사람보다 훨씬 적으니까 아들의 운동 능력을 라크로스라는 비인기 종목에 투입한다면 대학 장학금을 받기가 조금 더 쉬워질 거라는 제안이었다.

오로크는 이 아이디어에 흥미를 느꼈다. 그러나 친구들의 조언을 무조건 받아들이지는 않았다. 그는 이 책의 주인공과 마찬가지로 데이터를 수집하기 시작했다. 모든 스포츠 종목을 대상으로 그 종목의 고등학교 선수가 몇 명이며 그 종목에 할당되는 대학 장학생은 몇 명인지에 관한 데이터를 모았다. 그러고 나서는 '체육 장학금 쉽게 받기'라는 계산법을 만들었다. 고등학교 운동선수가 대학 장학금을 받을 확률을 종목별로 계산하는 방법이었다.

그렇다면 데이터는 뭐라고 말했을까?

오로크의 친구들이 잘못 짚었다. 물론 야구를 하는 남자 고등학생들보다 라크로스를 하는 남자 고등학생들이 적은 건 사실이었다. 하지만 대학 장학생 수도 라크로스가 야구보다 훨씬 적었다. 이를 종합하면 라크로스 선수가 대학 장학생으로 선발될 확률은 85분의 1이었다. 야구선수가 대학 장학생으로 선발될 확률은 그보다 약간 높은 60분의 1이었다.

오로크는 이 데이터에서 더 많은 것을 알아냈고, 그가 알아낸 것들을 그의 웹사이트ScholarshipStats.com에 올려 세상에 널리 알렸다. 그리고 제이슨 노트Jason Notte라는 기자가 최초로 그 데이터를 표로 만들었다.

다음 표는 놀라운 사실을 알려준다. 고등학교 남자 체조선수가 고등학교 남자 배구선수보다 대학 장학생으로 선발될 확률이 아홉 배나 높다는 사실을 누가 알았겠는가? 고등학교 여자 조정선수가 고등학교 여자 크로스컨트리 선수보다 대학 장학생으로 선발될 확률이 30배쯤 높다는 사실은 또 누가 알았겠는가?

그런데 오로크는 이 데이터에 맹점이 있다고 고백했다. 예컨대 장학생으로 선발될 확률이 높은 종목 중 일부는 고등학교 팀이 거의 없어서 비싼 돈을 내고 사설 클럽에 가입해야 한다. 게다가 어떤 장학금은 액수가 적다. 오로크의 웹사이트에는 모든 스포츠 종목에 관해 훨씬 많은 정보가 담겨 있다.

적어도 당신이 미국인인데 당신 또는 당신의 아이가 어떤 스포

## 남학생이 체육으로 대학 장학금을 받을 확률

| 종목 | 고등학교 선수 | 대학 장학생 선발 인원 | 고등학교 선수와 대학 선수의 비율 |
|---|---|---|---|
| 체조 | 1,995 | 101 | 20:1 |
| 펜싱 | 2,189 | 99 | 22:1 |
| 아이스하키 | 35,393 | 981 | 36:1 |
| 미식축구 | 1,122,024 | 25,918 | 43:1 |
| 골프 | 152,647 | 2,998 | 51:1 |
| 알파인스키 | 5,593 | 107 | 52:1 |
| 사격 | 2,668 | 47 | 57:1 |
| 농구 | 541,054 | 9,504 | 57:1 |
| 야구 | 482,629 | 8,062 | 60:1 |
| 축구 | 417,419 | 6,152 | 68:1 |
| 수영/다이빙 | 138,373 | 1,994 | 69:1 |
| 테니스 | 191,004 | 2,417 | 79:1 |
| 라크로스 | 106,720 | 1,251 | 85:1 |
| 크로스컨트리 | 252,547 | 2,722 | 93:1 |
| 육상 | 653,971 | 5,930 | 110:1 |
| 수중폴로 | 21,451 | 126 | 170:1 |
| 레슬링 | 269,514 | 1,530 | 176:1 |
| 배구 | 52,149 | 294 | 177:1 |

〔출처〕스칼라십스태츠닷컴(ScholarshipStats.com) 〔데이터〕가공: 마켓플레이스(Marketplace)의 의뢰로 제이슨 노트가 최초 제작한 표를 변형함

## 여학생이 체육으로 대학 장학금을 받을 확률

| 종목 | 고등학교 선수 | 대학 장학생 선발 인원 | 고등학교 선수와 대학 선수의 비율 |
|------|------|------|------|
| 조정 | 4,242 | 2,080 | 2:1 |
| 승마 | 1,302 | 390 | 3:1 |
| 럭비 | 322 | 36 | 9:1 |
| 펜싱 | 1,774 | 134 | 13:1 |
| 아이스하키 | 9,150 | 612 | 15:1 |
| 골프 | 72,172 | 3,056 | 24:1 |
| 체조 | 19,231 | 810 | 24:1 |
| 스키 | 4,541 | 133 | 34:1 |
| 사격 | 1,587 | 46 | 35:1 |
| 축구 | 374,564 | 9,266 | 40:1 |
| 농구 | 433,344 | 10,165 | 43:1 |
| 라크로스 | 81,969 | 1,779 | 46:1 |
| 수영/다이빙 | 165,779 | 3,550 | 47:1 |
| 테니스 | 215,737 | 4,480 | 48:1 |
| 소프트볼 | 371,891 | 7,402 | 50:1 |
| 배구 | 429,634 | 8,101 | 53:1 |
| 하키 | 61,471 | 1,119 | 55:1 |
| 수중폴로 | 18,899 | 344 | 55:1 |
| 크로스컨트리 | 218,121 | 3,817 | 57:1 |
| 육상 | 545,011 | 8,536 | 64:1 |
| 볼링 | 25,751 | 275 | 94:1 |

〔출처〕 스칼라십스태츠닷컴 〔데이터〕 가공: 마켓플레이스의 의뢰로 제이슨 노트가 최초 제작한 표를 변형함

츠 종목의 특기생이고 대학에서도 그 종목을 계속하기를 원한다면 '스칼라십스태츠닷컴'을 방문하는 것이 현명한 일이다. 하지만 엡스타인의 유명한 주장처럼, 스포츠에 유리한 유전자를 타고나지 않은 사람이라면 아무리 데이터를 참조한다 해도 정상에 도달하기는 매우 힘들 것이다.

그러면 어떤 스포츠가 유전자에 가장 많이 의존하고 어떤 스포츠가 가장 적게 의존하는가? 여러 스포츠 종목에서 유전자가 성공에 얼마나 큰 영향을 끼치는지를 알아보려면…… 그 종목에 일란성 쌍둥이 선수가 얼마나 많은가를 계산하면 된다.

## 야구팀 이름만 트윈스(쌍둥이)인 게 아니야

행동유전학은 성인들이 왜 지금과 같은 모습이 됐는지를 연구하는 학문이다. 예컨대 왜 어떤 사람은 공화당원이고 어떤 사람은 민주당원일까? 어디까지가 본성이고 어디부터가 양육일까?

이 두 요인을 분리하기는 쉽지 않다. 가장 큰 어려움은 무엇일까? 본성을 공유하는 사람들은 대부분 양육 환경도 공유한다는 것이다.

예컨대 형제자매들이 그렇다.

평균적으로 형제자매들은 당신이 실험 대상으로 생각할 수 있는 어떤 사람들보다도 거의 모든 측면에서 유사성이 높다. 한 예로 형제자매들은 무작위로 선택된 사람들보다 정치적 신념이 일치할 확률이 높다. 나의 남동생 노아는 거의 항상 나와 정치적 견해를 같이한다. 우리는 둘 다 버락 오바마를 사랑하고 도널드 트럼프를 싫어한다.

왜 그럴까? 버락 오바마의 희망과 변화의 메시지에는 감동하고 트럼프의 메시지에는 거부감을 가지게 만드는 공통의 유전자가 노아와 나의 DNA에 새겨져 있어서일까? 그럴 가능성도 있긴 하다. 노아와 나는 DNA의 50퍼센트를 공유하니까.

아니면 노아와 나의 정치적 견해가 일치하는 이유는 어릴 때부터 우리 둘의 뇌에 비슷한 내용이 입력됐기 때문일까? 그럴 가능성도 있다. 우리가 어릴 때 가족 저녁식사 자리에서 정치 이야기를 많이 나눴기 때문이다. 그리고 우리 어머니와 아버지는 둘 다 민주당을 지지했다. 우리가 어린 시절에 살았던 뉴욕시 외곽의 자유주의적인 동네의 친구들도 민주당 친화적인 메시지를 강화했다.

노아와 나는 본성과 양육 환경을 공유한다.

독일의 유전학자 헤르만 베르너 지멘스Hermann Werner Siemens는 이 문제의 독창적인 해법을 생각해냈다. 쌍둥이들을 이용해서 자연 실험을 하는 것이다.

1,000번의 임신 중에 네 번꼴로 한 개의 수정란이 만들어진 다음 두 개의 배아로 쪼개져 일란성 쌍둥이를 탄생시킨다.[3] 일란성 쌍둥이 형제 또는 자매는 유전자를 100퍼센트 공유한다.

1,000번의 임신 중에 여덟 번꼴로 두 개의 정자가 동시에 수정

란을 만들어서 이란성 쌍둥이를 탄생시킨다. 동성의 이란성 쌍둥이는 일란성 쌍둥이와 마찬가지로 태어난 날짜가 동일하고 대부분은 양육 환경도 동일하다. 하지만 일란성 쌍둥이와 달리 이란성 쌍둥이는 유전자를 평균적으로 50퍼센트만 공유한다.

그렇다면 약간의 대수학적 방정식을 동원해서 본성/양육 논쟁을 해결할 수 있다. 방정식에 관한 설명은 굳이 하지 않겠다. 요점은 다음과 같다. 만약 어떤 특징이 주로 유전자에 의해 결정된다면, 다시 말해 본성이 가장 중요하다면, 그 특징은 일란성 쌍둥이들이 이란성 쌍둥이들보다 훨씬 비슷할 것이다. 물론 대다수 특징은 본성과 양육 둘 다의 영향을 받는다. 하지만 방정식을 활용하면 각각의 특징에 대해 본성과 양육의 정확한 기여도를 알아낼 수 있다.

어쨌든 이 단순한 방정식의 영향은 사회 전반에 광범위하게 퍼져나갔다. 예를 들어 쌍둥이들이 행동과학 연구에 반드시 필요한 존재라는 사실이 알려지자 오하이오주 트윈스버그라는 마을에서 매년 열리는 '쌍둥이의 날 축제'[4]에 큰 변화가 일어났다.

트윈스버그라는 이름은 1823년에 지어졌다. 땅과 돈과 유머감각을 가지고 있었던 모지스 윌콕스Moses Wilcox와 에런 윌콕스Aaron Wilcox라는 쌍둥이 형제 상인이 오하이오주 밀스빌이라는 소도시와 협약을 체결했다. 쌍둥이 상인들은 밀스빌에 마을 광장을 만들라고 65제곱킬로미터의 땅을 기부했고, 이에 더해 새 학교를 세우는 데 보태라고 20달러를 기부했다. 그 대신 소도시의 이름을 밀스빌에서 트윈스버그로 바꿔달라고 했다.

1976년, 트윈스버그 시민들은 소도시 이름을 이용해서 근사한 여름축제를 열면 좋겠다고 생각했다. 쌍둥이들을 위한 축제! 전 세계의 쌍둥이들이 찾아왔다. 어떤 쌍둥이들은 버니스와 베르니스, 제이내하와 제이베하, 캐럴린과 섀럴린이라는 재미난 이름을 가지고 있었다. 어떤 쌍둥이들은 "잘 봐! 나는 두 명이야" "내가 쌍둥이 중에 사악한 쪽이다" "나는 에릭이지 데릭이 아냐"와 같은 재미있는 문구가 새겨진 티셔츠를 입고 왔다. 쌍둥이 축제에서는 장기자랑, 행진, 심지어는 결혼식도 열렸다. 1991년 쌍둥이의 날 축제에서 34세의 일란성 쌍둥이였던 덕 말름과 필립 말름은 각각 당시 24세의 일란성 쌍둥이였던 진과 제나를 만났다. 그들은 2년 뒤에 결혼했다. 1993년 쌍둥이의 날 축제에서.

쌍둥이 수천 명이 한데 모여 노는 재미는 그 누구도 막을 수 없었다. 아니 과학자들만 빼고. 과학자들은 일란성 쌍둥이와 이란성 쌍둥이 수천 명이 어느 주말에 같은 날, 같은 장소에 모일 예정이라는 정보를 입수했다. 그들은 실험복과 실험용 안경을 벗고 연필과 클립보드를 챙겨서 트윈스버그로 달려갔다. 그러고는 그해의 쌍둥이의 날 축제를 재미와 유머가 있는 주말에서 재미와 유머, 그리고 설문지와 실험이 있는 주말로 바꿔놓았다.

쌍둥이들의 관계를 연구 논문으로 바꿔놓기 위한 공식을 잔뜩 가진 과학자들은 축제 참가자들에게 몇 달러씩 주면서 자신들이 생각해낸 온갖 질문에 답해달라고 부탁했다.

인간의 신뢰 행동에 본성이 얼마나 큰 영향을 끼치는지 알고 싶은가? 한 무리의 과학자들이 그걸 알아내기 위해 쌍둥이의 날 축제 장소로 갔다. 그들은 쌍둥이들에게 각자 다른 사람과 '신뢰 게임'을 하도록 했다. 신뢰 게임이란 돈을 더 벌기 위해 상대와 협동하는 능력을 측정하는 게임이다.

과학자들이 얻은 결과에 따르면, 이란성 쌍둥이와 달리 일란성 쌍둥이들은 둘 다 협동을 잘하거나 둘 다 협동을 별로 하지 않았다. 다시 말해 일란성 쌍둥이끼리는 타인을 신뢰하는 정도가 비슷했다. 과학자들이 확보한 데이터를 공식에 넣어본 결과, 신뢰 행동의 10퍼센트는 본성으로 정해진다는 답이 나왔다.[5]

신맛을 감지하는 능력에 본성이 얼마나 큰 영향을 끼치는지 알고 싶은가? 한 무리의 과학자들이 그걸 알아보기 위해 쌍둥이의 날 축제 장소로 갔다. 그들은 74쌍의 일란성 쌍둥이와 35쌍의 이란성 쌍둥이를 모집해서 그들에게 신맛의 강도가 각기 다른 여러 가지 음료를 마시고 맛을 알려달라고 했다. 그러고는 일란성 쌍둥이들과 이란성 쌍둥이들이 신맛을 민감하게 느끼는 정도가 서로 얼마나 유사한지 알아봤다. 과학자들이 데이터를 공식에 넣어본 결과, 신맛을 느끼는 능력의 53퍼센트가 본성으로 결정된다는 답이 나왔다.[6]

사람들이 괴롭힘의 가해자가 되는 데 본성의 역할이 얼마나 큰지 알고 싶은가? 한 무리의 과학자들이 쌍둥이의 괴롭힘 행동에 관한 어머니와 교사들의 보고서를 수집해서 분석했다. 그들은 괴롭힘 행동의 61퍼센트가 본성으로 설명된다는 결론에 도달했다.[7]

심지어 과학자들은 어떤 유전자가 괴롭힘 행동에 관여하는지도 파악했다. 예컨대 rs11126630 위치에 T 대립형질의 존재는 어린 시절에 공격성의 유의미한 감소와 일관된 상관관계가 있었다.[8] 그래서 이 대립형질이 괴롭힘 성향의 감소와도 관계가 있을 거라고 추정된다.

이 과학적 발견이 내 마음에 쏙 드는 이유는 남을 괴롭히는 사람에게 대항할 강력한 무기를 제공한다는 것이다.

내가 어릴 적에 꽤 영리하지만 매우 심술궂게 남을 괴롭히던 아이 하나가 어느 여성적인 괴짜 남자아이에게 이렇게 말했다. "너한테는 Y염색체가 없어." 그 말은 그 괴짜 남자아이에게 남성성이 결여되어 있다는 뜻이었다. 지금이라면 그 괴짜 남자아이는 이렇게 응수할 수 있을 것이다. "흠, 너한테는 rs11126630에 T 대립형질이 없구나." 이 말은 그 아이가 지나친 공격성을 가지고 있다는 뜻으로 해석될 것이다.

지난 20년 동안 세계의 과학자들은 쌍둥이들을 이용해서 거의 모든 특징에 본성과 양육이 얼마나 기여하는지를 계산했다. 그런데 특정한 스포츠 종목에서 세계적인 수준에 오르는 일에 관해서는 계산하지 않았다.

나는 이 질문에 답하는 데 도움이 되는 데이터를 찾아보기로 마음먹었다.

# 농구 유전자는 있다

만약 어떤 스포츠 종목에서 발휘하는 능력이 유전자에 크게 의존한다면, 그 스포츠에서 최고 수준까지 올라가는 일란성 쌍둥이 선수들의 비율이 높으리라는 것이 과학적 설명이다.

농구로 돌아가보자. 농구는 유전자의 영향이 강한 키에 많이 의존하는 종목이기 때문에, 최상위 리그에서 활동하는 선수들 가운데 일란성 쌍둥이 선수들의 비율이 매우 높게 나타난다.

NBA가 생긴 이래로 모두 10쌍의 쌍둥이 형제들이 NBA에 진출했다. 적어도 그들 중 9쌍은 일란성 쌍둥이였다. [9]

NBA에 진출한 선수들의 부모들이 쌍둥이를 출산한 비율이 평균과 비슷하다고 가정한다면, 이 숫자는 일란성 쌍둥이 중 한쪽이 NBA에 진출했다면 다른 한쪽이 NBA에 진출할 확률은 50퍼센트 이상이라는 것을 의미한다. 평균적인 미국인 남성이 NBA에 진출할 확률은 3만 3,000분의 1쯤 된다. [10]

나는 행동유전학자들이 다른 특징들을 연구하는 데 사용하는 쌍둥이 방정식들을 활용해서 모델을 만들었다. [11] (수학을 진정으로 사랑하는 사람들을 위해 덧붙이자면, 이 모델의 세부사항과 코딩은 나의 웹사이트 sethsd.com에 올려놓았다.) 모델을 통해 추산한 최종 결과는 어떤 사람의 농구 실력은 75퍼센트가 유전으로 정해진다는 것이다. NBA에 진출할 정도로 탁월한 농구 실력은 진짜로, 진짜로, 진짜로, 진짜로, 진짜로 유전이다.

흥미롭게도 농구팀의 스카우터(선수 선발 담당자)들은 농구에서 유전자가 절대적으로 중요하다는 사실을 잘 모르는 것 같다. 《스포츠 일러스트레이티드Sports Illustrated》에 실린 어느 기사는 스카우터들이 일란성 쌍둥이들을 평가하는 데서 어려움을 겪는다는 내용을 다뤘다.[12] NBA 동부 콘퍼런스의 어느 스카우터는 쌍둥이인 에런 해리슨Aaron Harrison과 앤드루 해리슨Andrew Harrison을 선발한 과정을 다음과 같이 설명했다. "두 사람은 정말 똑같았어요. 저는 아직도 누가 누군지 모르겠어요. 경기를 승리로 이끈 골을 넣은 선수는 동생이었거든요. 그러면 저는 머릿속에 '저 선수가 잘하고 저 선수는 별로다'라고 저장하죠. 그런데 그 순간 '별로'인 선수가 달려 나와서 결정적인 슛을 터뜨려요. 그러면 저는 '으아, 망했다!'라고 소리칩니다." 어느 감독은 쌍둥이 중 어느 쪽이 더 나은지를 알아내는 흥미로운 방법을 알려주기도 했다. "어머니를 지켜보면 됩니다. 어머니들은 항상 실력이 조금 떨어지는 쪽을 더 많이 응원하거든요."

스카우터들은 아마도 어머니들의 반응을 분석하기라도 했는지, 일란성 쌍둥이 후보자들 중 한 명이 NBA 드래프트(NBA 농구팀들이 매년 선수를 선발하는 독특한 과정−옮긴이)에서 적어도 20위 이상 아래에 있는 다른 한 명보다 잘한다고 확신한 경우가 세 번 있었다. 그런데 세 번 모두 쌍둥이 중에 실력이 아래라고 평가된 선수는 드래프트 순위로 예상한 것과 달리 그의 쌍둥이 형제에게 별로 뒤지지 않는 성적을 냈다.*

농구에서는 유전자가 절대적으로 중요하다. 그래서 농구에 적합한 유전자를 가지지 못한 사람이 농구선수가 되려고 노력하는 건 영리한 선택이 아니다. 반면 다른 어떤 스포츠에서는 유전자가 그렇게 중요하지 않다. 미국에서 인기가 많은 다른 스포츠 종목들을 먼저 살펴보자.

## 야구 유전자와 미식축구 유전자는 덜 중요하다

야구의 경우 지금까지 메이저리그에서 활약했던 선수는 1만 9,969명이고 그중 일란성 쌍둥이는 모두 8쌍이었다. 그렇다면 일란성 쌍둥이 프로 야구선수의 다른 한쪽이 메이저리그에 진출할 확률은 약

---

* 에런 바질라이Aaron Barzilai가 https://www.82games.com/barzilai1.htm에서 발견한 공식에 따르면 재런 콜린스Jarron Collins(52위로 평가)의 팀 승리 기여도Win Shares는 제이슨 콜린스Jason Collins(18위로 평가)의 기여도의 16퍼센트일 것으로 예상됐나. 하지만 실제 평가전에서 재런의 기여도는 제이슨의 기여도의 78퍼센트였다. 똑같은 공식에 따르면 스티븐 그레이엄Stephen Graham(평가에서 빠짐)의 기여도는 조이 그레이엄Joey Graham(16위로 평가)의 기여도의 9.4퍼센트보다 낮을 것으로 예상됐다. 실제로 그의 기여도는 21.8퍼센트였다. 케일럽 마틴Caleb Martin(평가에서 빠짐)의 기여도는 코디 마틴Cody Martin(36위로 평가)의 기여도의 27퍼센트보다 낮을 것으로 예상됐다. 실제로 그의 기여도는 코디의 48퍼센트에 달했다. 아마도 스카우터들은 쌍둥이 어머니들의 응원 패턴을 무시하고 그냥 쌍둥이 선수들은 결국에는 실력이 비슷해진다고 가정하는 편이 더 나았을 것이다. 쌍둥이는 똑같은 DNA를 가지고 있으니 말이다.

14퍼센트라는 이야기가 되는데, 이는 일란성 쌍둥이인 프로 농구선수의 다른 한쪽이 정상급 선수가 될 확률보다 훨씬 낮다. 프로 야구선수가 될 확률은 프로 농구선수가 될 확률보다 세 배나 높은데도 그렇다.

미식축구에서 일란성 쌍둥이들은 야구와 비슷한 확률을 보여준다. NFL 미식축구 리그에 참가했던 선수 2만 6,759명 가운데 일란성 쌍둥이는 12쌍이다. 일란성 쌍둥이인 프로 미식축구 선수의 다른 한쪽이 프로 미식축구 선수가 될 확률은 약 15퍼센트라는 뜻이다.

데이터는 야구 또는 미식축구 실력이 농구 실력보다 유전자에 덜 의존한다고 확실하게 이야기한다. 나의 추산에 따르면 야구 실력과 미식축구 실력에 유전자가 기여하는 비율은 25퍼센트 정도다.

다시 말해 미식축구와 야구에서 유전자 중요도는 농구의 절반도 안 된다.


## 승마 유전자와 다이빙 유전자는 없다고 봐라

다른 종목으로 범위를 더 넓혀보자. 그러면 스포츠 종목에 따라 DNA의 중요도 차이가 크다는 사실을 다시 한번 확인할 수 있다.

전직 프로 골프선수이자 은퇴한 팔꿈치 전문의인 빌 맬런Bill Mallon은 올림픽 통계에 마음을 빼앗겼다. 이제 그는 올림픽 역사 전문가로서 국제올림픽위원회IOC에 통계를 제공한다. 그가 수집한 통계 중 하나는 '올림픽에 참가한 적이 있는 쌍둥이들'이었다. 그리고 그 쌍둥이들이 일란성인지 아닌지에 관한 대략적인 추측도 있었다. 그는 관대하게도 이 통계를 나에게 제공했다.

어떤 올림픽 종목에는 일란성 쌍둥이 선수가 놀랄 만큼 많았다.

레슬링을 예로 들어보자. 올림픽 레슬링 선수 6,778명 중에 일란성 쌍둥이는 13쌍 정도 있었다.[13] 일란성 쌍둥이인 올림픽 레슬링 선수의 다른 한쪽이 레슬링 선수로서 올림픽에 참가할 확률이 60퍼센트가 넘는다는 이야기다.

이것은 일란성 쌍둥이들이 어릴 때부터 함께 레슬링을 하며 자라서일까? 그럴 것 같진 않다. 이란성 쌍둥이와 동성 형제도 함께 레슬링을 하며 자랄 수 있지만 그들이 둘 다 올림픽에 나갈 확률은 나의 추산으로 2퍼센트 정도밖에 안 된다. 레슬링 선수들 중에 일란성 쌍둥이가 유독 많다는 건 레슬링 실력에서 유전이 큰 비중을 차지한다는 뜻이다. 일란성 쌍둥이의 비율이 높은 다른 올림픽 종목으로는 조정과 육상이 있다.

하지만 맬런의 데이터를 분석해보면 어떤 올림픽 종목들에는 일란성 쌍둥이 비율이 훨씬 적다. 그런 종목들에서는 정상급 선수가 되는 데 유전자의 역할이 미미하다고 볼 수 있겠다.

사격을 예로 들어보자. 올림픽에 참가했던 사격선수 7,424명 중에 일란성 쌍둥이는 단 두 쌍이었다. 그렇다면 일란성 쌍둥이인 올림픽 사격선수가 다른 한쪽과 같이 올림픽에 출전할 확률은 9퍼

## 성공의 유전학 순위표

| | 일란성 쌍둥이 형제 또는 자매의 비율<br>(비율이 높을수록 유전자 의존도가 높다고 해석) |
|---|---|
| 올림픽 육상선수들 | 22.4% |
| 올림픽 레슬링 선수들 | 13.8% |
| 올림픽 조정선수들 | 12.4% |
| NBA 농구선수들 | 11.5% |
| 올림픽 복싱선수들 | 8.8% |
| 올림픽 체조선수들 | 8.1% |
| 올림픽 수영선수들 | 6.5% |
| 올림픽 카누선수들 | 6.3% |
| 올림픽 펜싱선수들 | 4.5% |
| 올림픽 사이클 선수들 | 5.1% |
| 올림픽 사격선수들 | 3.4% |
| NFL 미식축구 선수들 | 3.2% |
| MLB 야구선수들 | 1.9% |
| 올림픽 알파인스키 선수들 | 1.7% |
| 올림픽 다이빙 선수들 | 0% |
| 올림픽 승마선수들 | 0% |
| 올림픽 역도선수들 | 0% |

[출처] 빌 맬런이 제공한 올림픽 선수들의 데이터로 저자가 직접 계산

센트 정도가 된다. 따라서 사격에는 유전적 요소가 크게 작용하지 않는다는 해석이 가능하다. 그리고 다이빙, 역도, 승마와 같은 스포츠 종목에는 일란성 쌍둥이 선수들이 아예 없었다. 특별한 유전자를 타고나지 않은 사람도 이런 종목들에서는 열정과 노력으로 정상에 오를 가능성이 있다는 뜻이다.

우리는 유전자 의존이 적은 스포츠를 어떻게 활용해야 할까?

유전자에 의존하지 않는 종목들 중에서도 어떤 종목은 평범한 사람이 진입하기가 쉽지 않다. 예컨대 승마는 돈이 많이 들기로 유명한 운동이어서 부잣집 아이들 중에 승마를 전공하는 사람이 많다. 역사적으로 승마가 유전자에 적게 의존했던 이유 중 하나는 말타기에 특별한 재능을 타고난 사람들 대부분이(그게 누구든 간에) 승마를 해본 적이 없기 때문이다.

그런데 요즘은 부자가 아니라도 승마를 시작할 수 있다. 그리고 승마라는 종목에서 열정과 노력이 성공의 주된 요인이라는 사실을 활용할 수도 있다. 돈을 많이 들이지 않고도 승마에 입문하는 방법을 알려주는 https://horserookie .com/how-ride-horses-on-budget 과 같은 웹사이트를 참조하기 바란다.


나는 '성공의 유전학' 순위표를 들여다보다가 문득 브루스 스프링스틴Bruce Springsteen을 떠올렸다. 물론 그때 브루스 스프링스틴의 노래를 듣고 있었기 때문이기도 했다. 나는 글을 쓸 때 항상 그의 노래를 듣는다.

스프링스틴의 노래 중에 가장 유명한 곡은 〈본 투 런Born to Run〉
(달리기 위해 태어났다는 뜻-옮긴이)이다. 이 노래는 작은 도시를 벗어
나려는 욕망을 표현한 곡이지만 노래 제목은 스포츠의 일란성 쌍둥
이 분석 결과와도 일치한다. 따지고 보면 육상은 유전자에 가장 많
이 의존하는 스포츠 중 하나니까.

브루스 스프링스틴에게는 제시카라는 딸이 있다. 다섯 살 때부
터 말타기를 엄청나게 좋아했던 제시카 스프링스틴은 세계적인 승
마선수가 되어 도쿄올림픽에서 은메달을 획득했다.

"어떤 사람들은 달리기 위해 태어났다"라는 브루스의 말은 옳
은 것 같다. 하지만 데이터와 브루스의 딸에 관한 이야기는 괴물 같
은 운동능력을 타고나지 못한 사람들도 '말 타는 법을 배울 수 있
다'고 말해준다. 또 그런 사람들은 다이빙하는 법, 역기 들어올리는
법, 소총 쏘는 법을 배울 수 있다.

---

**다음 장에서는…**

뛰어난 운동선수가 되는 것은 부자가 되는 방법 중 하나다. 하지만 부자가
되는 방법은 그 밖에도 많다. 새로 공개된 납세 데이터는 미국의 숨겨진
부자들이 누구인지를 드러낸다. 그리고 진짜 부자들은 우리가 예상했던
사람들이 아닐 수도 있다.

---

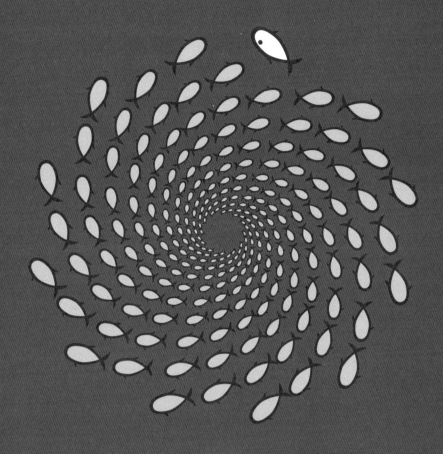

# 4장
---
# 미국의 숨은 부자는 누구인가?

지루한 이야기를 하나 들어보겠는가? (나에게는 장의 첫머리를 흥미진진하게 시작하는 재주가 있다, 그렇지 않나?)

케빈 피어스Kevin Pierce는 맥주 도매업자다.* 그는 금주법이 폐지된 직후인 1935년에 그의 할아버지가 창립한 회사 '비어라로Beeraro'의 사장이다. 그 시절 맥주 도매업은 활기를 띠었다. 케빈이 할아버지에게서 들은 무용담에 따르면 사업을 처음 시작했을 무렵에는 가장 빠른 차와 가장 큰 총을 가지고 있던 사람이 맥주를 가장 많이 팔았다고 한다. 하지만 오늘날의 맥주 도매업은 다른 사업과 마찬가지로 수많은 스프레드시트와 회의로 이루어진다. 매일 아침 8시가 되면 케빈은 영업사원 및 팀장과 함께 사용하는 37제곱미터 면적의 사무실에 도착해서 숫자부터 들여다본다. 숫자는 전날의 판매량과 총수익의 흐름을 나타낸다. 공급업체와 만나서 가격을 흥정하는 회의가 하루 한두 건 정도 있을 수도 있고, 배달이 누락된 경우에는 배송 기사와 이야기해야 한다. 배송 한 건당 수익을 극대화하기 위해 비싼 돈을 주고 고용한 컨설턴트와도 대화를 나눈다.

* 이 이야기에서 인명과 세부사항들은 변경했다.

맥주는 주로 저녁에 소비되는 물건이지만 맥주 도매업은 아침부터 바쁘게 돌아간다. 소매점들은 대부분 오전에 제품을 받기를 원한다. 술집과 식당에서는 점심시간 직전 또는 직후에 배송을 해달라고 한다. 그래서 케빈의 근무는 늘 오후 4시에서 5시 사이에 끝난다.

그리고 케빈은 돈을 잘 번다. 케빈의 말에 따르면 그는 지난 몇 년 동안 사업으로 수백만 달러를 벌어들였다. 알고 보니 그는 미국에서 백만장자가 될 확률이 가장 높은 업계에 있었다. 새로 공개된 납세 데이터를 활용해서 경제학자들이 추산한 바에 따르면, 맥주 도매업은 업체 소유주 중 다수가 소득 최상위 0.1퍼센트에 진입하는 몇 안 되는 업종이었다.

또한 케빈은 안정적인 수입을 올린다. 사업이 잘된 해에는 수익이 예상보다 2~3퍼센트 높아지고, 사업이 잘 안 된 해에는 수익이 예상보다 2~3퍼센트 낮아진다.

케빈은 자기 일이 "못 견디게 따분"하고 "스프레드시트라면 지긋지긋하다"고 솔직히 털어놓는다. 맥주라고 하니 약간 매력적으로 보이긴 하지만, 만약 자기가 두루마리 화장지를 파는 사람이었더라도 날마다 하는 일은 별로 다르지 않을 거라고 그는 말한다.

하지만 케빈은 자신의 직업을 친구들의 직업과 비교할 때면 행복을 느낀다. 해마다 높은 수익률을 기록하면서도 5시에 일이 끝난다는 건 정말 좋은 조건이라는 사실을 새삼 깨닫기 때문이다. 케빈의 친구 중 하나는 최근에 케빈의 삶에 관해 이렇게 말했다. "근사한 집이 있고, 일정을 스스로 조절할 수 있고, 안정적인 수입까지 있잖아. 너희 회사 같은 회사가 나한테도 하나 있으면 좋겠다."

케빈은 자신의 직업을 다음과 같이 요약한다. "진짜 따분한 일이에요. 하지만 날마다 돈이 쌓입니다."

## 미국 부자들에 관한 데이터

미국의 부자는 누구인가?

솔직히 말해서 몇 년 전까지만 해도 우리는 이 질문에 시원하게 답하지 못했다. 물론 우리 모두 어떤 업종이 다른 업종들보다 돈을 많이 벌 가능성이 높다는 생각은 하고 있었다. 이를테면 골드만삭스 Goldman Sachs에서 일하는 사람들이 교사들보다 돈을 더 많이 벌 거라고 생각했다(골드만삭스 직원들이 교사들보다 돈을 많이 벌어야 하느냐는 판단과 무관하게).

그러나 몇 년 전까지만 해도 미국인 전체의 재무 상태에 관한 포괄적인 연구가 없었다. 미국의 모든 부자에 관한 분석도 없었다. 미국의 부자들은 누구인가에 관한 우리의 이해는 두 가지 잘못된 접근법에 의존해왔다.

첫째, 사람들에게 물어보는 방법이다. 하지만 사람들은 대부분 자기가 돈을 얼마나 버는지를 남에게 알리고 싶어하지 않기 때문에 문제가 복잡해진다. 워싱턴의 변호사이자 투자자인 잭 맥도널 드Jack MacDonald는 원룸 아파트에 살고, 닳아 해진 셔츠를 입고, 슈퍼마켓에서 물건을 싸게 사려고 쿠폰을 모았다. 그가 죽음을 앞두고 그동안 투자로 벌어들인 1억 8,760만 달러를 기부했을 때 사람들은 깜짝 놀랐다.[1] 이와 반대되는 사례로서 안나 소로킨Anna Sorokin은 2013년 뉴욕시로 이사하자마자 상류층 사교계에 들어가서는 자신이 6,000만 달러의 신탁 자금을 가진 상속녀라고 떠벌렸다.[2] 그녀는 고급 레스토랑에서 식사하고 고급 호텔에 머무르면서 친구들에게 돈을 내달라고 하고 나중에 갚아주겠다고 약속했다. 결국 소로킨은 여러 사람과 기관에서 사기로 돈을 뜯어냈다는 이유로 체포되어 감옥에 갔는데, 알고 보니 파산 상태였다고 한다. 오늘날 대부분의 사람은 맥도널드나 소로킨처럼 극단적이지는 않지만, 모두 현대 생활의 복잡한 사교적 측면을 고려해 자신의 부를 실제보다 부풀리기도 하고 감추기도 한다.

둘째, 대중매체를 통해 부자들의 이야기를 듣는 방법이다. 그러나 우리가 접하는 이야기들 속의 부자들은 훌륭한 이야깃거리를 제공할 만큼 멋진 삶을 사는 사람들이 대부분이다. 그래서 부자들에 관한 우리의 인식은 매력적인 이야기를 가진 부자들 쪽으로 심하게 치우쳐 있다.

몇 년 전에 무슨 일이 일어났기에 마침내 미국의 부자들에 관해 완전한 그림을 그릴 수 있게 됐을까? 학자들이 미국 국세청으로부터 미국 납세자 전체의 전산화된 데이터를 제공받아 연구할 수 있게 되었기 때문이다(모든 데이터는 익명화되고 개인정보가 제거된 상태였다). 매슈 스미스Matthew Smith, 대니 예이건Danny Yagan, 오언 지

다르Owen Zidar, 에릭 츠빅Eric Zwick으로 이뤄진 연구진(이제부터 이들을 '세금 데이터 연구자들'로 부르려 한다)은 이 데이터를 사용해 미국에서 돈을 제일 잘 버는 사람들이 걸어온 길을 탐색했다.

학자들이 알아낸 사실을 밝히기 전에 공익을 위해 중대 발표를 하나 해야 할 것 같다. 그렇게 하지 않으면 지금은 고인이 되신 유대인 사회주의자 조부모님의 유령들이 나에게 호통을 칠 것 같다. 돈을 많이 버는 것은 삶의 목표로 적합하지 않을 수도 있고, 돈을 많이 번다고 해서 반드시 행복해지는 것도 아니다. 8장과 9장에서 데이터가 행복에 관해 알려주는 것들을 살펴볼 텐데, 우리가 행복을 얻는 데서 돈의 역할은 한정적이다.

## 부자는 회사 사장님이다

그렇다면 부자들은 어떻게 돈을 벌까?

그다지 충격적이지 않은 이야기부터 해보자. 세금 데이터 연구자들에 따르면 부유한 미국인들 대다수는 자기 회사를 소유하고 있다. 그들은 월급을 받아서 돈을 벌지 않는다. 더 정확히 말하면 미국의 상위 0.1퍼센트 부자 중에 급여로 소득을 올리는 사람은 20퍼센트밖에 안 된다.* 미국 부자들의 84퍼센트는 적어도 소득의 일부를 자신이 소유한 회사에서 받는다.

회사에서 급여를 받아 부유해진 고소득 전문직 부자들도 당연히 있다. 기업의 CEO들을 생각해보라. 제이미 다이먼Jamie Dimon은 JP모건체이스JPMorgan Chase로부터 매년 3,000만 달러 이상을 받으며, 레스터 홀트Lester Holt는 NBC에서 매년 1,000만 달러가 넘는 급여를 받는다. 또 2019년에 스탠퍼드대학교에서 890만 달러를 받은 데이비드 쇼David Shaw[3]와 같은 일류 스포츠 팀의 코치들도 있다.

그러나 데이터에 따르면 급여를 받아서 부자가 되는 것은 드문 일이다. 세금 데이터 연구자들은 상위 0.1퍼센트 부자들 중에 연봉을 받아서 부자가 된 사람이 한 명이라면 사업으로 돈을 벌어들인 사람은 세 명이라는 사실을 알아냈다. 이런 식으로 생각해보라. 부자들 중에 제이미 다이먼(피고용인) 한 명당 케빈 피어스(사장)가 세 명이라고.**

말도 안 되게 높은 연봉을 받는 사람들, 이를테면 스포츠 스타들도 우량 기업을 소유한 사람만큼 부유해지지는 않을 것이다. 데이터과학자 닉 매기울리Nick Maggiulli가 최근에 지적한 재미있는 사실을 생각해보라. 지금까지 NFL 미식축구 리그에 참가했던 선수 2만 6,000명 중에 누가 부를 제일 많이 축적했는지 아는가? 그 선수는 바로…… 제리 리처드슨Jerry Richardson이다.[4] 그가 누구냐고? NFL

---

* 상위 0.1퍼센트를 제외한 상위 1퍼센트 부자 중에서는 약 40퍼센트가 소득의 대부분을 급여로 받는다. 연구가 진행된 기간 동안 상위 1퍼센트에 들기 위해서는 연간 39만 달러(약 5억 700만 원)를 벌어야 했고, 상위 0.1퍼센트에 들기 위해서는 연간 158만 달러(약 20억 5,400만 원)를 벌어야 했다.

** 상위 0.1퍼센트를 제외한 상위 1퍼센트 부자 중에서는 소득의 대부분이 급여인 사람과 소득의 대부분이 사업소득인 사람의 비율이 거의 같다.

에서 두 시즌 동안 패스를 15회 잡아냈다고 기록된 전적 와이드 리시버wide receiver(미식축구에서 공격 라인의 몇 야드 바깥쪽에 위치한 리시버-옮긴이)다. 하지만 그는 미식축구계를 떠나자마자 패스트푸드 음식점 하디스Hardee's를 사들여 확장하는 사업을 시작했다. 500개가 넘는 하디스 매장을 소유한 덕분에 그는 20억 달러가 넘는 순자산을 형성할 수 있었다. 반면 역사상 가장 훌륭한 와이드 리시버로 인정받는 제리 라이스Jerry Rice는 20년 동안 선수생활을 하면서 1,549회의 패스를 잡아냈는데도 재산은 4,240만 달러로 추정된다. 그러니까 부의 공식은 다음과 같다. 15회의 패스+500개의 하디스가 1,549회 패스+0개의 하디스보다 50배쯤 가치가 크다.

그런데 리처드슨은 자신이 모은 돈으로 캐롤라이나 팬서스라는 미식축구팀을 창단했지만 성희롱 발언과 인종차별 발언을 했다는 비난을 받고 프랜차이즈 사업에서 손을 떼야 했다. 따라서 우리는 리처드슨의 이야기에서 교훈이 되는 부분을 잘 가려내야 한다. 그의 이야기는 자산을 소유하는 것이 부를 축적하는 좋은 방법임을 알려주지만, 훌륭한 성품을 가진 사람이 되는 길을 알려주지는 않는다.


## 부자는 알짜 회사 사장님이다

미국에서 부자가 되려면 회사를 소유하는 것이 가장 흔한 방법이지만, 회사를 소유한다고 해서 꼭 부자가 된다는 보장은 없다. 매년 안정적으로 큰돈을 벌어들이는 케빈 피어스 같은 사람들도 있지만, 회사를 차렸다가 쫄딱 망하는 사람도 많고 사업을 시작했지만 수익은 조금밖에 못 내는 사람도 많다.

무엇이 사업의 승자와 패자를 가르는가? 어떤 업종에 진입하느냐가 매우 중요하다. 어떤 업종은 사업이 잘되기 때문에 회사 소유주가 부자가 될 가능성이 높고, 어떤 업종은 그렇지 못하다.

후자에 해당하는 장사가 잘되지 않는 업종부터 살펴보자.

텐 루오Tian Luo와 필립 B. 스타크Philip B. Stark는 회사 소유주가 업계에서 생존할 확률이 가장 낮은 업종들을 알아봤다.[5] 그들은 미국에서 영업하는 모든 회사의 통계를 수집하는 미국노동통계국U.S. Burea of Labor Statistics의 대규모 데이터세트를 활용했다.

회사의 평균 생존기간이 가장 짧은 분야는 어디일까? 음반 소매업이다. 음반 매장은 평균 2.5년 동안 영업하다가 파산한다. 다시 말해 전형적인 음반 매장은 그 매장의 설립자에게 영감을 주었던 수많은 록앤드롤 스타들과 비슷한 길을 걷는다. 한마디로 수명이 짧다. 그런데 음반 매장 사장님에게는 열혈 팬들이 없다.

이것은 데이터를 통해 드러난 패턴의 시작이었다. 매력적인 사업, 아이들이 꼭 해보고 싶다고 생각하는 사업은 빨리 망하는 경향이 있다. 생존기간이 짧은 업종 목록의 맨 위에 올라온 업종들은 오락실, 장난감 매장, 서점, 의류 매장, 화장품 매장이었다.

이 연구는 예비 사업가에게 중요한 경고를 보낸다. 매력적인 분야 또는 어린 시절의 꿈이었던 분야에 진입할 때는 조심하라.

### 매력적이지만 금방 실패하는 길

| 업종 | 회사가 생존하는 기간의 중위값(참고로 치과의 생존기간은 평균 19.5년이다) |
|---|---|
| 음반 매장 | 2.5년 |
| 오락실 | 3.0년 |
| 장난감/취미용품/게임용품 매장 | 3.25년 |
| 서점 | 3.75년 |
| 의류 매장 | 3.75년 |
| 화장품/미용용품 매장 | 4.0년 |

〔출처〕루오와 스타크(2014)

매력적인 업종들은 대개 경쟁이 극심하기 때문에 두각을 나타내기가 힘들다. 이런 업종에서는 단기간에 큰돈을 잃을 위험을 짊어져야 한다. (솔직히 말해 사업을 성공시키는 유망하고 매력적인 길이 있다. 그런 길에 대해서는 잠시 후에 이야기하려고 한다. 그 길을 가려면 여러 가지 능력과 수고가 요구된다.)

그러면 부자가 될 확률이 가장 높은 업종은 무엇인가?

세금 데이터 연구자들은 미국에서 소득 상위 0.1퍼센트의 고소득자가 된 사업가들의 수를 분야별로 정리했다. 결과를 궁금해하는 사람들을 위해 알려주자면, 그들이 온라인에 공개한 참조자료 중 〔표 J.3〕을 책에 수록했다.*

다음 표는 회사 소유주를 가장 부유하게 만드는 상위 다섯 개 업종을 보여준다. 그런데 이 표는 부자가 되는 최선의 경로를 판별하는 데 오해를 불러일으킬 수도 있다. 그 이유는 나중에 설명하겠다.

### 백만장자 수가 가장 많은 5대 업종[6]
### (이 표를 보고 업종을 선택하라는 이야기는 아니다)

|  | 사업주 중에 상위 0.1% 부자의 수 |
| --- | --- |
| 부동산 임대업 | 12,573 |
| 부동산 관련 업종 | 10,911 |
| 자동차 판매업 | 5,236 |
| 병원 | 4,711 |
| 식당 | 4,471 |

〔출처〕 스미스 외(2019)의 온라인 참고자료. 여기에는 S항 해당 회사들의 데이터만 포함된다.

그렇다면 모든 사람이 자기 일을 그만두고 세금 데이터 연구자들이 찾아낸 '부유한 사업주가 많은 업종'에서 새로 사업을 시작해야 할까? 부자가 되는 길은 식당을 차려서 요식업계에만 4,000명이 넘는 부유한 사장님들의 대열에 합류하려고 노력하는 걸까? 할머니의 요리법을 수집해서 피자가게를 차린 사람은 자기가 꿈꾸던 일을

---

* 지루한 기술적 설명 하나. 지금부터 이 장에서 내가 제시하는 데이터는 미국의 회사 중에 가장 흔한 형태인 S항 해당 회사S-Corporation(미국의 내국세입법 제1장 S항에서 규정하는 소규모 회사. 주주 35명 이하, 발행주식 1종류 등의 조건을 충족해야 한다-옮긴이)에 관한 것이다. 추가 설명이 없는 경우에는 S항 해당 회사만을 논하는 것으로 이해하면 된다.

하는 것은 물론이고 데이터와도 일치하는 행동을 하는 사람일까?

그렇지 않다. 창업하기 좋은 업종들을 알아보려고 할 때 이 표를 참조하면 오해가 생기기 쉽다. 그 이유는 다음과 같다. 이 표는 그 업종에서 사업을 시작해서 '이미 부자가 된' 사람들의 수를 보여준다. 이 표는 그 분야에서 '사업을 시작한' 사람들의 총 인원수를 고려하지 않는다. 어떤 업종에 부자가 많은 이유는 그 업종에서 사업을 시작해서 부자가 되는 비율이 높기 때문이 아니라 단순히 그 업종에서 사업을 시작하는 사람이 엄청나게 많기 때문일 수도 있다.

식당 사업으로 돌아가보자. 내가 분석한 인구조사 데이터에 따르면 요식업은 미국에서 사람들이 창업을 가장 많이 하는 업종이다. 미국에는 21만 개가 넘는 식당이 있다. 따라서 4,471명의 부자 식당 사업주는 전체 식당 사업주의 2퍼센트 정도다. 다시 말해 부자의 대열에 합류하기 위해서 식당 창업은 특별히 좋은 선택이 아니다. 만약 당신이 부유한 식당 사업주를 많이 만났다면 그 이유는 식당 사업주가 수적으로 워낙 많기 때문일 것이다.

부자가 될 확률이 식당 창업보다 훨씬 높게 나타나는 업종들도 있다. 세금 데이터 연구자들의 목록에서 위쪽에 있는 또 하나의 업종인 자동차 판매업을 생각해보라. 인구조사 데이터에 따르면 자동차 판매업체는 2만 5,200개밖에 안 된다. 그렇다면 5,236명의 부자가 된 자동차 판매업체 사업주는 자동차 판매업체 사업주 전체의 20.8퍼센트라는 놀라운 결과가 나온다. 다시 말해 어떤 업종에서 사업주가 상위 0.1퍼센트 부자가 될 확률은 그 업종이 식당일 때보다 자동차 판매업체일 때 10배 정도 높다.

나는 세금 데이터 연구자들의 데이터를 인구조사의 공개 데이터와 결합해서 부자가 될 확률이 높은 업종들을 알아봤다.* 나는 다음 두 가지 기준에 부합하는 업종을 모두 찾았다.

- 첫째, 해당 업종에 상위 0.1퍼센트 부자인 사업주가 1,500명 이상이어야 한다. 다시 말해 이 경로를 따라가서 부자가 된 사람이 많아야 한다.
- 둘째, 해당 업종의 회사들 중 사업주가 상위 0.1퍼센트 안에 드는 회사가 10퍼센트 이상이어야 한다. 그래야 이 경로를 따라간 사람들 중에 부자가 된 사람이 많다는 뜻이니까.

사람들이 창업을 하는 수백 가지 업종 중에 두 조건을 모두 만족하는 업종은 일곱 개밖에 없었다. 부유한 사업주의 수가 많고 그 업종에서 부유해질 가능성도 높은 업종은 다음과 같다.

---

* 세부사항을 알고 싶어할 소수의 독자들을 위해 알려주자면, 나는 세금 데이터 연구자들의 온라인 참고자료 중 [표 J.3]에서 얻은 데이터, 즉 S항 해당 회사들 중에 사업주가 상위 0.1퍼센트에 속하는 회사들의 수를 업종별로 기록한 데이터를 미국 인구조사국Census Bureau에서 발표한 SUSB(미국 기업 통계) 연간 데이터 표, 그리고 업종별로 S항 해당 회사들의 전체 수를 기록한 표와 비교했다. 나는 다음 두 가지 기준에 부합하는 업종을 모두 찾아봤다.

## 부자 되기 표

| 업종 | 사업주가 상위 0.1% 부자인 업체의 비율 |
|---|---|
| 부동산 임대업 | 43.2% |
| 부동산 관련 사업 | 25.2% |
| 자동차 판매업 | 20.8% |
| 기타 금융투자업 | 18.5% |
| 독립 예술가/작가/연기자 | 12.5% |
| 기타 전문지식/과학/기술 서비스 | 10.6% |
| 각종 내구재 도매업 | 10.0% |

〔출처〕 스미스 외(2019)의 온라인 참고자료와 미국 인구조사국에서 얻은 데이터를 바탕으로 저자가 직접 계산함. 이 수치는 S항 해당 회사들에 한정됨.

좋다. 우리는 이 표를 어떻게 이해해야 할까? 우선 이 업종들이 무엇인지를 확실히 알아보자. 후속 연구와 논의에 따르면 '기타 전문지식/과학/기술 서비스' 회사들은 대부분 시장조사 회사들이다. '각종 내구재 도매업'은 제조업체로부터 상품을 대량 구입해서 소매업체에 판매하는 중간상인들이다. 데이터에 따르면 도매유통은 아주 좋은 사업이다. 앞에서 설명한 대로 주류 도매업자들은 상위 0.1퍼센트 부자에 포함되는 비율이 다른 업종의 사업가들보다 높다. 부자 되기 표에 수록될 만큼 부자 사업주의 수가 많지는 않았지만. 그리고 도매유통이 아닌 다른 상품 판매업도 사업주가 부자가 될 확률이 다른 대부분의 사업보다 높다.

'부동산 임대업'은 부동산을 소유하면서 임대하는 사업이다. '부동산 관련 사업'은 대체로 다른 사람들의 부동산을 관리해주거나 부동산 감정평가를 하는 큰 회사들이다. '기타 금융투자업'은 주로 다른 사람들의 돈을 관리하고 투자하는 사업이다.

부동산업의 두 분야를 결합하고 전문 용어를 빼면, 사람들을 부자로 만들어주는 업종은 여섯 가지로 정리된다.

**부자가 되기 쉬운 6대 업종**

- 부동산업
- 투자업
- 자동차 판매업
- 독립 예술가
- 시장조사
- 중간 유통업

우리는 '6대 업종'을 어떻게 이해해야 할까?

투자업과 부동산업이 6대 업종에 포함된다는 건 놀라운 일이 아니다. 하지만 6대 업종에 포함된 나머지 네 개 업종은 적어도 나에게는 신기하게 느껴진다. 중간 유통업? 자동차 판매업? 시장조사? 이런 업종들이 백만장자가 되는 데 유리한 길이라고 나에게 말해준 사람은 지금까지 한 명도 없었다.

솔직히 말해 나는 중간 유통업이라는 말을 들어본 적도 없었다. 자동차 판매업자라고 하면 나는 사기를 치는 장사꾼을 떠올렸고, 나에게는 시장조사사업이 컨설팅업보다 수익률이 훨씬 높다고 생각할 어떤 이유도 없었다(실제로 시장조사업이 컨설팅업보다 수익률이 높다).

## 유명 연예인이 되려는 건 정신 나간 짓인가?

나는 6대 업종 목록에 '독립 예술가/작가/연기자'가 포함된 것을 보고 충격을 받았다. 흔히 우리는 예술가들은 가난한 사람들이라고 생각한다('배고픈 예술가'라는 진부한 표현도 있지 않은가). 그리고 데이터에 따르면 음반 매장과 같은 매력 넘치는 사업들은 금방 폐업에 이른다. 그렇다면 '독립 예술가/작가/연기자'로 이뤄진 회사 소유주의 12.5퍼센트가 부자라는 사실을 어떻게 해석해야 할까?

주된 원인은 '선택편향selection bias'이라고 불리는 현상이다. 선택편향이란 데이터를 분석할 때마다 고려해야 하는 중요한 편향이다. 대다수 독립 예술가/작가/연기자는 세금을 처리하기 위해 회사를 차릴 만큼 성공한 사람들이 아니다. 따라서 진짜 수입은 올리지 못하고 고생하는 예술가들은 데이터에 포함되지 않는다. 만약 이런 예술가들을 모두 계산에 넣는다면 예술가가 부자가 될 확률은 한참 밑으로 떨어질 것이다. (이 편향은 다른 산업에서는 별로 문제가 되지 않는다. 다른 업종에서는 자기 사업을 시작하면서 회사를 설립하는 사람들의 비율이 훨씬 높기 때문이다.)

선택편향이 독립 예술가들의 성공 확률을 인위적으로 상승시키

166

긴 하지만, 그렇다 하더라도 예술 분야에서 크게 성공할 확률은 내가 예상했던 것보다는 훨씬 높아 보인다. 물론 예술가가 부유해진다는 것은 가능성이 희박한 일이다. 하지만 나는 그럴 확률이 10만분의 1 정도라고 생각하고 있었는데, 실제로 계산해보니 그보다는 높았다.

세금 데이터 연구자들이 확보한 데이터에 따르면 미국에서 소득 상위 1퍼센트 수준의 수입을 올리는 독립 예술가는 1만 명 이상이다.[7] 그러면 독립 예술가가 되려고 하는 사람은 얼마나 많을까?

이 점에 관해서는 상충하는 정보가 있다. 미국노동통계국에 따르면 '독립 예술가/작가/연기자'는 5만 1,880명이다. 그들 모두가 자기 회사를 가지고 있는 건 아니다. 하지만 예술 분야에서 수익사업을 하면서도 그걸 본업으로 간주하지 않는 사람들도 존재한다. 다른 설문조사 데이터에 따르면 미국인 120만 명이 예술가를 본업으로 삼고 있다. 그렇다면 상위 1퍼센트에 속하는 1만 명의 독립 예술가는 현업 예술가 전체의 약 1퍼센트라는 계산이 나온다. 이게 사실이라면 상위 1퍼센트에 진입할 확률은 예술가들이나 평균적인 미국인들이나 별 차이가 없다는 이야기가 된다. 그리고 미국에는 예술학과 졸업생이 200만 명 정도 있다. 그들 모두가 독립 예술가로 성공하려고 노력했고 일부가 포기했다고 가정하면, 예술 분야에 도전하는 사람들은 200명 중 1명꼴로 큰 성공을 거두는 셈이다.

물론 연구가 더 필요하긴 하다. 하지만 최근에 전산화된 납세 데이터 일부와 다른 데이터를 결합해서 분석한 결과, 예술 분야에서 큰 성공을 거둘 확률은 200분의 1에서 100분의 1 정도로 추산된다. 이 수치 자체만 보면 확률이 너무 낮아서 사람들이 많이 도전하지 않을 것 같다. 하지만 이 책의 6장에서는 예술가들이 성공 확률을 크게 높이는 방법을 알려준다. 예컨대 당신의 예술작품을 다양한 장소에 전시하기만 해도 성공 확률이 여섯 배 높아진다. 예술가로서 성공 확률을 높이기 위해 데이터가 알려주는 방법을 따른다면 성공 확률은 상당히 높아질 것이다. 성공 확률을 10분의 1까지 올릴 수도 있다. 큰돈을 벌기는 여전히 어렵겠지만, 당신이 사랑하는 일을 하면서 부자가 될 확률이 그 정도면 아주 나쁜 건 아니다.

이런 식으로 표현해보자. 이 데이터를 보기 전이었다면 나는 독립 예술가로서 성공을 꿈꾸는 사람들에게 "당신이 거액을 상속받은 게 아니라면 그건 어리석은 생각이야"라고 말했을 것이다.

하지만 이 데이터를 보고 나서는 중립적인 태도를 취할 것 같다. 대신 그 사람들에게 내가 6장에서 소개할 '행운을 잡을 확률을 극대화하는 방법'을 따르지 않으면서 예술가가 되려고 하는 건 어리석은 일이라고 말할 것이다. 그러나 만약 당신이 그런 노력을 기울인다면 예술가의 길을 가는 것도 어리석은 도전이 아니라고 생각한다. 당신이 젊다면 더욱 좋다. 이를 다르게 표현하면 다음과 같다. 독립 예술가로서 크게 성공하기를 꿈꾸지만 작품을 많이 내놓지 않고 행운을 움켜쥐기 위해 백방으로 노력하지 않는다면 절대로 성공할 수 없다. 그게 당신의 계획이라면 회계학 학위를 따는 편이 낫다. 하지만 독립 예술가로서 성공하려고 노력하면서 다작을 하고 다양한 장소를 다니면서 행운을 붙잡으려 한다면 당신이 성공할 확률은 예상외로 높다. 이것이 당신의 계획이라면 당신은 성공할 가능성이 있다. 다만 실패할 확률도 절반 이상이라는 사실을 명심해야 한다.

데이터에 따르면 독립 예술가로 부자가 될 확률은 다른 일부 업종에서 부자가 될 확률보다는 높다. 앞에서 살펴본 대로 음반 소매업처럼 매력적인 사업들의 상당수가 성공하기 힘든 사업이라는 점을 감안하면 더욱 놀라운 사실이다. 독립 예술가가 되는 것에 음반 매장을 여는 것에는 없는 무엇이 있기에 큰 부자가 될 확률이 더 높은 걸까?

예술이 다른 업종들과 나란히 6대 업종에 포함됐다는 사실은 사업을 시작하기에 좋은 업종의 진정한 조건이 무엇인가를 알려준다. 바로 사업을 하기에 좋은 분야에는 지역 시장을 독점하는 업체들이 많다는 것이다.


## 부자는 가격경쟁을 하지 않는다

대부분의 업종은 백만장자 사업주를 많이 배출하지 않는다.

예컨대 미국에는 주유소를 운영하는 업체만 4만 9,000개가 넘는다. 세탁 서비스 업체는 1만 5,000개가 넘고, 장례 서비스 업체는 8,000개가 넘는다. 이런 사업들은 모두 반드시 필요한 서비스를 제공하지만 특별히 매력적이지는 않다. 데이터에 따르면 이런 사업들은 부자가 되는 길이 아니다. 이런 업체들의 소유주 중에 미국의 최상위 고소득자는 사실상 전무하다.

세금 데이터 연구자들의 데이터에 따르면, 수만 명이 다양한 업종에서 창업을 하지만 극소수만이 소득 상위 1퍼센트에 진입한다. 소득 상위 0.1퍼센트는 말할 것도 없다.

**절대 부자가 되지 못하는 업종의 예**

- 건설장비 대여업
- 주택 건설업
- 자동차 수리 및 정비업
- 빌딩/공동주택 서비스업
- 건축 설계 및 엔지니어링 관련 업종
- 건물 마감공사 도급업
- 돌봄 서비스
- 주유소

그러면 '6대 업종'이 다른 업종에 비해 소유주가 부유해질 확률이 특별히 높은 이유는 무엇일까?

이번에는 다른 어떤 분야들보다도 지루하지만 백만장자를 많이 배출하는 분야에서 교훈을 얻어보자. 바로 내가 박사학위를 받은 학문인 경제학이다.

경제학 입문 수업에서는 회사의 수익이란 매출에서 비용을 뺀 것이라고 가르친다. 만약 어떤 회사가 상품을 생산하는 데 들어간 비용보다 상품 가격을 훨씬 높게 매길 수 있다면 그 회사의 수익은 높아진다. 만약 그 회사가 상품을 생산하는 데 들어간 비용보다 높은 가격을 매길 수 없다면 회사의 수익은 0이 된다.

그리고 경제학 입문 수업에서는 회사가 수익을 내는 것이 예상 외로 어려운 일이라고 가르친다. 사실 경제학 이론에 따르면 대다수 업종의 대다수 회사들은 수익이 아예 없거나 0에 가까울 것으로 예상된다. 그래서 세금 데이터 연구자들이 대부분의 업종에서 사업주들이 부자가 되지 못한다는 사실을 발견했을 때도 경제학자들은 별로 놀라지 않았다.

회사가 수익을 내기가 왜 그렇게 어려울까?

수익이 높은 회사를 운영하는 세라라는 사람이 있다. 세라가 상품 한 개를 제작하는 데 들어가는 비용은 100달러라고 가정하자. 그녀가 해마다 1만 개의 상품을 제작해서 개당 200달러에 판매한다고 치면 순수익은 연간 100만 달러가 된다.

아주 좋아요, 세라!

하지만 세라에게는 잠재적인 문제가 하나 있다.

미래가 없는 직장에서 일하면서 연봉 5만 달러를 받는 라라라는 사람이 있다고 가정하자. 라라는 세라처럼 사업을 해서 돈을 벌고 싶다. 라라가 직장을 그만두고 세라와 똑같은 상품을 100달러에 만들어서 150달러에 판매한다고 가정하자. 그러면 세라의 고객들은 모두 싼 가격을 찾아 라라에게 옮겨간다. 그리고 라라는 1년에

50만 달러의 수익을 올린다. 세라의 새로운 연봉은? 처참하다.

라라가 돈을 쓸어담고 있는데, 클라라라는 사람이 같은 사업에 뛰어들어 수익 전략을 실행한다. 클라라는 125달러에 상품을 판매하면서 고객을 모두 빼앗아가고 연간 25만 달러의 수익을 올린다. 이제 세라와 라라는 망했다.

다음에는 어떤 일이 벌어질까? 이 가상의 사례에서 새로운 사람들이 시장에 진입하는 과정은 갑자기 끝난다. 운율이 맞는 이름이 더는 생각나지 않기 때문이다. 하지만 현실세계에서는 새 경쟁자가 계속해서 진입하고, 클라라를 비롯한 그 어떤 사업가도 운율이 맞는 새 이름이 없다는 이유로 보호받지는 못한다.

이 과정은 새로운 사람들이 그 업종에 진입할 유인을 얻지 못할 정도로 수익 창출이 힘들어질 때, 또는 그 업계의 기존 업체들 모두가 더 이상 가격을 낮출 유인을 얻지 못할 때 끝난다. 경제학 입문 수업에서는 이런 현상을 '영이윤조건zero profit condition'이라고 부른다. 가격경쟁은 수익이 0으로 떨어질 때까지 계속된다.

창업을 하려는 사람은 영이윤조건의 힘을 과소평가하지 말아야 한다. 부자가 되기를 꿈꾸며 창업하는 사람들의 다수는 자기도 모르게 냉혹한 가격경쟁에 빠져들어 입에 풀칠만 하게 된다.

며칠 전 뉴욕주 북부의 기차역에서 나를 태워준 택시 운전기사를 생각해보자. 그는 나에게 자신의 사업 이력을 들려주었다. 25년 전쯤에 그는 자신의 고향 마을에서 택시 사업을 시작했다. 기차역에서 대기하다가 뉴욕시에서 퇴근하는 사람들을 태우곤 했다. 얼마간은 영업이 잘돼서 생활비를 충분히 벌었다. 하지만 경쟁자들이 시장에 많이 들어왔다. 그들 중에는 형편이 어려운 사람이 많았고, 그 기사보다 훨씬 싼 요금을 제시했다. 이제 뉴욕시에서 출발한 기차가 도착하면 승객들은 여러 명의 택시 기사에게 둘러싸인다. 승객들은 보통 가장 낮은 요금을 제시하는 사람의 차를 탄다.

그 택시 기사의 수익은 상당 부분 깎여나갔다. 게다가 코로나19 대유행의 영향으로 택시 업계가 무너졌고, 그는 어쩔 수 없이 부모 집에 다시 들어가 살고 있다.

지속적으로 수익을 창출하기 위해 사업주는 수익이 0이 될 때까지 가격을 인하하는 경쟁자들을 피할 길을 찾아야 한다. 어떻게 하면 가격경쟁을 피할 수 있을까?

6대 업종의 사업주들은 모두 그런 식의 경쟁을 피해간다. 백만 장자를 많이 배출하는 모든 업종에는 수익을 0으로 몰고 가는 출혈 경쟁을 피할 방법이 있다.

가격경쟁으로부터 보호받는 가장 직접적인 방법은 법률이다. 처음에 나는 자동차 판매업이 6대 업종에 포함되는 것을 의아하게 여겼는데, 그 이유도 법과 관련이 있다.

자동차 판매업은 규제가 많은 산업이다. 미국 대부분의 주에서는 자동차를 제조하는 회사가 자동차 판매를 겸하지 못한다. 테슬라 Tesla가 이 규칙에 도전하고 있긴 하지만. 또 신생 업체가 특정 회사의 차만을 취급하지 못하게 규제한다.

이것이 고객에게 도움이 되는 규제인지에 대해서는 논쟁의 여지가 있다. 하지만 지금 나는 법학 논문이 아닌 자기계발서를 쓰고 있다. 그리고 당신의 목표가 부자 되기라면 경쟁자들의 위협으로부터 법적 보호를 받는 것은 큰 도움이 된다. 부자들 중에 자동차 판매업체 사장이 많은 이유가 여기에 있다.

내가 뉴욕시 외곽에서 만났던 택시 운전기사를 생각해보자. 그에게는 기차역에서 그의 바로 옆에 서서 똑같은 상품을 판매하며 가격경쟁을 하는 택시 기사가 많았다. 자동차 판매업의 경우 기존 매장 바로 옆에 다른 매장을 열어 똑같은 차를 판매하는 행위가 법적으로 금지된다. 그래서 자동차 판매업체를 소유하는 것이 택시를 소유하는 것보다 훨씬 낫다.

맥주 유통업이 훌륭한 사업인 이유 또한 상당 부분 법과 관련이 있다. 워싱턴주를 제외한 모든 주에서 맥주 유통업은 금주령 폐지 이후에 형성된 주류 제조업체, 주류 도매업체, 주류 소매업체라는 3중 구조에 의해 보호받는다. 맥주 제조업체가 직접 맥주를 유통하는 것은 법으로 금지된다. 그리고 대다수 주에서는 하나의 지역에 하나의 도매업체만 서비스를 제공할 수 있다.

법은 가격경쟁을 제한하는 확실한 방법이다. 하지만 가격경쟁을 제한하는 방법은 법 말고도 있다. 또 하나의 방법은 '규모scale의 경제'를 이용하는 것이다. 규모의 경제 전략은 다음과 같다.

당신이 가진 상품은 만들기가 진짜, 진짜, 진짜 어렵지만 한번 만들어놓으면 아주 적은 비용으로 재생산이 가능하다고 가정하자. 그러면 다른 누군가가 당신의 업종에 진입해서 그 상품을 당신보다 싸게 팔기는 매우 어려울 것이다.

투자업과 시장조사사업은 이런 속성을 지니고 있다. 좋은 투자처를 알아내거나 어떤 업계를 깊이 이해한다는 것은 복잡한 일이다. 그러나 일단 지식을 쌓고 나면 상품의 규모를 키우기는 어렵지 않다. 투자금액을 늘리거나 조사 보고서를 여러 업체에 판매하면 된다.

당신이 시장조사 업계에 진출하기를 원한다고 가정하자. 데이터에 따르면 시장조사 사업은 부자가 되는 가장 합리적인 방법이기도 하다. 그리고 당신이 평생 동안 하나의 시장에서 독보적인 전문지식을 쌓았다고 가정하자. 그런 수준의 전문지식을 얻기까지는 오랜 세월이 필요했다. 당신은 그 업계에서 오랫동안 사람들과 친분을 유지하면서 사업주들의 데이터를 조심스럽게 수집했다.

이제 당신은 보고서를 써서 그 업계의 여러 회사에 판매하고 월 5,000달러를 받는다. 경쟁자가 그 업계에 들어와서 당신과 똑같은 보고서를 판매하기는 쉽지 않다. 경쟁자가 당신과 똑같은 인맥과 데이터세트를 구축하기가 매우 어렵기 때문이다. 당신의 사업에는 보호막이 둘러져 있는 셈이다.

가격경쟁을 피하는 또 하나의 방법은 사람들이 좋아하는 브랜드를 구축하는 것이다. 이것은 독립 예술가들이 사용할 수 있는 전략이다. 화가의 팬들은 자신들이 좋아하는 화가가 제작한 작품을 구입하기 위해 기꺼이 돈을 더 지불하려 한다. 브루스 스프링스틴의 팬으로서 말하자면, 스프링스틴 콘서트는 여느 콘서트와 다르다. 설령 다른 예술가가 표를 더 싸게 팔더라도 스프링스틴의 팬들은 스프링스틴 콘서트를 선택할 것이다. 이런 법칙은 약 1만 명의 부유한 독립 예술가들에게 적용된다. 그들은 고객이 무조건 가장 값싼 상품을 선택하는 대량생산 시장에서 상품을 판매하지 않는다. 1만 명의 독립 예술가들에게는 돈을 더 지불하면서 그들의 작품을 향유하려는 팬들이 있다.


## 부자는 다국적 대기업과 맞붙지 않는다

6대 업종에 속하는 사업들은 모두 회사들이 가격경쟁으로부터 일정한 보호를 받으면서 수익을 확보한다. 하지만 가격경쟁을 피할 방법이 있는 업종이라고 해서 모두 6대 업종에 포함되지는 않는다.

　가격경쟁을 피할 방법이 있는 업종들 중 일부는 한두 개의 거대기업에 지배당하고 만다. 그러면 다른 누구도 그 거대 기업들과 경쟁하기가 어렵다. 예컨대 운동화 업계를 생각해보라. 어느 운동화 업체가 사람들이 가치 있다고 생각하는 브랜드를 가지고 있다면 그 업체는 가격경쟁으로부터 보호받을 수 있다. 사람들은 나이키 제품과 똑같지만 나이키가 만들지 않은 운동화보다 진짜 나이키 운동화에 더 많은 돈을 지불할 것이다.

　하지만 운동화 산업은 6대 업종의 벽을 넘지는 못했다. 세금 데이터 연구자들의 데이터는 운동화업체의 소유주가 부자인 경우는 극히 드물다고 말한다. 운동화 제조업이 부자 사업가를 탄생시키지 못하는 이유는, 운동화 제조업이 유명 브랜드를 통해 가격경쟁을 피해갈 방법을 제공하긴 하지만 그런 이점은 소수의 거대 기업만 누리기 때문이다. 나이키나 리복 같은 소수의 회사들을 빼면 상품 광고를 위해 정상급 운동선수들에게 거액을 지불하고 브랜드의 이익을 극대화할 여력이 없다.

IT산업 역시 회사들이 가격경쟁을 피할 수 있는 방법은 있지만 소수의 거대 기업에게 지배당하는 경향이 있다. 운영체제와 소프트웨어는 설계가 매우 복잡하지만 재생산 비용은 낮기 때문에 자연스럽게 울타리가 형성된다. 하지만 마이크로소프트와 같은 세계적인 기업들은 최고의 인재를 고용해서 최고의 소프트웨어를 만들고 광고비도 가장 많이 지불한다. 소규모 회사가 IT업계의 거물들과 경쟁하기는 어렵다.

6대 업종에 관해 생각하다가 문득 깨달은 사실이 있다. 6대 업종에 포함된 사업들은 모두 소수 대기업의 지배를 방지하는 어떤 자연적 요인들을 가지고 있다.

생각해보라. 부동산 시장은 지역 단위로 형성된다. 초국적 부동산 대기업이 모든 지역의 시장을 속속들이 알기란 불가능하다. 게다가 지역의 모든 정치인과 접촉하기도 힘들다.

투자업과 시장조사업은 태생적으로 분절된 산업이다. 투자회사들은 각자의 전문 분야에서 특정한 투자 전략을 가지고 있다. 세계적인 대기업도 그 회사들의 전문적인 지식과 경쟁할 수는 없다.

자동차 판매업은 세계적인 대기업들로부터 법적 보호를 받는다. 맥주 도매업자도 마찬가지다. 중간 유통업자들은 종종 지역 소매업자들과 친밀한 관계를 유지하기 때문에 대기업이 그들의 지역 시장에 들어와서 경쟁하지 못한다. 예술의 경우 특정 예술가의 팬들은 세계에서 가장 인기 많은 예술가의 작품보다 자신이 사랑하는 예술가의 작품을 선호한다.

### 독점의 범위

| 독점 없음 | 지역 시장 독점 | 세계 시장 독점 |
| --- | --- | --- |
| 당신은 냉혹한 경쟁에 내몰린다. | 당신이 부자가 될 가능성이 어느 정도 있다. | 당신은 초국적 기업에게 패배할 것이다. |

그렇다면 당신은 이 데이터를 활용해서 부자가 될 수 있겠는가?

데이터가 제공하는 교훈 중 일부는 현실에서 실행하기가 불가능할 수도 있다. 예컨대 당신이 이 데이터를 보고 부자가 되는 가장 좋은 경로는 자동차 판매업체를 설립하는 것이라고 판단했다고 치자. 하지만 알아보니 현재 자동차 판매업체를 소유하고 있는 사람들은 회사를 당신에게 매각할 생각이 전혀 없을 수도 있다.

그런 전제 아래 나는 당신이 이 데이터의 방향을 잘 이해해서 진로에 대해 어떤 질문을 던져야 하는지 생각해보길 바란다. 내가 보기에는 다음 세 가지 질문이 가장 중요하다.

**부자가 되기 위한 체크리스트**

1. 나는 사업체를 소유하고 있는가?

2. 나의 사업체는 냉혹한 가격경쟁을 피할 수 있는가?

3. 나의 사업체는 초국적 대기업에 지배당하지 않을 수 있는가?


이 세 가지 질문 중 어느 하나라도 '아니요'라는 답이 나온다면 당신은 부자가 될 것 같지 않다.

물론 세 개의 답변이 모두 '예'인 상황에 놓이기는 쉽지 않다. 부자가 되고 싶어하는 사람은 정말 많으므로 당연히 그렇다. 고맙게도 이 책의 9장은 행복해지는 데 반드시 돈이 필요한 것은 아니라고 이야기한다. 사람들을 행복하게 만드는 일들은 정원 가꾸기, 친구와 함께 호숫가 산책하기처럼 생각보다 간단하고 비용이 적게 든다. 이것을 데이터광의 표현으로 바꾸면 다음과 같다. "행복해지기 체크리스트는 부자 되기 체크리스트보다 훨씬 쉽다."

그리고 솔직히 말하면 내가 지금까지 보여준 것은 부자 되기 체크리스트의 앞부분에 불과하다. 사업가로서 성공하기 위해서는 더 많은 것이 필요하다. 사업가의 자질이 성공 확률을 크게 변화시키기도 한다. 그것도 데이터로 밝혀져 있다.

**다음 장에서는…**

어떤 업종에 진출하느냐는 사업가의 성공을 좌우하는 중요한 요인이다. 하지만 업종이 유일한 요인은 아니다. 가장 좋은 업종에서도 어떤 사람은 성공하고 어떤 사람은 실패한다. 하나의 업종 내에서 누가 성공하느냐를 결정하는 요인은 무엇인가? 데이터과학자들은 최근 사업가들의 세계에 관한 데이터세트를 확보했다. 그리고 성공을 예측하는 예상외의 변수들을 발견했다.

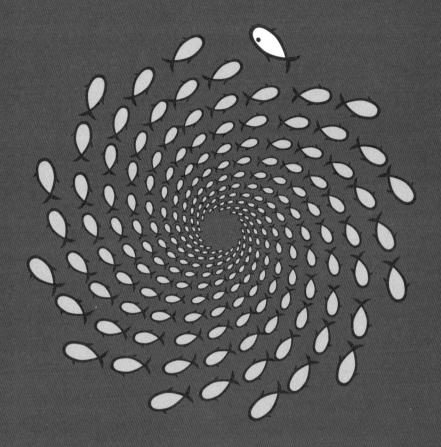

**5장**

# 성공이라는 길고 따분한 과정

사업가를 꿈꾸는 사람이라면 모두 토니 퍼델Tony Fadell[1]의 포스터를 벽에 걸어놓아야 한다.

어느 날 퍼델은 자신의 집에 설치할 수 있는 온도조절장치가 투박한 것들밖에 없어서 실망했다. 그래서 그 이전의 수많은 사업가와 마찬가지로 그를 실망시킨(그리고 다른 수백만 명이 경험한) 문제를 해결하기 위해 새로운 기술을 활용했다.

퍼델은 네스트랩Nest Labs이라는 회사를 설립해 프로그램으로 작동하는 신형 온도조절장치를 개발했다. 센서가 달려 있고 무선 인터넷과 앱으로 작동시킬 수 있는 온도조절장치는 선풍적인 인기를 끌었다.

얼마 지나지 않아 네스트랩은 퍼델을 다른 수많은 기술 창업주들과 같은 엄청난 부자로 만들어주었다. 퍼델은 창업한 지 4년 만에 회사를 현금 32억 달러를 받고 구글에 매각했다.

퍼델의 이야기에는 중요한 지점들이 있다. 그 지점들이 이 이야기를 사업가들에게 아주 가치 있는 것으로 만들고, 나의 '토니 퍼델 포스터 벽에 걸기' 캠페인에도 동기를 부여한다. 데이터에 따르면 퍼델의 이야기에 등장하는 여러 요소는 전통적인 지혜에 반하지만 성공한 사업가들의 공통적인 특징에 해당한다.

첫째는 퍼델의 연령이다. 네스트랩을 설립했을 때 퍼델은 천재 소년이 아니었다. 그는 대학 기숙사 방에서 창업하지도 않았다. 그는 40대 초반에 사업을 시작했다.

중요한 사실 하나 더. 퍼델은 창업으로 성공하기 전에도 회사에서 높은 평가를 받는 직원으로서 입지를 다져놓은 상태였다. 퍼델은 원래 높은 위험을 감수하는 성향이 아니었다. 남의 밑에서 일하는 것이 맞지 않아서 창업을 거듭한 사람도 아니었다. 사업에 실패해서 성공하기 위한 마지막 시도로 창업에 도전한 것도 아니었다. 네스트랩을 설립할 무렵 그는 제너럴매직General Magic의 측량 전문 엔지니어, 필립스전자Phillips Electronics의 엔지니어링 관리자, 그리고 애플Apple의 선임 부사장 경력을 가지고 있었다. 다시 말해 네스트랩을 설립했을 때 그는 실리콘밸리에서 가장 훌륭한 이력을 가진 사람 중 하나였다.

그리고 결정적으로 10년 이상 우량 기업에 고용되어 일하면서 승진을 거듭한 경험 덕분에 퍼델은 자신의 사업에 반드시 필요한 구체적인 능력들을 보유하고 있었다. 그가 '세상에는 더 작고 세련된 온도조절장치가 필요하다'라는 아이디어를 떠올렸을 때, 그에게는 그 아이디어를 즉각 실행에 옮기는 데 필요한 경험이 있었다.

퍼델은 제너럴매직에서 얻은 교훈을 상품 디자인에 적용하고, 필립스전자에서 습득한 기술을 팀 관리와 회계에 적용하고, 애플에서 흡수한 지식을 활용해 고객 경험을 개선했다. 그는 그동안 쌓아놓은 인맥을 동원해 사람들을 고용했고, 세 회사에서 직원으로 일한 기간에 벌어들인 돈을 창업 자본으로 사용했다.

또 퍼넬은 20대와 30대에 저지른 실수들에서 교훈을 얻었다. 팟캐스트 〈팀 페리스 쇼The Time Ferriss Show〉와의 인터뷰[2]에서 퍼넬은 이렇게 말했다. "20대에 저는 최대한 꾸미지 않고 다녔어요. 그래야 나이가 들수록 좋아 보일 거라고 생각했죠." 그는 필립스에서 처음으로 직원들을 관리하는 일을 맡았을 때 자신이 "하늘 아래 최악의 관리자였을" 거라고 고백했다. 예를 들면 그는 부하직원들에게 거만하게 훈계를 늘어놓곤 했다. 하지만 사람들의 피드백을 들으면서 그는 리더 역할을 하려면 공감이 중요하다는 것을 깨달았다. 다른 사람의 관점에서 상황을 바라보면 그 사람이 최선의 행동 경로를 선택하도록 설득하기가 더 쉬웠다. 네스트랩에서 사람들을 이끌어야 했을 때 그는 이미 이런 교훈들을 습득했고 관리 기술도 연마한 상태였다.

앞 장에서 우리는 납세 기록을 근거로 부자가 되는 가장 좋은 길은 사업가가 되는 것임을 알게 됐고, 사업가에게 어떤 분야가 유망할지도 살펴봤다. 그런데 대규모 데이터세트를 분석한 결과에 따르면, 당신이 어떤 분야에 몸담고 있든 간에 경력에 관한 특정한 결정들이 그 분야에서 성공한 사업가가 될 확률을 높여준다. 사업의 성공 확률을 높이는 데는 명확한 공식이 있다. 그 공식은 바로 퍼넬이 걸었던 것과 비슷한 길을 걷는 것이다. 오랜 세월 동안 전문지식과 인맥을 쌓으면서 한 분야에서 성공을 입증한 다음 중년의 나이에 자기 사업을 시작하라! 실제로 창업에 관한 통념들을 깨뜨리는 새로운 데이터가 나와 있다.

## 잘못된 통념 1: 젊을수록 창업에 유리하다

창업으로 성공한 사람을 생각해보라. 제일 먼저 떠오르는 사람이 누구인가?

당신이 방금 전까지 구글에서 토니 퍼델 포스터 만드는 방법을 검색하고 있지 않았다면, 아마도 당신은 스티브 잡스 같은 사람을 제일 먼저 떠올렸을 것이다. 아니면 빌 게이츠Bill Gates. 아니면 마크 저커버그Mark Zuckerberg. 세계적으로 유명한 사업가인 이 세 사람은 회사를 설립했을 때의 연령대가 서로 비슷하다. 셋 다 젊은 나이에 창업했다. 잡스는 21세에 애플을 설립했고, 게이츠는 19세에 마이크로소프트를 시작했다. 저커버그도 19세에 페이스북을 설립했다.

성공한 창업가라고 하면 젊은 사람들이 많이 떠오르는 건 우연이 아니다. 대중매체는 사업가들에 관한 기사를 작성할 때 젊은 사람들에게 초점을 맞춘다. 최근 한 연구는 두 종류의 유명 비즈니스 잡지 '화제의 기업가'란에 소개된 사업가들을 전수 조사했다. 기사에 소개된 사업가들의 중위 연령은 27세였다. 창업 당시의 잡스, 게이츠, 저커버그보다는 조금 위지만 중년보다는 한참 아래였다.

벤처캐피털 자본가들과 투자자들은 젊은 사람들이 좋은 회사를 설립할 가능성이 높다는 대중매체의 담론을 받아들였다. 선마이크로시스템Sun Microsystems의 공동 설립자이자 벤처캐피털 투자자인 비노드 코슬라Vinod Khosla는 이렇게 말했다. "35세 미만인 사람들이 변화를 일으키는 사람들입니다. (…) 45세가 넘으면 새로운 아이디어라는 측면에서는 사실상 사망입니다."[3] 유명한 스타트업 육성 회사인 Y콤비네이터Y Combinator를 설립한 폴 그레이엄Paul Graham은 "창업자의 연령이 32세를 넘어서면 투자자들이 약간 회의적으로 변하기 시작한다"라고 말한다. 저커버그가 특유의 재치 없는 말투로 했던 말도 유명하다. "젊은 사람들이 더 똑똑합니다."[4]

하지만 연령과 관련해서는 우리가 대중매체를 통해 알게 되는 사업가들이 전체를 대표하지 않는다. 경제학자 피에르 아줄레Pierre Azoulay, 벤저민 F. 존스Benjamin F. Jones, 대니얼 킴Daniel Kim, 재비어 미란다Javier Miranda(이제부터 이들을 AJKM이라고 부르겠다)의 선구적인 연구는 2007년에서 2014년 사이에 미국에서 설립된 모든 회사의 창업자 연령을 분석했다. 연구 대상으로 270만 명의 사업가를 망라했는데, 이것은 비즈니스 잡지에 소개된 사업가 수십 명보다 훨씬 광범위하고 대표성이 높은 표본이었다.

연구자들은 미국 창업자들의 평균 연령이 41.9세라는 사실을 알아냈다. 다시 말해 대중매체에 소개된 창업자들의 평균 연령보다 10년 이상 높았다. 그리고 젊지 않은 사업가들은 우리의 예상보다 창업을 많이 했을뿐더러 젊은 사업가들보다 수익성이 높은 회사를 만들어냈다. AJKM은 다양한 분석법을 사용해 사업의 성공을 측정

## 창업을 해서 0.1% 우량기업을 만들어낼 확률(연령별)

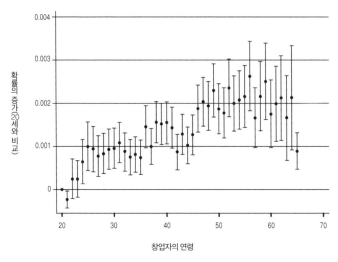

〔출처〕아줄레 외(2020)

했다. 회사의 생존기간, 순수익과 직원 수 기준으로 업계 순위가 높은지도 분석의 기준으로 삼았다. AJKM은 젊지 않은 창업자들이 성공할 가능성이 더 높다는 일관성 있는 결과를 얻었다. 적어도 60세까지 그랬다.

60세의 스타트업 창업자가 가치 있는 회사를 만들 확률은 30세의 스타트업 창업자가 가치 있는 회사를 만들 확률보다 세 배 정도 높다.

그리고 더욱 놀랍지만 잘 알려지지 않은 사실이 하나 더 있다. 젊지 않은 창업자들의 성공은 AJKM이 연구한 모든 업종에서 공통으로 발견됐다는 것이다. 심지어는 흔히 젊은 창업자 하면 떠오르는 분야인 IT업계도 마찬가지였다. 연구에 따르면 수익률 높은 IT기업을 설립한 사람들의 평균 연령은 42.3세였다. 그러니까 데이터는 창업으로 성공한 사람들은 대부분 젊다는 대중매체의 통념이 전혀 맞지 않는다고 이야기한다.

젊은 사람들이 창업에 성공할 가능성이 더 크다는 생각은 단순히 대중매체가 만들어낸 통념이 아니다. 그것은 대중매체가 만들어낸 위험한 통념이다. 2010년 에런 소킨Aaron Sorkin이 집필한《소셜 네트워크Social Network》는 예외적인 경우에 해당하는 성공한 젊은 사업가 저커버그의 이야기를 대중에게 널리 알렸다. 저커버그가 기숙사 방에서 페이스북을 처음 만든 이야기를 보여주는 영화〈소셜 네트워크〉는 수많은 팬을 확보하고 2억 달러가 넘는 돈을 벌어들였다.

영화〈소셜네트워크〉의 팬 중 일부는 영화 주인공을 따라 하고 싶었던 모양이다. 한 연구에 따르면 영화〈소셜네트워크〉가 개봉되고 나서 몇 년 동안 10대 창업이 여덟 배나 증가했다.[5] 하지만〈소셜 네트워크〉가 어떤 내용을 암시하고 있든 간에 10대 창업은 언제나 성공률이 희박한 도박이었다. 나는 이렇게 표현하고 싶다. "〈소셜 네트워크〉의 복수형은 데이터가 아니다."

그러면 왜 성공한 창업자의 다수는 중년 이상일까? 어쨌거나 그들은 사업에 관해 오랫동안 배웠기 때문이 아닐까. 이 대답은 성공하는 창업자에 관한 또 하나의 통념으로 연결된다.

# 잘못된 통념 2: 외톨이가 창업에 유리하다

수지 바티즈Suzy Batiz는 미국에서 자수성가한 여성 중에 가장 큰 부자다. 그녀가 성공에 이른 경로에는 에센셜오일, 시행착오, 그리고 배설물이 있었다. 2007년 바티즈는 푸푸리Poo-Pourri라는 상품을 개발했다. 화장실 변기에 푸푸리를 뿌리면 배설물 냄새가 덜 고약해진다.[6]

바티즈는 디너파티에서 사람들과 대화를 나누던 중에 빛나는 아이디어를 떠올렸다. (누군가는 이렇게 말할지도 모른다. '뉴턴의 머리에 사과가 떨어져서 그가 만유인력의 이론을 생각해낸 것처럼, 배설물 냄새가 바티즈의 코에 전달된 것을 계기로 그녀가 푸푸리를 생각해냈다.') 바티즈는 아이디어를 떠올린 직후부터 작업에 착수했다. 여러 종류의 에센셜오일로 실험을 하다가 마침내 화장실 변기의 물 표면에 완벽하게 머무는 용액을 만들어냈다. 가족과 친척들에게 그 제품을 시험 삼아 써보고 냄새도 맡아보게 하고 나서 그녀는 자신이 기막힌 제품을 만들어냈다고 판단했다.

바티즈의 판단은 옳았다. 예쁘장한 빨간 머리 여성이 나와서 변기에 관한 유머를 구사하는 동영상 광고와 〈투데이Today〉 쇼의 극찬에 힘입어 푸푸리는 날개 돋친 듯 팔렸다. 현재 바티즈의 순수익은 2억 달러 이상으로 추산된다. (사람들은 이렇게 말할지도 모른다. 바티즈는 10년도 안 되는 시간 동안 '똥에 관한 대화'를 '돈방석'으로 발전시켰다고.)

바티즈가 부자가 된 경로에서 눈에 띄는 점은 분야가 독특했다는 것이다. 배설물 냄새 줄이기. 또 하나 눈에 띄는 점은 그녀가 그 분야에서 유의미한 경험이 거의 없었다는 것이다. 에센셜오일로 실험을 시작할 무렵 그녀는 화학 전공자도 아니었고 소비재 제작 경험도 없었다. 그녀는 직업적으로 성공한 사람도 아니었다. 남편과 함께 매입했던 결혼 피로연장은 사업이 잘되지 않아 파산을 신청했다. 의류사업에도 도전했지만 실패했다. 욕조 수리 사업도 실패했고, 피부 태닝 전문점도 실패했다.

바티즈의 길이 성공의 일반적인 패턴일까?

데이비드 엡스타인의 베스트셀러 《늦깎이 천재들의 비밀Range》의 한 장에는 〈외부인의 이점〉이라는 제목이 붙어 있다.[7] 이 장에는 직관에 반하는 것처럼 보이는 주장이 담겨 있다. 까다로운 문제를 해결하는 일에는 외부인이 유리할 때가 많다는 것이다. 엡스타인은 어떤 분야 전체의 발전을 가로막고 있는 문제들을 종종 그 분야 바깥에 있던 사람이 해결했다고 주장한다. 예컨대 18세기 초에 화학 분야의 가장 중요한 과제는 식품을 오랫동안 보존하는 물질을 발견하는 것이었다. '근대 화학의 아버지'라 불리는 로버트 보일Robert Boyle을 비롯해서 세계적으로 위대한 학자들은 그 문제를 해결하지 못했다. 드디어 제과점을 운영하던 니콜라 아페르Nicolas Appert에게서 해결책이 나왔다. 샴페인 병을 끓는 물에 넣고 가열하는 방법이었다. 아페르는 그 발명을 토대로 회사를 차려서 성공했다.

엡스타인은 하나의 분야 안에 있는 사람들은 그들이 전에 써본 방법들밖에 모른다고 지적한다. 하지만 혁신은 새로운 방법을 요구하며, 새로운 방법은 외부인들이 더 쉽게 생각해내고 시도한다. 엡스타인의 표현을 빌리면 다음과 같다. "때로는 홈 경기장에 제약이 너무 많아서 호기심 많은 외부인이 아니고서는 해결책을 찾아낼 수 없다."

이 특별하고 도발적인 이론은 진실일까? 창업의 세계에 외부인의 이점이라는 게 정말 있을까? 수지 바티즈 같은 사람들의 이야기가 세상에 많이 있을까? 당신이 창업을 하고 싶다면 당신의 전문 분야가 아닌 다른 분야를 찾아봐야 할까? 그러면 그 분야에 경험이 없는 당신이 '홈 경기장'의 '제약'에 갇혀 있는 내부자들보다 유리해질까?

그렇지 않다. 이번에도 빅데이터는 이런 이론을 단호하게 기각한다.

AJKM은 창업자들의 연령만이 아니라 창업자들의 기존 경력도 연구했다. 특히 표본에 포함된 창업자들 전원에 대해 그들이 창업한 분야와 동일한 분야에 근무한 이력이 있는지를 살펴봤다. 예컨대 비누 제조업을 시작한 사람은 예전에 주로 비누를 만드는 회사에서 일한 적이 있을까? 또 연구자들은 그 사람이 창업한 회사가 얼마나 성공적인지도 알아봤다. 그 회사는 순수익 기준으로 그 분야에서 상위 0.1퍼센트에 도달했는가?

연구자들은 창업의 세계에 '내부자 이점'이 엄청나게 많다는 사실을 발견했다. 창업자들은 자신이 창업한 분야에서 과거에 근무

창업의 내부자 이점

| 창업자의 해당 분야 경험 유무 | 창업 기업이 0.1% 우량기업이 될 확률 |
| --- | --- |
| 해당 분야에 경험 없음 | 0.11% |
| 범위를 넓힐 경우 해당 분야에 경험이 있다고 할 수 있음 | 0.22% |
| 범위를 좁힐 경우에도 해당 분야에 경험이 있음 | 0.26% |

〔출처〕아줄레 외(2020)

한 경험이 있을 경우 회사를 크게 성공시킬 가능성이 두 배쯤 커진다. 과거의 경험이 신규 사업과 직결될수록 내부자 이점은 더 커진다. 비누 제조업처럼 좁은 분야에서 일해본 적이 있는 사람은 식품 제조업과 같은 '인접한' 분야에서 일해본 사람들에 비해 비누 제조업에서 성공할 가능성이 높다.

사업에서 특정 분야에 관한 해박한 지식은 혁신의 기회를 알아보지 못하게 만드는 저주가 아니다. 일반적으로 사업에서는 유능한 내부자가 한결 유리한 위치에 있다.

## 잘못된 통념 3: 주변부의 힘

수지 바티즈가 사업을 시작했을 때 그녀는 배설물과 싸우는 화학업계의 외부인이었다. 그뿐 아니라 그녀는 어떤 전통적인 기준으로도 실패한 사람이었다. 바티즈가 파산을 신청했고 여러 번 사업에 도전했다가 실패한 사실을 돌이켜보라. 그녀는 성공의 주변부보다도 더 바깥에 있었다.

이상하게 들릴 수도 있지만 바티즈는 성공 경험이 없어서 오히려 창업에 유리했던 걸까?

훌륭한 작가이자 스타트업 육성 기업 Y콤비네이터의 설립자인 폴 그레이엄은 실패를 많이 해본 사람이 창업에 유리하다는 매력적이고 도발적인 글을 한 편 썼다. 〈주변부의 힘〉이라는 글에서 그레이엄은 "새롭고 멋진 것들은 주변부에서 나올 때가 많다"라고 주장했다.[8]

그레이엄은 애플의 설립자인 스티브 잡스와 스티브 워즈니악Steve Wozniak을 예로 들었다. 그의 에세이에 따르면 이제 시대의 상징이 된 회사를 처음 설립했을 당시 잡스와 워즈니악은 "서류상으로 좋아 보일 수가 없는" 상태였다. 두 사람은 "대학을 중퇴한 청년"이고 "히피"였으며 사업 경험이라고는 전화를 도청하는 불법 전자 장비를 만들어본 게 전부였다.

그레이엄은 잡스와 워즈니악처럼 서류상으로는 좋아 보이지 않았는데 창업에 성공한 사람들의 이야기가 예외적인 사례가 아닐 것이라고 생각한다. 그의 추측에 따르면 주변부에 있는 사람들은 사업에서 뜻밖의 우위를 지닌다. 그는 과거에 별로 성공적이지 못했던 사람이 창업에 더 유리한 이유에 관한 매우 영리한 이론을 생각해냈다. 예컨대 내부자들은 "그들이 그동안 쌓은 명성에 부담을 느껴"

모든 위험을 회피할 수도 있다. 반면 주변부에 있는 사람들은 잃을 게 없으므로 큰 위험도 감수한다.

그러면 창업 성공에 관한 이 도발적이면서 직관에 반하는 것처럼 보이는 이론은 진실일까?

아니다. '주변부의 힘' 이론은 젊음의 힘이나 외부인의 이점과 마찬가지로 신화에 불과하다.

세금 데이터 연구자들은 미국의 모든 스타트업 창업자의 과거 연봉을 조사하고 그 결과를 그들이 창업한 회사의 수익성 데이터와 비교했다.

비교의 목표는 그레이엄의 이론대로 창업 전에 큰 성공을 거둔 사람들이 창업을 하고 나서 고전하는지 여부를 알아보는 것이었다. 연구자들은 그렇지 않다는 결과를 얻었다. 그레이엄의 주장과 달리 전통적인 기준으로 성공했던 사람들은 사업가가 되고 나서도 다른 사람들보다 훨씬 나은 성과를 거뒀다.

다음 그래프에서 보듯이 창업의 성공 확률은 창업자가 자기 분야에서 최상위 0.1퍼센트의 연봉을 받는 사람이었을 때 가장 높았다. 이런 사람들은 주변부라고 말할 수 없고 지켜야 할 명성이 없던 사람들이라고 보기도 어렵다.

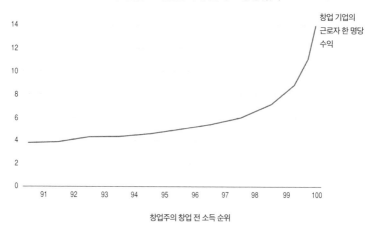

직원으로 성공했던 사람들이 창업에도 성공했다

〔출처〕스미스 외(2019) 〔데이터〕제공: 에릭 츠빅, 가공: 데이터래퍼

## 직관에 반하는 것에 반하는 아이디어

솔직해지자. 한발 물러나서 이 장에 수록된 데이터 분석 결과를 보면 이러한 일은 그리 놀라운 이야기가 아니다. 데이터과학자들이 새로운 대규모 데이터세트들을 분석한 결과, 오랫동안 노력해서 자기 분야의 정상에 올라간 다음에 창업할 때 성공 확률이 높았다. 이것이야말로 직관에 부합하는 결과가 아닌가? 어떤 분야의 정상에 도달해본 경험은 당연히 그 분야에서 창업에 성공하는 것과 상관관계가 있지 않겠는가?

이런 발견 중 일부는 직관에 부합하지만 대중의 상상력을 사로잡은 담론과는 일치하지 않는다. 정말 많은 사람이 젊음의 힘, 외부인의 이점, 주변부의 힘이라는 세 가지 통념에 사로잡혀 있었는데 데이터가 그 통념을 모두 반박했다. 그러고 보니 이 장에 소개된 연구 결과들은 내가 가장 좋아하는 아이디어의 유형과 일치한다. 나는 직관에 반하는 것에 반하는 아이디어를 좋아한다. 직관에 반하는 것에 반하는 아이디어란 무엇인가?

상식적인 아이디어에서 시작해보자. 예컨대 연륜과 지혜를 가진 사람이 회사를 설립하면 잘될 것이라는 아이디어가 있다. 그런데 이런 상식적인 아이디어와 상반되는 인생 이야기를 가진 사람들이 등장한다. 어떤 사람들은 어린 나이에 사업가로 엄청난 성공을 거둔다. 마크 저커버그 같은 사람들이 그렇다. 이런 사람들의 인생 이야기는 상식에 반하기 때문에 훌륭한 이야깃거리가 된다. 19세 청년이 수십억 달러 가치를 가진 회사를 설립하리라고 누가 예상했겠는가?

사람들은 놀라운 이야기를 들려주는 걸 좋아하고, 그런 이야기를 영화로 만들기도 한다. 에런 소킨은 41세의 토니 퍼델이 등장하는《온도조절장치》라는 책을 쓰지 않고 19세의 마크 저커버그가 등장하는《소셜네트워크》라는 책을 썼다.

사람들은 이처럼 '처음에는 놀라운 이야기'를 자주 듣는다. 그리고 이 이야기들은 놀랍기 때문에 처음에는 사람들을 끌어당기다가 어느 순간부터는 자연스럽게 받아들여진다. 사람들은 젊음이 창업에 유리할 수도 있겠다고 생각하게 된다.

'〈소셜네트워크〉만 봐도 그렇잖아.' 사람들은 이렇게 생각한다. 처음에는 놀라웠던 아이디어가 너무나 신기해서 사람들의 입에 자주 오르내리다 보니 나중에는 진리로 간주된다.

대표성이 높은 대규모 데이터세트는 홍미로운 이야깃거리가 되는 표본을 편애하지 않는다. 때때로 데이터는 보편적 진리가 되어버린 '직관에 반하는 주장'들이 정확하지 않다고 알려준다. 사람들의 입에 가장 많이 오르내리는 이야기에 등장하는 창업자들의 세계가 아닌 창업자들 전체의 세계를 들여다본다면, 연륜과 지혜야말로 스타트업 창업의 성공에 유리한 조건임을 확인할 수 있다.

지금 당신은 직관에 반하는 것에 반하는 아이디어 중에 내가 좋아하는 다른 것들은 뭐가 있는지 궁금해할지도 모른다. 궁금해하지 않을 수도 있지만. 당신이 궁금해하든 아니든 간에, 직관에 반하는 통념을 반박하고 우리를 직관적 아이디어로 되돌아가게 하는 '대규모 데이터세트' 중에 내가 좋아하는 것 몇 가지를 소개한다.

- **NBA 농구선수 중에는 양친이 있는 중산층 가정에서 자란 사람들이 많다.**
  NBA 농구선수 중 일부만이 저소득층 가정에서 자랐다. 가난한 집에서 태어난 사람이 빛나는 성공을 거두는 것은 특별한 일이기 때문에 사람들의 입에 더 많이 오르내린다. 그래서 어떤 사람들은 어려운 환경에서 자란 농구선수들이 더 강한 동기를 가지고 열심히 노력해서 NBA에 진출한다고 믿는다(직관에 반하는 아이디어). 예컨대 《라스트 샷The Last Shot》이라는 책에서 어느 대학 농구팀 코치는 어느 교외 중산층 가정 출신인 선수가 성공하려는 마음이 '간절한가'라는 데 의문을 품는다. 하지만 조슈아 키예룰프 두브로Joshua Kjerulf Dubrow와 지미 애덤스Jimi Adams의 연구, 그리고 내가 별도로 수행한 연구에 따르면 NBA 농구선수들의 압도적 다수는 중산층 가정 출신이다[9](직관에 반하는 것에 반하는 아이디어).

- **사람들은 슬플 때보다 행복할 때 웃긴 이야기를 더 많이 검색한다.** 불행한 일을 겪고 있는 사람이 우스갯소리를 하는 것은 보기 드문 일이다. 힘든 시기와 웃긴 이야기는 뚜렷이 대조되기 때문에 우리는 힘든 시기에 사람들이 하는 농담을 더 잘 인식한다. 그래서 어떤 사람들은 기쁨보다 고통이 웃음의 동기를 더 많이 제공한다고 생각하기에 이르렀다(직관에 반하는 아이디어). 영화배우 찰리 채플린Charlie Chaplin은 이를 다음과 같이 표현했다. "웃음은 고통을 멈추고, 고통을 위로하고, 고통으로부터 회복되게 한다." 하지만 나는 '웃긴 이야기'라는 구글 검색어를 연구했다. 사람들이 '웃긴 이야기'를 검색하는 횟수는 월요일에 가장 적었고(일주일 중 가장 불행한 날), 추운 한겨울에도 적었고, 보스턴 마라톤 폭탄테러와 같은 커다란 비극이 일어난 다음에 곤두박질쳤다. 데이터에 따르면 사람들은 삶이 순조로울 때 더 잘 웃는다[10](직관에 반하는 것에 반하는 아이디어).

- **지능이 높으면 높을수록 살아가는 데 유리하다.** 인생을 망치는 사람은 많다. 그러나 굉장히 똑똑한 사람이 인생을 망치면 눈에

잘 띈다. 이런 사례들이 눈에 잘 띄기 때문에 '사람이 너무 똑똑하면 불리할 수도 있다'는 이론이 생겨났다.《지능의 함정The Intelligence Trap》이나《지능의 역설 The Intelligence Paradox》처럼 잘 팔리는 책들은 지능이 너무 높으면 오히려 불리하다고 주장한다(직관에 반하는 아이디어). 그러나 최근에 수만 명을 대상으로 수행한 연구에서는 IQ가 삶의 모든 영역에 유리하게 작용한다는 결과가 나왔다. IQ 그래프에서 IQ가 더 높아진다고 해서 불리해지는 지점은 없었다. 데이터에 따르면 지능이 높을수록 무조건 유리하다[11](직관에 반하는 것에 반하는 아이디어).

## 데이터를 신뢰하라: 성공에는 인내가 필요하다

창업의 성공을 이해하는 과정에서 데이터는 대중매체가 보여주는 대표성 낮은 사례들에서 비롯되는 소음을 제거한다.

모든 소음을 제거하고 나면, 그러니까 우리가 대중매체에서 접하거나 친구와 지인들에게서 듣는 이야기를 제거한 뒤 창업의 성공에 관한 실제 데이터를 들여다보면 사업 성공의 확률을 극대화하는 공식을 발견할 수 있다. 그 공식은 다음과 같다. 오랜 세월 동안 어떤 분야를 속속들이 익히고, 그 분야에서 가장 높은 연봉을 받는 직원 중 한 명으로서 당신의 가치를 입증한 다음, 독립해서 진정한 부를 쌓는다.

이 성공의 공식은 별로 짜릿하지는 않다. 20대 초반에 이미 몇 가지 능력을 습득해서 비즈니스 제국을 건설할 준비가 됐다고 생각하는 편이 더 짜릿하다. 사업에서 성공하는 가장 좋은 방법은 당신이 잘 알지도 못하는 에센셜오일 몇 종류를 섞어서 하루아침에 부자가 되는 거라고 생각하는 편이 더 짜릿하다. 당신의 분야에서 아직 실력을 입증하지 못했어도 사업을 시작할 준비가 됐다고 생각하는 편이 더 짜릿하다. 당신의 분야에 관해 잘 몰라도 되고, 필요한 지식은 사업을 해나가면서 배우면 된다고 생각하는 편이 더 짜릿하다. 하지만 이 매력적인 생각들은 모두 틀렸다. 이런 생각들은 성공에 관한 신화일 뿐 데이터로 입증된 사실이 아니다.

또한 성공의 공식을 따르기란 쉽지 않다. 성공에는 엄청난 자제력이 필요하다. 만약 당신이 데이터로 입증된 창업 성공의 공식을 따른다면, 당신이 20대와 30대에 하나의 좁은 분야에서 실력을 쌓고 당신의 가치를 입증하려고 노력하는 중에 틀림없이 당신과 비슷한 나이인데 이미 창업해서 대박을 터뜨린 사람들의 이야기를 들을 것이다. 단기간에 성공한 사람들의 이야기도 분명 들려올 것이다.

사업의 성공은 대부분 중년에 찾아오는 반면, 일부 탁월한 사람은 젊은 나이에 큰 성공을 거둬 유명해진다. 사업의 성공은 대부분 한 분야에서 최고의 실력을 요구하지만, 극소수의 사람들은 자신이 잘 모르는 분야에서 노다지를 캐기도 한다. 사업의 성공은 대부분 수십 년 동안 열심히 일하고 한 분야에 통달해서 얻는 결과물이지만, 소수의 창업자들은 그저 운이 좋아서 성공한다. 이런 반짝 성공의 이야기들은 성공의 전체적인 그림을 보여주지 않는다. 사실 이런 이야기들은 성공으로 가는 가장 좋은 길을 심각하게 잘못 안내하고 있다. 그리고 의심할 여지 없이 꾸준한 노력을 방해할 것이다.

이런 이야기를 들을 때는 이 장에 제시된 표들을 다시 한번 보라. 당신이 진짜 통계광이라면 표들을 인쇄해서 벽에 붙여놓아라. 토니 퍼델의 포스터 옆에. 표를 한번 보고, 퍼델 포스터를 한번 쳐다보라. 그러고 나서 원래 하던 일을 계속하라.

데이터를 믿어보라!

---

**다음 장에서는…**

어떤 좁은 분야에서 꾸준히 능력을 쌓은 다음에 자기 사업을 시작한다면 성공할 확률이 높아진다. 하지만 솔직히 말해서 성공에는 행운도 크게 작용한다. 화가 수십만 명의 작품 판매액수를 포함하는 빅데이터를 통해 행운의 작동 원리를 알아보자. 그리고 데이터에서 얻은 통찰을 활용해 운 좋은 사람이 되어보자.

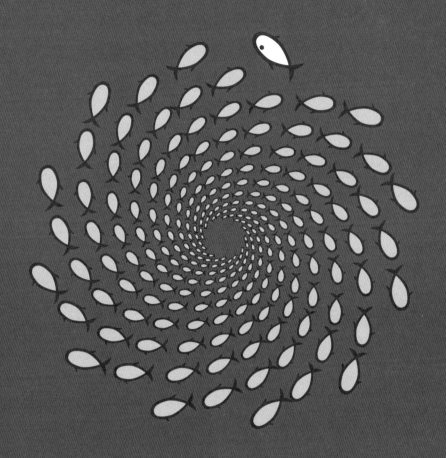

# 6장

## 행운을 붙잡는 비결

2007년 10월, 브라이언 체스키Brian Chesky와 조 게비아Joe Gebbia는 일자리를 구하지 못한 채로 샌프란시스코에서 같이 살고 있었다. 예술학교에서 처음 만난 두 사람은 생활비를 버는 데 도움이 되는 아이디어를 떠올렸다. 곧 샌프란시스코에서 대규모 디자인 콘퍼런스가 열릴 예정이었고 호텔마다 예약이 다 찰 것으로 예상됐다. 체스키와 게비아는 숙소를 미처 구하지 못한 손님들에게 자신들이 사는 아파트에서 남는 에어 매트리스를 유료로 빌려주고 아침식사를 제공하기로 했다.

콘퍼런스에 참가하는 사람 중 몇몇은 실제로 두 사람의 에어 매트리스를 대여하기를 원했다. 항상 자신감이 넘치는 체스키와 게비아는 오래전부터 창업의 꿈을 키워왔는데, 이제야 다른 사람들은 생각하지 못한 근사한 아이디어를 떠올렸다고 확신했다. 전 세계 사람들이 자신들과 똑같이 여분의 에어 매트리스를 손님들에게 빌려주고 아침식사를 제공해서 돈을 벌 수 있을 것 같았다. 체스키와 게비아는 친구이자 컴퓨터 천재인 네이선 블러차직Nathan Blecharczyk을 데려와서 자신들의 아이디어를 실현할 수 있는 웹사이트를 만들었다. 웹사이트 이름은 에어베드앤드브렉퍼스트닷컴airbed and breakfast.com

이었다.

열정으로는 누구에게도 뒤지지 않았던 체스키와 게비아는 회사를 살리기 위해 두세 번 출장을 떠났다. 두 사람은 미국 텍사스주 오스틴에서 열리는 '사우스 바이 사우스웨스트 콘퍼런스'에 참가했다. 오스틴에 손님이 잔뜩 몰려와 그들의 회사에 큰 수익을 안겨줄 거라고 예상했지만, 결과는 그렇지 않았다. 하지만 두 사람은 실리콘밸리에 탄탄한 인맥을 확보하고 있는 마이클 세이벨Michael Seibel이라는 사람을 만나 친구가 됐다.

체스키와 게비아는 2008년 민주당 전당대회가 열린 덴버에 갔다. 덴버로 오는 수많은 손님이 그들의 사업에 큰 수익을 안겨줄 거라고 예상했지만, 결과는 그렇지 않았다. 하지만 두 사람은 물러서지 않고 대선 후보들의 이름을 붙인 시리얼을 개발해서 판매했다. 오바마 O("변화의 아침식사")와 캡틴 매케인("씹는 맛이 강렬해요"). 놀랍게도 그들은 시리얼을 팔아서 번 돈으로 빚을 갚을 수 있었다.

어쨌든 체스키와 게비아의 사업은 사실상 망한 상태였다. 그리고 어느 날 저녁, 체스키와 게비아는 오스틴에서 두 사람을 마음에 들어했던 세이벨을 만났다. 여전히 두 젊은이를 좋게 보고 있던 세이벨은 그의 친구 폴 그레이엄이 실리콘밸리에서 운영하는 스타트업 육성 회사 Y콤비네이터에 지원해보라고 권유했다. 마감 기한이 지났지만 세이벨은 그레이엄과의 친분을 이용해 체스키와 게비아의 신청서를 한번 봐달라고 부탁했다. 두 사람에게 처음 찾아온 커다란 기회였다.

그레이엄은 체스키와 게비아의 사업 아이디어가 마음에 들지는 않았지만 두 사람이 시리얼을 만들어 판매한 이야기를 듣고는 그들의 투지에 감동했다. 그레이엄은 두 사람에게 초기 투자금 2만 달러를 주었고, 두 사람은 그 돈으로 블러차직을 기술 담당 공동 창업자로 영입해 회사가 몇 달 더 생존할 시간을 벌었다.

얼마 지나지 않아 체스키와 게비아는 다시 큰 기회를 만났다. 유명한 팝 가수 배리 매닐로Barry Manilow가 공연 여행을 떠날 예정이었는데, 그의 드러머인 데이비드 로젠블랫David Rozenblatt이 체스키와 게비아의 웹사이트 이야기를 듣고 자기 아파트 전체를 유료로 임대하게 해달라는 요청을 했다. 침대를 포함해서 전부. 에어베드앤드브렉퍼스트닷컴의 설립자들은 처음에는 안 된다고 대답했다. 집 주인인 로젠블랫이 없으면 아침식사를 제공하지 못한다는 이유에서였다.

하지만 로젠블랫의 요청을 계기로 체스키와 게비아는 한 발 물러서서 생각해봤고, 얼마 뒤 그 유명한 '각성의 순간'을 맞이했다. 두 사업가는 그들이 처음 생각해낸 아이디어의 사촌뻘 되는 더 큰 사업 아이디어가 있다는 사실을 깨달았다. 사람들이 집을 비우는 동안 그 집을 다른 사람에게 빌려주는 사업이었다.

에어 매트리스는 잊기로 했다. 아침식사도 잊기로 했다. 그리고 배리 매닐로 공연에서 드럼을 치기 위해, 또는 다른 이유로 집을 비우는 전 세계 수백만 명이 빈집을 유료로 대여해 가외 수입을 얻도록 했다.

에어베드앤드브렉퍼스트닷컴은 '에어비앤비Airbnb'라는 브랜드로 다시 태어났다. 에어비앤비는 곧 이목을 끌기 시작했다. 사실 자기 아파트에 에어 매트리스를 준비해놓고 타지에서 온 손님에게 아침식사까지 제공하려는 사람은 많지 않았다. 그러나 전 세계 수백만 명이 집이 빌 때 빈집을 임대하기를 원했다. (에어비앤비에 관한 자세한 이야기는 리 갤러거Leigh Gallagher의 《에어비앤비 스토리The Airbnb Story》라는 훌륭한 책에 실려 있다.)[1]

남은 문제는 하나였다. 에어비앤비 팀이 사업을 계속하려면 자금이 필요했다. 2008년 서브프라임 사태 이후 경기 침체를 겪고 있어서 전 세계 투자자들이 허리띠를 졸라매던 시기였다. 게다가 투자자들은 숙박업 시장은 규모가 크지 않아서 자신의 시간을 투자할 가치가 없다고 말했다.

얼마 후 체스키와 게비아에게 마지막 큰 기회가 찾아왔다. 어느 날 자산운용사인 세쿼이아 캐피털Sequoia Capital의 임원이자 폴 그레이엄의 오랜 친구인 그레그 매카두Greg McAdoo가 Y콤비네이터 사무실에 들렀다. 매카두는 대다수 투자자들과 달리 그때가 기업에 투자하기에 좋은 시기라고 확신하고 있었다. 다른 사람들은 겁이 나서 투자하지 못하는 시기였기 때문이다. 또 매카두는 경기가 침체된 시기에 회사를 설립하는 사람들이야말로 진짜 의욕적인 사람이라는 이론을 가지고 있었다. 놀랍게도 그는 1년 반이라는 시간 동안 휴양지 임대차 시장을 분석한 직후였다. 다른 사람들의 계산과 달리 그는 휴양지 임대차 시장이 400억 달러 정도의 가치가 있다고 판단했다. 그는 에어비앤비 창업자들을 만난 직후 58만 5,000달러짜리 수표를 보내기로 마음먹었다. 이렇게 에어비앤비는 사람들이 원하는 상품과 창업 아이디어를 실현하는 데 필요한 자금을 모두 확보했고, 수십억 달러 가치를 지닌 회사를 만들어낼 수 있었다.

태드 프렌드Tad Friend가 《뉴요커New Yorker》에 쓴 바와 같이 에어비앤비의 성공은 "행운으로 가득한" 것처럼 보인다. 오스틴에서 세이벨을 만난 건 행운이었다. Y콤비네이터에서 최고의 투자자 매카두를 만난 것도 행운이었다. 그리고 매닐로의 드러머 사건이 있었다. 만약 매닐로가 적절한 시점에 공연 여행을 떠나지 않았더라면 체스키와 게비아는 최적의 사업 모델을 발견하지 못해 파산에 이르고 몇 년 뒤에 다른 사업가들이 그런 사업을 시작했을 수도 있다.

억만장자와 평생 실패만 하는 사업가의 차이는 '배리 매닐로의 드러머에게서 얻은 아이디어'로 요약된다. 때로는 당신이 파산하기 직전에 배니 매닐로가 공연 여행을 떠나면서 당신을 억만장자가 되는 길로 인도하기도 한다.

폴 그레이엄의 후임으로 Y콤비네이터의 최고경영자가 된 샘 올트먼Sam Altman은 수많은 스타트업이 성공하고 실패하는 과정을 지켜봤다. 그래서 그의 머릿속에서는 실리콘밸리에서 성공하는 데 필요한 조건들의 모델이 만들어졌다. 2014년 스탠퍼드대학교 강연에서 올트먼은 창업 성공의 공식을 다음과 같이 소개했다. "아이디어×상품×실행력×팀×행운입니다.[2] 여기서 '행운'은 0에서

10,000 사이에서 무작위로 정해지는 숫자입니다."

세상에 알려지지 않은 수많은 사업가 또는 배우가 뽑은 행운의 수는 1,000이나 500이었을 것이다. 심지어는 0이었을 수도 있다. 체스키와 게비아는 10,000을 뽑은 것 같다.


행운이 성공에 큰 역할을 했다고 이야기하는 경우가 종종 있다. 성공한 사람들은 대부분 자신이 운이 좋아서 성공했다는 식으로 이야기한다. 노벨상을 수상한 경제학자이자 《뉴욕타임스》 칼럼니스트인 폴 크루그먼Paul Krugman은 자신의 성공에 관해 이렇게 말한다. "저는 운이 좋아서 적절한 시기에 적절한 장소에 있었습니다." 배우 존 트래볼타John Travolta는 자신이 성공한 이유를 다음과 같이 설명했다. "행운이 따랐어요." 배우 앤서니 홉킨스Anthony Hopkins도 마찬가지다. "제가 운이 아주 좋았다고 생각합니다."

하지만 우리는 삶에서 행운이 하는 역할을 과장하고 있는 건 아닐까? 일부 흥미로운 데이터에 따르면 삶에서 행운의 역할은 우리가 생각하는 것보다 작다. 여러 연구를 통해 마치 행운처럼 보이는 결과로 일관되게 이어지는 매력적인 행동 패턴이 발견되었다.

행운에 관한 중요한 초창기 연구이자 데이터에 기반한 연구들 중 하나로 경영학자 짐 콜린스Jim Collins와 모튼 T. 핸슨Morten T. Hansen이 수행한 연구가 있다.[3] 이 연구는 행운이 대기업에 어떻게 영향을 끼치는가에 초점을 맞췄지만, 그 결과는 모든 영역의 행운을 이해하는 데 도움이 된다.

콜린스와 핸슨은 이른바 '10X 기업'의 목록을 만들었다. 10X 기업이란 역사상 가장 탁월했던 회사들이다. 10X 기업 목록에 포함되기 위해서는 주식시장에서 장기간 동종 업계 주가지수의 열 배 이상을 유지해야 한다. 이 조건에 부합하는 기업으로는 암젠 Amgen(1980년부터 2002년까지), 인텔Intel(1968년부터 2002년까지), 보험사 프로그레시브Pregressive(1965년부터 2002년까지) 등이 있다.

다음으로 연구자들은 10X 기업 각각에 대해 비교 대상 기업을 하나씩 선정했다. 비교 대상은 동종 업계에서 비슷한 규모로 시작했지만 한 번도 10X 기업보다 나은 성과를 내지 못한 기업이다. 암젠의 비교 대상은 제넨테크Genentech였고, 인텔의 비교 대상은 AMD였고, 프로그레시브의 비교 대상은 세이프코Safeco였다.

다음으로 연구자들은 10X 기업들과 비교 대상 기업들의 역사에 관해 그들이 구할 수 있는 모든 기록을 샅샅이 뒤져 이른바 '행운 사건'을 찾아봤다. 10X 기업들이 비교 대상 기업들에 비해 큰 행운을 얼마나 많이 누렸는지를 알아보는 것이 목적이었다.

연구자들은 다음 세 가지 속성을 지닌 사건을 '행운 사건'으로 분류했다.


1   사건의 중요한 측면들이 해당 기업 주요 행위자들의 행동과 완전히 독립적이거나 거의 독립적이어야 한다.
2   사건이 유의미한 결과(좋은 결과든 나쁜 결과든)로 이어져

야 한다.

3  사건에 예측 불가능한 요소가 있어야 한다.


　　연구자들은 10X 기업들의 역사 속에서 행운 사건을 많이 찾아냈다. 10X 기업들에는 회사의 통제 밖에 있었지만 사업 실적을 유의미하게 개선한 사건이 평균 일곱 개씩 있었다. 예컨대 암젠의 역사를 들여다보던 연구자들은 암젠이 거둔 성공의 상당 부분은 우연히 암젠 구인광고를 보고 연락한 푸쿠엔 린Fu-Kuen Lin이라는 타이완 과학자 덕택이었다는 사실을 발견했다. 린은 신장에서 적혈구 생성을 촉진하는 단백질인 에리스로포이에틴erythropoietin의 게놈 지도를 발견하기 위해 밤낮없이 연구에 매진하던 불굴의 천재였다. 린은 연구 끝에 바이오테크의 역사에서 가장 수익성이 좋은 약으로 손꼽히는 에포젠Epogen을 만들어냈다. 린이 우연히 암젠의 구인광고를 보지 못했다면 암젠은 에포젠을 개발하지 못했을 것이다. 우리는 린이 구인광고를 보지 못하고, 에포젠이라는 약이 개발되지 않고, 암젠은 10X 기업에 들지 못하는 전혀 다른 역사를 쉽게 상상해볼 수 있다.

　　그러니까 암젠은 운이 좋았던 것 같다. 암젠의 입장에서는 자신들이 특별히 운이 좋았다고 생각하기가 쉬울 것이다. 암젠의 경쟁사들 입장에서는 '린 사건'에 주목하고 다음과 같이 말하기가 쉬울 것이다. "흠, 암젠이 운 좋게 린을 데려갔군. 우리에겐 그런 행운이 따르지 않았어."

　　만약 콜린스와 핸슨이 10X 기업들만 연구했다면 '모든 성공한 회사에는 행운 사건이 많다'는 결론에 도달했을 것이다. 그러나 그들은 10X 기업들의 역사뿐만 아니라 비교 대상이 되는 1X 기업들의 역사도 들여다봤다.

콜린스와 핸슨이 발견한 바에 따르면, 비교 대상 기업들은 동종 업계 우량기업보다 나은 성과를 거두지는 못했지만 그 기업들의 역사에도 행운 사건은 많았다. 예컨대 제넨테크는 미국 식약처가 허용한 유전자 이어맞추기gene splicing 기술을 이용해 인간의 인슐린을 합성하는 경쟁에서 간발의 차로 다른 기업들을 앞질렀다. 그들의 연구가 조금만 지체됐다면 그 수익성 높은 시장에 다른 기업이 먼저 진출했을 것이다. 사실 콜린스와 핸슨은 암젠과 제넨테크가 만난 행운 사건의 개수가 거의 같다는 결과를 얻었다.

콜린스와 핸슨의 놀라운 발견을 보자. 여러 분야에서 10X 기업들과 1X 기업들이 만난 행운 사건의 개수에는 통계적으로 유의미한 차이가 없었다. 10X 기업들은 평균 일곱 개의 행운 사건이 있었고, 1X 기업들은 평균 여덟 개의 행운 사건이 있었다.

콜린스와 핸슨의 결론에 따르면 성공한 기업들이 운이 더 좋았던 게 아니다. 성공한 기업들은 자신이 얻은 행운을 바탕으로 수익을 창출하는 능력이 더 우수했다. 그들이 얻은 행운은 다른 모든 기업이 기대할 수 있는 행운과 다르지 않았다.

콜린스와 핸슨은 매우 중요한 이야기를 하고 있다. 사람은 누구나 인생을 살아가는 동안 기막히게 좋은 기회를 몇 차례 얻으리라고 기대할 수 있다. 어떤 사람이 지금까지 자신을 도와줄 사람을 한

번도 만나지 못했고, 특별한 재능을 가진 사람과 가까이 있었던 적도 없고, 자신이 가진 능력이 필요한 사람을 한 번도 만나지 못했다고 상상해보라. 이 사람은 시대를 통틀어 가장 운 나쁜 사람이 틀림없다. 어떤 사람이 일생 동안 평균 수준의 행운만 얻는다 해도 그 사람에게는 우연을 가장한 기회가 많이 찾아온다. 남들보다 큰 성공을 거두는 사람이나 조직은 우연한 기회를 알아보고 그 기회를 잘 이용한다.

에어비앤비 이야기로 돌아가자. 에어비앤비는 사업에서 행운이 얼마나 중요한가를 보여주기 위해 인용한 사례였으니까. 물론 에어비앤비는 행운을 여러 번 얻었다. 하지만 그들은 자신이 얻은 행운을 잘 활용했다. 성공하지 못한 회사들 중에 자금이 바닥났을 때 시리얼을 팔아서 돈을 벌지 못한 회사가 얼마나 많은가? 성공하지 못한 회사 중에 인맥을 만들어두지 않아서 어려울 때 구해줄 사람이 없었던 회사가 얼마나 많은가? 성공하지 못한 회사 중에 추가 자금이 필요하다고 판단했을 때 스타트업 육성 기구에 지원하지 않은 회사가 얼마나 많은가? 성공하지 못한 회사 중에 현재의 사업 아이디어가 신통치 않다는 것을 깨닫고 새로운 아이디어로 전환하지 못한 회사가 얼마나 많은가?

에어비앤비가 특별히 운이 좋았다고는 할 수 없다. 에어비앤비는 열심히 노력하는 사람이라면 누구나 기대할 수 있는 행운을 현명하게 이용했다. 그리고 에어비앤비가 처음에는 운이 좋았거나 운이 좋은 것처럼 보였을 수도 있지만, 세계적인 코로나19 대유행으로 사람들이 여행을 중단했을 때는 그들도 큰 불운을 만났다.

신종 코로나 바이러스의 대유행이 시작되자마자 에어비앤비의 예약률은 72퍼센트 하락했다. 310억 달러였던 에어비앤비의 기업가치 평가액은 180억 달러로 떨어졌고, IPO(기업공개)를 보류할 수밖에 없었다.[4] 하지만 큰 성공을 거둔 다른 기업들과 마찬가지로 에어비앤비는 불운을 요령껏 잘 피해갔다. 그들은 신속하게 비용을 절감하고 장기 숙박에 중점을 두는 쪽으로 방향을 전환했다. 또 해고를 당한 근로자들에게 이례적으로 큰 폭의 할인 혜택을 제공하고 투숙객들에게 환불을 해줌으로써 긍정적인 언론 보도를 이끌어냈다. 그들은 IPO를 추진하는 중에 코로나19 대유행이 시작되어서 억울하다고 투덜대는 대신, 그 문제를 비켜가기 위해 열심히 노력했다. 2020년 말에 에어비앤비는 뜻밖의 높은 수익률을 공개했고, 1,000억 달러 이상의 기업가치를 인정받으며 IPO에 성공했다.[5]

콜린스와 핸슨의 연구는 일반적으로 성공한 사람이나 조직의 행운에 주목하지만 실제로는 그 행운의 배후에 훌륭한 의사결정이 있었다는 것을 알려준다. 그렇다면 성공하는 사람이나 조직이 하는 일들이 그들을 운 좋은 사람 또는 조직으로 보이게 만든다는 추론이 가능하다. 실제로 예술가들의 성공에 초점을 맞춘 새로운 연구들은 이처럼 행운을 창조하는 전략들을 일부 밝혀냈다. 나라면 데이터과학의 새롭고 매혹적인 연구의 일부를 다음과 같이 요약했을 것이다. '행운에는 숨은 패턴이 있다.'

# 예술의 세계에서 배운다: 행운을 부르는 방법

노스이스턴대학교의 물리학자로서 성공의 배후에 있는 수학적 패턴을 연구한 앨버트라슬로 바라바시Albert-László Barabási는 《포뮬러: 성공의 공식The Formula》이라는 훌륭한 책에서 성과를 수량화할 수 있는 정도가 분야별로 다르며, 특히 스포츠와 예술은 차이가 크다고 이야기한다.[6]

스포츠에서는 선수의 능력을 평가하기가 상대적으로 쉽다. 전성기의 마이클 조던Michael Jordan은 다른 어떤 선수보다도 득점을 많이 하고 팀을 우승으로 이끌었으므로 확실히 세계 최고의 농구선수였다. 전성기의 마이클 펠프스Michael Phelps는 분명히 다른 선수들보다 빠르게 헤엄쳤다. 우사인 볼트Usain Bolt는 분명히 다른 선수들보다 빠르게 달렸다.

나 같은 스포츠광들은 고등학교에서 친구들과 어울릴 기회도 마다하고 일반적인 기준으로 랭킹 100위로 평가받는 야구선수가 실제로는 86위의 실력을 가지고 있는지 아닌지를 알아보기 위해 새로운 통계를 작성하는 일에 매달릴지도 모른다. 하지만 대개 메이저리그 야구선수와 마이너리그 야구선수의 차이에 대해서는 모두가 의견을 같이한다. 세계 최고의 운동선수는 대체로 사람들의 눈에 띄어 기회를 얻는다.

예술가들의 경우는 다르다. 예술 분야에서는 자질을 평가하기가 어렵다. 초보자는 물론이고 예술 평론가들도 때로는 예술작품을 평가하는 데서 어려움을 겪는다. 《워싱턴포스트The Washington Post》 칼럼니스트 진 웨인가튼Gene Weingarten은 세계적인 명성을 지닌 바이올린 연주자 조슈아 벨Joshua Bell에게 워싱턴 D.C.의 어느 지하철역 부근에서 길거리 연주를 해달라고 부탁했다. 그런데 벨의 곁을 지나친 사람들 1,097명 중에 단 일곱 명이 걸음을 멈추고 연주를 들었다.[7] 또 한 명의 진취적인 언론인 오케 '다케' 악셀손Åke "Dacke" Axelsson은 만 4세인 침팬지에게 '현대미술' 작품을 제작하게 했다. 그러자 다수의 미술 평론가가 그 작품을 칭찬했다.

미술관에서 (아마도 현대미술 작품인) 그림 한 점을 보면서 "저게 뭐가 특별한지 모르겠는데"라고 중얼거리는 괴상하고 미성숙한 사람을 본 적이 있는가? 그 괴상하고 미성숙한 사람이 바로 나다. 그리고 연구에 따르면 그 미성숙한 사람의 행동은 정당화된다.

작품을 평가하기가 어려운 세계에서는 다음과 같은 두 가지 효과가 두드러지게 나타난다.


## 모나리자 효과:
## 세상에서 가장 유명한 그림은 운이 만들었다

첫 번째 효과를 나는 '모나리자 효과'라고 부른다. 당신도 짐작하겠지만 〈모나리자Mona Lisa〉라는 유명한 그림에서 따온 이름이다. 모나리자 효과란 예측 불가능한 사건이 성공에 지대한 영향을 끼친다는 것이다.*

〈모나리자〉를 세계에서 가장 유명한 그림으로 만들어준 예측불가능한 사건이 하나 있었다. 당신은 〈모나리자〉가 세계에서 가장 유명한 그림인 이유가 작품의 우수성 때문이라고 생각할지도 모른다. 주인공의 두 눈(관람자가 어디에서 보든 그 눈들은 당신을 응시하는 것처럼 보인다), 신비롭고 은은한 미소, 주인공의 얼굴(높은 이마와 뾰족한 턱, 사랑에 빠지기 쉬울 것만 같은 평범한 여성의 얼굴).

그러나 진실을 말하면 〈모나리자〉는 루브르박물관에 처음 걸리고 나서 114년 동안 그냥 훌륭한 그림 중 하나일 뿐이었다. 모나리자의 눈과 미소와 얼굴은 지금과 똑같았는데도 그랬다. 〈모나리자〉는 루브르박물관 벽에 늘 걸려 있었고 그곳에 전시된 수많은 세계적인 미술작품들 속에서 특별히 눈에 띄지는 않았다.

이제부터 이 책에서 최초로 진짜 범죄 이야기가 나온다!

1911년 늦여름의 어느 화요일 아침, 루브르박물관에 들어선 경비원은 〈모나리자〉가 사라졌다는 사실을 알아차렸다.[8] 그림을 고정하던 고리 네 개만 달랑 남아 있었다.

저녁이 되자 프랑스의 유명한 조간신문인 《르텅Le Temps》은 특별판을 발행해서 그 소식을 전했다. 다음 날에는 사라진 〈모나리자〉

---

* 관람자가 어디에 서 있든 간에 주인공의 시선이 관람자를 향한다는 의미로 사용되는 또 하나의 '모나리자 효과'가 있다.

이야기가 전 세계의 신문에 머리기사로 실렸다.

그전까지 〈모나리자〉를 몰랐던 사람들도 원래 알고 있었던 것처럼 행동했다. 충격을 받지 않은 사람들도 충격받은 시늉을 했다. "모나리자는 어떻게 됐나?"는 세계적인 화제가 되어 전쟁 소식만큼이나 언론의 집중 조명을 받았다.

경찰은 한 독일인 소년이 〈모나리자〉를 훔쳐갔다고 의심했다. 경찰은 루브르박물관에 여러 번 다녀간 그 소년이 레오나르도 다빈치Leonardo da Vinci의 그림 속 여인에게 집착하게 되어 이성을 잃고 작품을 훔쳤다고 짐작했다. 신기하게도 소년을 동정하는 여론이 많았다. 당시에 여론을 주도하던 사람들 중 몇몇은 소년이 그 정도로 사랑에 빠졌다면 그 그림을 가질 자격이 있다는 식으로 이야기했다.

한때는 미국의 은행가 J. P. 모건J. P. Morgan에게 경찰 조사가 집중됐다. 프랑스인들은 자기가 〈모나리자〉를 혼자 즐겨야 한다고 마음먹을 정도로 뻔뻔한 사람은 미국인밖에 없다고 생각했다. 그 절도 사건이 발생한 시기에 모건은 이탈리아에서 휴가를 즐기고 있었다는 사실이 밝혀진 다음에도 언론은 그를 따라다니며 괴롭혔다.

한동안 경찰은 파블로 피카소Pablo Picasso를 위시한 예술가 무리를 집중적으로 탐문했다. 당시 피카소는 한 무리의 젊은 예술가들을 이끌고 있었다. 그리고 정보원 하나가 그 집단은 "예술가는 자기 아버지를 죽여야 한다"는 신조를 따른다는 사실을 알아낸 이후로 경찰은 그들이 르네상스 미술을 완전히 끝장내기 위해 절도행위를 기획했을 수도 있다고 생각했다.

대부분의 진짜 범죄 이야기가 그렇듯이 사건의 진상은 사람들이 지어낸 가설보다 덜 흥미로웠다. 밝혀진 바에 따르면 루브르박물관의 하급 직원이 그 작품이 사라지면 자기 친구가 제작한 〈모나리자〉 모작의 가치가 높아질 거라고 생각해서 그걸 훔쳤다. 경찰은 사건 발생 2년 뒤, 그 서투른 범죄자가 〈모나리자〉를 이탈리아의 어느 화랑에 팔아넘기려고 했을 때 그를 체포했다.

하지만 재미없는 결말과 별개로 2년 사이에 〈모나리자〉는 그 어느 때보다도 사람들의 주목을 많이 받았다. 〈모나리자〉가 루브르박물관의 원래 자리로 돌아오자 관람객이 밀려들었다. 모든 사람이 소문으로만 듣던 그 작품을 보고 싶어했다. 〈모나리자〉가 너무나 뛰어난 작품이어서 J. P. 모건이 소장하고 싶어했다거나, 피카소가 그 작품을 세상에서 없애버리려고 했다는 등의 이야기를 들은 수많은 사람이 그림 앞에서 발걸음을 멈추고 여인의 눈과 미소와 얼굴에 감탄했다.

우연한 사건, 곧 그 누구도 예측하지 못한 절도사건이 〈모나리자〉를 수천 점의 유명한 작품 중에서도 가장 유명한 그림으로 만들었다. 만약 그 절도사건이 없었다면 〈모나리자〉는 루브르박물관에 걸린 또 한 점의 그림이었고, 파리로 여행 온 관광객들은 〈모나리자〉를 힐끔 보고 다음 작품으로 넘어갔을 것이다.

그 절도사건이 일어나지 않았다면 모나리자는 내가 1996년에 부모님과 함께 파리 여행을 갔을 때 무심히 보고 지나친 또 한 점의 그림이었을 것이다. 그때 나는 뉴저지에서 온 다른 아이들은 부모와 함께 박물관에 가지 않아도 되고 개럿과 마이크는 그 시간에 메츠 경기를 보고 있을 텐데, 왜 나만 이상한 나라의 이상한 도시의 이상한 건물 안에서 벽에 걸린 이상한 그림을 봐야 하느냐고 불평했다. 모나리자 효과 이야기는 여기까지.

## 다빈치 효과: 작품이 아니라 작가가 중요하다

작품의 우수성을 판단하기 어려울 때 두 번째로 나타나는 효과가 다빈치 효과다. 다빈치 효과는 2017년 제프 앨워스Jeff Alworth가 블로그 글에서 처음 사용한 용어로, 한번 성공한 예술가는 다음번에도 성공한다는 뜻이다.[9] 사람들은 이미 유명해진 예술가의 작품을 구입하기 위해 더 많은 돈을 기꺼이 낸다.

실제로 어떤 예술가에 대한 전문가들의 평가가 달라지자 그 예술가가 제작한 작품의 가치가 급격히 상승한 예는 많다. 예컨대 〈구세주The Salvator Mundi〉라는 그림이 있다. 2005년 이 그림은 1만 달러가 안 되는 가격에 팔렸다. 그러나 단 12년 만인 2017년, 이 작품은 4억 5,030만 달러에 팔렸다.[10] 미술작품으로서는 사상 최고가였다. 그렇게 짧은 시간 동안 작품 가격이 상승한 이유는 무엇일까? 그 12년 동안 미술 전문가들은 〈구세주〉가 레오나르도 다빈치의 작품이라는 결론에 도달했기 때문이다. 다시 말해 똑같은 작품이 다빈치가 그렸다는 이유로 그 가치가 4만 5,000배 높아졌다.

모나리자 효과와 다빈치 효과로 움직이는 세계에서 훌륭한 작품 만들기를 꿈꾸는 예술가들은 어떻게 해야 할까? 사람들이 이 두 가지 효과에 대응하는 가장 흔한 방법은 징징대는 것이다. "인생은 너무 불공평해! 사실은 저 작품이 내 작품보다 나을 게 없는데."

평소에는 나도 징징대는 것에 찬성이다. 그리고 내가 성인으로 살아가면서 주로 사용하는 대처법이 징징대는 것이라고 해도 과언이 아니다. 하지만 솔직히 말해 데이터는 징징대기를 정당화하는 논리를 확실하게 기각한다. 과학자들은 예술가로 성공한 사람들, 곧 예술 분야에서 성공의 무작위성을 자신에게 유리하게 만든 사람들의 패턴을 발견했다. 게다가 특정한 회화 기술 또는 가창 실력과 달리, 예술가들이 자신에게 본래 주어진 것보다 많은 행운을 얻기 위해 활용하는 이런 기술들은 예술가가 아닌 사람도 활용할 수 있다.


## 스프링스틴 법칙: 돌아다니면서 기회를 찾아라

성공을 수학적으로 연구하는 물리학자 바라바시, 그리고 새뮤얼 P. 프레이버거Samuel P. Fraiberger가 이끄는 과학자 팀은 예술 분야에서 성공을 예측하는 요소를 알아보는 연구를 진행했다.[11] 그들은 화가들의 전시와 경매 정보를 모아놓은 매그너스Magnus라는 앱을 바탕으로 예술적 성공에 관한 방대한 데이터세트들을 구축했다.

연구진은 화가 49만 6,354명의 이력에 관한 데이터를 확보했다. 그러고는 화가들 한 명 한 명이 주로 어디에 작품을 전시했으며 작품을 얼마에 판매했는지를 알아냈다.

연구자들은 맨 먼저 '다빈치 효과'와 비슷한 현상을 발견했다. 어느 화가가 명망 높은 화랑에서 작품을 선보이고 나면 그 화가의 성공 확률은 수직 상승했다. 뉴욕의 구겐하임미술관이나 시카고미술관과 같은 정상급 미술관에서 전시회를 열었던 화가들이 10년 뒤에도 작품 활동을 계속할 확률은 39퍼센트였다. 그 화가들 중 절반 이상이 그 전시 이후에도 줄곧 명망 높은 화랑에서 전시회를 열었다. 그 화가들이 판매한 작품의 최고 가격은 평균 19만 3,064달러였다. 명망 높은 화랑에서 작품을 전시하지 못했던 화가들의 미래는 장밋빛이 아니었다. 이 화가들의 86퍼센트는 10년 뒤에 작품 활동을 하고 있지 않았다. 그들이 일류 화랑에 진출하지 못하고 화가 생활을 끝낼 확률은 89.8퍼센트였다. 그들이 판매한 작품의 최고 가격은 평균 4만 476달러에 그쳤다.

과학자들의 분석에 따르면, 어느 화가의 작품이 일류 화랑에 전시된 다음부터 그 화가는 미술계에서 보증을 받은 내부자가 된다. 미술관 큐레이터들은 기꺼이 그 화가의 작품을 전시하고, 사람들은 기꺼이 그 화가의 작품을 구입한다. 데이터는 이 운 좋은 소수 화가들의 인생이 술술 잘 풀린다는 것을 확연히 보여준다. 점점 더 큰 성공과 돈이 그들에게 굴러들어온다.

한번 보증을 받은 화가가 성공하기가 얼마나 쉬운지를 알고 나면 당신은 성을 내며 징징댈지도 모른다. "내 작품이 저 사람 것보다 나은데." 주류에 들어가지 못한 화가는 이렇게 말할 수도 있다. "사람들이 저 화가의 작품을 구입하는 이유는 미술관이 저 화가를 띄워주기 때문이야." 하지만 이렇게 징징대는 말에는 중요한 사실 하나가 빠져 있다. 주류에 진입한 화가들도 대부분은 바깥에서 출발한 사람들이다. 경력이 순조롭게 발전하는 보증수표 화가가 되기 위해서 그들도 뭔가를 해야 했다.

프레이버거와 동료 과학자들이 수행한 화가들의 이력 연구는 바로 이 지점에서 흥미로워진다. 그들은 비주류 화가에서 보증수표 화가로 성공적으로 이행한 화가들에게서 하나의 공통적인 전략을 발견했다. "그들은 초창기부터 집요하고 끈질기게 탐색했다."

연구자들은 비주류 화가들이 두 범주로 나뉜다는 사실을 알아냈다. '범주 1'에 속하는 화가들은 작품을 동일한 화랑에 계속 전시했다. '범주 2'에 속하는 화가들은 작품을 세계 곳곳의 여러 화랑에 전시했다. 아, 물론 구겐하임미술관에서는 그들의 작품을 받아주지 않았다(그들은 아직 주류가 아니었으니까). 하지만 이 화가들은 기회 사냥꾼처럼 자신의 작품을 받아주는 다른 화랑들을 찾아냈다.

범주 1과 범주 2의 차이점을 알아보기 위해 각 범주에 속하는 화가 한 명씩의 전시 일정표를 가져왔다. 우선 '범주 1'에 속하는 어느 화가의 전시 일정표를 보자. 이 화가는 비주류로서 결정적인 성공을 한 번도 거두지 못했다.

**'범주 1'에 속하는 화가의 젊은 시절 전시 일정표[12]**

| 전시 일자 | 도시 | 나라 | 기관명 |
|---|---|---|---|
| 2004-02-13 | 와이타케레 | 뉴질랜드 | 코번 아트센터(CEAC) |
| 2005-02-15 | 헌베이 | 뉴질랜드 | 멜라니 로저 화랑 |
| 2006-03-14 | 헌베이 | 뉴질랜드 | 멜라니 로저 화랑 |
| 2007-04-17 | 헌베이 | 뉴질랜드 | 멜라니 로저 화랑 |
| 2007-10-02 | 헌베이 | 뉴질랜드 | 멜라니 로저 화랑 |
| 2008-04-15 | 헌베이 | 뉴질랜드 | 멜라니 로저 화랑 |
| 2008-07-05 | 로어헛 | 뉴질랜드 | 다우즈미술관 |
| 2008-09-09 | 헌베이 | 뉴질랜드 | 멜라니 로저 화랑 |
| 2009-02-11 | 헌베이 | 뉴질랜드 | 멜라니 로저 화랑 |
| 2009-08-29 | 크라이스트처치 | 뉴질랜드 | 크라이스트처치 아트 갤러리 테 푸나 오 와이웨투 |
| 2009-10-21 | 헌베이 | 뉴질랜드 | 멜라니 로저 화랑 |
| 2010-11-24 | 헌베이 | 뉴질랜드 | 멜라니 로저 화랑 |
| 2010-11-30 | 웰링턴 | 뉴질랜드 | 바틀리 앤드 컴퍼니 아트 |
| 2011-01-26 | 헌베이 | 뉴질랜드 | 멜라니 로저 화랑 |
| 2011-10-04 | 웰링턴 | 뉴질랜드 | 바틀리 앤드 컴퍼니 아트 |

'범주 1'에 속하는 이 화가는 작품을 자기가 사는 나라의 동일한 화랑에 반복적으로 전시했다는 사실을 알 수 있다.

다음으로 '범주 2'에 속하는 화가의 전시 일정표를 보자. 이 사람은 대성공을 거둔 독일 화가 다비드 오스트롭스키David Ostrowski임을 밝혀둔다.

## '범주 2'에 속하는 화가의 젊은 시절 전시 일정표

| 전시일자 | 도시 | 나라 | 기관명 |
|---|---|---|---|
| 2005-10-19 | 쾰른 | 독일 | 미술과 음악을 위한 공간 e.V. |
| 2005-11-13 | 외펜 | 벨기에 | 외펜 현대미술관(IKOB) |
| 2006-10-20 | 컬버시티 | 미국 | 페테화랑 |
| 2006-10-25 | 쾰른 | 독일 | 미술과 음악을 위한 공간 e.V. |
| 2007-09-03 | 뒤셀도르프 | 독일 | ARTLEIB |
| 2007-12-07 | 쾰른 | 독일 | 미술과 음악을 위한 공간 e.V. |
| 2008-09-07 | 뒤셀도르프 | 독일 | 퍼스트 플로어 컨템퍼러리 |
| 2008-10-11 | 타이페이 | 타이완 | 아키화랑 |
| 2010-06-26 | 뒤셀도르프 | 독일 | PARKHAUS (말카슈텐 공원 내) |
| 2010-07-03 | 헬싱외르 | 덴마크 | 문화의 집 |
| 2010-11-13 | 밴쿠버 | 캐나다 | 304 데이즈 화랑 |
| 2011-02-25 | 뮌헨 | 독일 | 탄츠슐레 프로젝트 |
| 2011-03-06 | 헤이그 | 네덜란드 | 네스트 |
| 2011-06-23 | 쾰른 | 독일 | 필립 폰 로젠 화랑 |
| 2011-07-01 | 함부르크 | 독일 | 게겐바르트미술관 |
| 2011-11-18 | 쾰른 | 독일 | 마이크 포터 프로젝트 |
| 2011-12-03 | 암스테르담 | 네덜란드 | 네덜란드 미술협회 |
| 2012-01-28 | 쾰른 | 독일 | 베르트홀트 포트 |
| 2012-02-25 | 취리히 | 스위스 | 볼테랑 |
| 2012-03-02 | 쾰른 | 독일 | 필립 폰 로젠 화랑 |
| 2012-03-03 | 암스테르담 | 네덜란드 | 암스텔 41 |
| 2012-03-09 | 쾰른 | 독일 | 쾰른버그 문화회관 e.V. |
| 2012-03-22 | 런던 | 영국 | 로드 바튼 |
| 2012-03-24 | 쾰른 | 독일 | 야글라 전시관 |

| 2012-04-16 | 쾰른 | 독일 | 쿤스트그루페 |
|---|---|---|---|
| 2012-04-19 | 쾰른 | 독일 | 필립 폰 로젠 화랑 |
| 2012-04-26 | 베를린 | 독일 | 셉템베르 |
| 2012-04-28 | 라이프치히 | 독일 | 슈피너라이 |
| 2012-07-10 | 뉴욕 | 미국 | 슛 더 랍스터 |
| 2012-07-21 | 뒤셀도르프 | 독일 | 필라라-삼룽 현대미술관 |
| 2012-10-18 | 로스앤젤레스 | 미국 | ltd 로스앤젤레스 |
| 2012-11-03 | 취리히 | 스위스 | 볼테랑 |
| 2013-01-15 | 밀라노 | 이탈리아 | 브랜드뉴화랑 |
| 2013-03-01 | 베를린 | 독일 | 페레스 프로젝트 |
| 2013-03-07 | 쾰른 | 독일 | 쾰른 시립박물관 |
| 2013-04-01 | 브뤼셀 | 벨기에 | 미들마치 |
| 2013-04-03 | 상파울루 | 브라질 | 화이트큐브 |

오스트롭스키가 '범주 1'의 화가와 달리 여러 나라의 여러 화랑에서 작품을 전시했다는 점에 주목하라. 그는 "초창기부터 집요하고 끈질기게 탐색"했고, 기회가 찾아오면 장거리 출장도 마다하지 않고 응낙했다.

프레이버거 연구진은 '범주 2'에 속하는 화가들, 곧 오스트롭스키처럼 다양한 화랑에서 전시회를 열었던 사람들이 오랫동안 화가로서 성공을 누릴 확률이 여섯 배 높다는 결과를 얻었다.

왜 동일한 장소에서 여러 번 전시하지 않고 다양한 장소에서 전시하는 것이 성공을 예측하는 변수일까?

연구자들은 일관되게 화가의 명성을 높여주는 놀라운 화랑들이 있다는 사실을 데이터로 알아냈다. 해머미술관Hammer Museum, 디킨슨Dickinson, 화이트큐브White Cube 같은 곳들이다. 이런 곳들은 아주 유명한 화랑은 아니었고, 당시에는 덜 유명한 화랑 중에 어느 화랑이 화가들에게 기회를 열어줄지 예측할 방법이 없었다. 하지만 여러 장소를 다니며 전시회를 열었던 화가들은 이런 화랑 중 한 곳을 우연히 만나 기회를 잡을 확률이 높았다. 출장을 많이 다니지 않은 비주류 화가들은 이처럼 좋은 기회를 주는 전시회를 발견하지 못했다.

프레이버거 연구진의 화가들에 관한 빅데이터 연구를 알았을 무렵, 나는 브루스 스프링스틴이 출연하는 〈브로드웨이의 스프링스틴Springsteen on Broadway〉이라는 프로그램을 보고 있었다. 스프링스틴은 21세 때의 경험을 이야기했다. 그때 그는 저지쇼어의 고향 마을 술집에서 록앤드롤을 연주하면서 여러 해 동안 실력을 갈고닦은 뒤였다. 젊은 나이의 스프링스틴은 프레이버거 연구진이 빅데이터에서 찾아낸 교훈을 직관적으로 알아냈다. 재능만으로는 충분하지 않으므로 사람들의 눈에 띄기 위한 노력을 아끼지 않아야 한다는 것. 스프링스틴은 그가 했던 고민을 다음과 같이 설명했다.

나는 라디오를 들으면서 "나도 저 사람만큼 잘하는데" "내가 저 사람보다 나은데"라고 생각합니다. 그럼 나는 왜 라디오에 출연하지 못할까요? 나는 망할 놈의…… 캠핑카 안에서 살고 있었으니까요. 그곳에는 아무도 없고, 아무도 나를 찾아오지 않았어요. 그곳은 무덤이었죠. 1971년에 누가 저지쇼어까지 와서 미래의 스타를 발굴하

려고 했겠어요? 그런 사람은 하나도 없었죠.[13]

스프링스틴은 '범주 1'에 속하는 화가처럼 살아갈 뻔했다. 그의 예술을 같은 장소에서 계속 선보이면서 누군가 알아주기를 바랄 수도 있었다. 하지만 스프링스틴은 자신의 문제를 인식했으며 '범주 2'에 들어갈 방법도 알아냈다. '범주 2'에 속하는 예술가들은 분주히 전 세계를 돌아다니며 기회를 잡으려고 애쓴다.

방송에서 스프링스틴은 그가 21세 때 밴드 멤버들과 의논했던 일을 회상했다. "저는 밴드 멤버들을 다 모아놓고 이렇게 말했어요. '우리가 사람들의 눈에 띄거나, 누군가가 우리의 음악을 듣거나, 누군가가 우리를 발견하려면 우리는 저지쇼어라는 좁은 땅을 벗어나 미지의 장소로 모험을 떠나야 해.'"

스프링스틴은 샌프란시스코에 인맥을 가진 친구에게 부탁해서 3일 뒤 캘리포니아주 빅서 음악축제에서 새해 전야 공연을 해달라는 초청을 받았다. 그의 밴드 멤버들은 화물 겸용 승용차를 타고 대륙을 가로질렀다. 차에 기름을 넣을 때만 빼고 계속 달렸다.

그 뒤로 몇 년 동안 스프링스틴은 '범주 2'에 속하는 화가의 삶을 살았다. 전국을 누비고 다니면서 모든 소규모 연주 기회를 마다하지 않았고 음악인들과의 만남도 무조건 승낙했다. 때때로 음반 제작사의 오디션 기회를 얻었는데 매번 탈락했다. 마침내 여행 중에 만난 음악가 친구가 자신이 아는 연예인 매니저에게 그를 소개했다. 그 만남을 계기로 그는 뉴욕시의 컬럼비아레코드Columbia Records에서 오디션 기회를 얻었고, 보기좋게 통과해 첫 음반 계약을 체결했다. 그로써 그는 성공의 문턱에 다다랐고, 그의 경력은 언덕을 굴러 내려가며 저절로 커지는 눈덩이처럼 불어났다. 오늘날 사람들은 그가 브루스 스프링스틴이라는 이유만으로 그의 노래를 듣고 싶어한다. 하지만 그가 음악을 처음 시작했을 때는 아무도 그의 노래를 듣고 싶어하지 않았다. 그는 그저 저지쇼어에서 온 아무개일 뿐이었다.

우리는 브루스 스프링스틴이 오늘날의 브루스 스프링스틴이 된 이유는 시적인 노랫말과 에너지 넘치는 콘서트 때문이라고 생각한다. 우리는 그렇게 강렬한 무대를 만드는 사람은 세계적인 예술가가 될 수밖에 없다고 생각한다. 물론 그것은 반드시 필요한 조건이다. 하지만 그것만으로는 충분하지 않다. 브루스 스프링스틴이 브루스 스프링스틴인 이유는 그가 21세부터 차를 몰고 장거리 여행을 하면서 새해 전야 공연에서 자신의 음악을 선보였기 때문이다. 재능으로는 스프링스틴에게 뒤지지 않는데도 매그너스 앱 데이터에서 발견된 '범주 1'의 화가들처럼 자기 고향의 같은 장소에서 계속 연주하면서 누군가가 알아주기를 기다리다가 실패하는 사람도 많다. 예술가로 성공하려면 재능만으로는 안 된다. 누군가가 당신을 발견할 확률을 높일 수 있다면 기꺼이 차를 몰고 대륙을 횡단해야 한다. 스프링스틴은 다비드 오스트롭스키를 비롯해 수많은 성공한 예술가와 마찬가지로 자신의 행운을 직접 만들었다.

당신이 예술가가 아니더라도 상관없다. 빅데이터가 밝혀낸 예술가의 교훈은 다른 분야에도 적용할 수 있다.

당신이 순전히 실적으로만 평가받는 분야에 몸담고 있다면 여기저기 돌아다니며 기회를 찾아볼 필요는 없을 것이다. 세계 최고의 미식축구 예비 선수들이 '프로 데이Pro Day'에 자기 대학에서 경기를 하면 스카우터들이 모두 찾아와서 그들을 지켜본다.

하지만 대다수 분야는 스포츠보다는 예술과 공통점이 많다. 당신의 분야가 실력을 측정하기 어려울수록 화가들에게 적용되는 법칙이 당신에게도 도움이 될 것이다.

당신이 일생일대의 기회를 아직 잡지 못했다면, 빅데이터가 밝혀낸 성공하지 못한 예술가들처럼 행동해서는 안 된다. 당신의 재능을 알아주지 않는 무심한 선임들 밑에 계속 머물러서는 안 된다. 유능한 사람들이 수십 년 동안 똑같은 자리에 앉아 있는 회사는 피해야 한다. 당신이 고용된 회사가 해머미술관, 디킨슨, 화이트큐브 같은 곳이 아니라면 그곳을 뛰쳐나와야 한다. 지금까지 당신이 있는 곳으로 기회가 찾아오지 않았다면 앞으로도 기회가 당신을 찾아올 가능성은 적다.

당신의 행운 사건을 발견하러 떠나라!


## 피카소의 법칙:
## 다작으로 행운이 굴러들어오게 하라

캘리포니아대학교 심리학 교수인 딘 사이먼턴Dean Simonton은 이제는 전설이 된 연구를 통해 매력적인 상관관계를 발견했다. 바로 작품을 많이 발표하는 예술가들에게 걸작도 많다는 것이다. 사이먼턴은 다양한 분야에서 작품의 양과 작품의 우수성(여러 가지 방법으로 평가함) 사이에 상관관계가 있다는 사실을 알아냈다.[14]

어느 시대에나 유명한 화가들, 걸작으로 간주되는 작품을 가장 많이 내놓은 화가들은 걸작을 얻기 위해 놀랄 만큼 많은 작품을 제작했다.

애덤 그랜트Adam Grant가《오리지널스Originals》라는 훌륭한 책에서 설명한 대로 셰익스피어William Shakespeare는 20년 동안 37편의 희곡을 썼고, 베토벤Ludwig van Beethoven은 600개가 넘는 곡을 작곡했으며, 밥 딜런Bob Dylan은 500곡이 넘는 노래를 작곡했다. 하지만 작품 수에서 타의 추종을 불허하는 사람은 파블로 피카소가 아닐까 한다. 피카소는 1,800점의 채색화와 1만 2,000점의 드로잉을 발표했는데, 그중 소수의 작품만이 널리 알려져 있다.

다작이 예술가의 성공을 예측하는 지표가 되는 이유는 무엇일까?

이 상관관계에 대한 설명은 여러 가지가 있을 수 있다. 그중 하나는, 남다른 재능을 가진 예술가들은 다작을 하면서도 훌륭한 작품을 만들어내기가 남들보다 쉽다는 것이다.

전성기의 밥 딜런은 곡을 워낙 많이 써서 자기가 뭘 작곡했는지도 잊어버리곤 했다.

어느 날 딜런이 친한 친구 존 바에즈Joan Baez와 함께 차 안에 있었는데, 라디오 방송에서 바에즈가 부른 노래가 나왔다. 딜런은 〈사랑은 그냥 네 글자 단어Love Is Just a 4 Letter Word〉라는 노래를 처음 듣고 곡이 마음에 든다고 말했다.

"노래가 참 좋네." 딜런이 칭찬했다.

"네가 작곡했잖아."[15] 바에즈가 대답했다.

작품의 양과 예술가의 명성이 상관관계를 지니는 또 하나의 이유로 일찍부터 성공한 예술가들은 후원을 받아서 작품을 더 많이 제작했으리라는 추측도 가능하다.

그러나 다작과 성공의 상관관계를 설명하는 또 하나의 중요한 가설이 있다. 작품을 많이 제작하는 예술가들이 행운을 잡을 기회가 더 많다는 것.

다음과 같이 생각해보자. 예측 불가능한 사건들이 때때로 엄청난 성공으로 이어진다는 의미에서 특정한 예술작품의 성공은 복권 당첨과도 비슷한 일이다. 만약 당신이 다른 예술가들보다 복권을 더 많이 가지고 있다면 행운을 차지할 기회 역시 많아진다.

예술가로서 작품을 많이 발표하는 일은 매우 중요하다. 때때로 예술가들은 자신이 언제 걸작을 생산할지 예측하지 못하기 때문이다. 베토벤이 쓴 편지들을 정밀 분석한 한 연구에 따르면, 베토벤 자신은 작곡을 해놓고 마음에 들지 않는다고 썼는데 세상은 그 곡을 걸작으로 간주한 경우가 여덟 번 이상이었다.[16]

영화감독 우디 앨런Woody Allen은 〈맨해튼Manhattan〉이라는 영화의 편집을 끝마치고 결과물이 몹시 마음에 들지 않아서 영화 배급사인 유나이티드아티스츠United Artists에 그 영화를 개봉하지 말아달라고 요청했다. 심지어 그는 〈맨해튼〉을 세상에 공개하는 것이 어찌나 창피했던지 제작비를 받지 않고 다른 영화를 만들어주겠다고 제안했다. 유나이티드아티스츠는 앨런의 제안을 받아들이지 않았다. 그리고 〈맨해튼〉은 개봉하자마자 걸작이라는 평을 받았다.

브루스 스프링스틴은 3집 음반인 〈본 투 런〉을 완성하고 나서 그 음반을 창피해했다고 한다. 스프링스틴은 이렇게 말했다. "내 평생 그렇게 쓰레기 같은 음반은 처음이었어요."[17] 그는 그 음반을 발매하지 않을 생각까지 했는데, 제작자인 존 란다우Jon Landau가 그를 설득해서 음반이 세상에 나왔다.

주제곡인 〈본 투 런〉과 함께 〈선더 로드Thunder Road〉 〈정글랜드Jungleland〉 〈텐스 애비뉴 프리즈아웃Tenth Avenue Freeze-Out〉 등의 곡이 담긴 그 음반은 대성공을 거두었다. 그 덕분에 스프링스틴은 《타임Time》과 《뉴스위크Newsweek》 표지에 실렸고 《롤링스톤Rolling Stone》 지로부터 "장엄하다"는 평을 들었으며, 음반은 뒷날 역사상 가장 훌륭한 록앤드롤 음반 중 하나로 손꼽히게 됐다.

다행히 베토벤, 앨런, 스프링스틴은 주저하면서도 자신의 작품을 세상에 내놓았다. 그러나 그들만큼 찬사를 받아본 적이 없는 수많은 예술가는 그런 행동을 하지 않는다. 그들은 자신의 작품을 내놓기도 전에 폐기해버린다.

물론 예술가들이 자기 작품 중에 어느 것이 좋은 평가를 받을지 정확히 판단할 수 있다면 그들이 무엇을 세상에 내놓을지를 신중하게 선별해도 아무 문제가 없다. 하지만 작품에 대한 반응은 미리 판단할 수가 없다. 그러므로 예술가들은 자신의 작품이 세상에 노출되는 횟수를 줄이고 싶은 유혹을 피해야 한다. 작품을 많이 내놓으면 세상은 때때로 큰 성공을 선물함으로써 그들을 놀래킨다.

양의 중요성은 예술이 아닌 분야에도 적용될까?

사실 사이먼턴은 과학에서도 유사한 상관관계를 발견했다. 논문을 가장 많이 발표하는 과학자들이 큰 상을 수상할 확률이 높았다. 학자들은 자신의 분야에서도 양과 성공의 상관관계를 찾아낸 셈이다.

## 데이트에 관한 피카소의 법칙

1장에서 우리는 특정한 사람들이 데이트 상대로 선호된다는 뚜렷한 증거를 살펴봤다.

1장에서 소개했던 '별로 놀랍지 않은' 사실 하나를 기억하는가? 매력적인 외모를 가진 사람들이 메시지에 답장받을 확률이 더 높다. 그리고 특별히 매력적이지 않은 사람들이 매력적인 사람들에게 메시지를 보내면 답장받을 확률은 낮아진다.

기억을 되살리기 위해 외모 선호에 관한 데이터 그래프를 다시 보자.

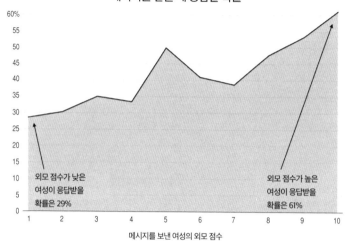

**가장 매력적인 남성들이 외모 점수가 다양한 여성들에게
메시지를 받을 때 응답할 확률**

외모 점수가 낮은
여성이 응답받을
확률은 29%

외모 점수가 높은
여성이 응답받을
확률은 61%

메시지를 보낸 여성의 외모 점수

〔출처〕히치, 호르타슈, 애리얼리(2010) 〔데이터〕제공: 귄터 히치, 가공: 데이터래퍼

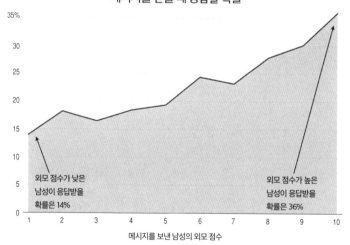

**가장 매력적인 여성들이 외모 점수가 다양한 남성들에게
메시지를 받을 때 응답할 확률**

외모 점수가 낮은
남성이 응답받을
확률은 14%

외모 점수가 높은
남성이 응답받을
확률은 36%

메시지를 보낸 남성의 외모 점수

〔출처〕히치, 호르타슈, 애리얼리(2010) 〔데이터〕제공: 귄터 히치, 가공: 데이터래퍼

앞에서도 말했지만 놀라운 결과는 아니었다. 데이터는 데이트의 세계에서 외모가 중요하다고 이야기한다.

하지만 1장에서 우리는 실제 응답률을 자세히 들여다보지는 않았다. 이제 이 숫자들을 자세히 들여다보자.

외모 점수가 낮은 남성(외모 백분위 1~10에 해당하는 사람)이 아주 매력적인 여성(외모 백분위 91~100에 해당하는 사람)에게 연락할 때 어떤 일이 벌어지는지를 보자.

데이터를 보기 전에 당신은 그 남성이 응답받을 확률을 얼마 정도로 예상했는가? 나라면 아주 작은 숫자를 불렀을 것이다. 1퍼센트? 어쩌면 2퍼센트? 기껏해야 3퍼센트? 외모 십분위의 맨 아래에 있는 남자들이 외모 십분위의 맨 위에 있는 여자들에게 데이트를 신청한다는 이야기 아닌가? 그러니까 1이 10에게 데이트를 신청하는 상황이다. 자기 분수에 맞지 않는 상대가 아닌가!

실제로 이런 상황에서 남성들은 14퍼센트 확률로 응답을 받았다. 여성들이 가장 매력적인 남성들에게 데이트를 신청하는 경우에는 숫자가 더 커졌다. 외모 백분위 1~10에 해당하는 여성이 외모 백분위 91~100에 해당하는 남성에게 응답받을 확률은 약 29퍼센트였다. 물론 모든 답장이 데이트로 이어지지는 않지만, 그중 일부는 이어진다.

그리고 사람들이 일반적으로 통용되는 기준으로 자기보다 우월한 사람들에게 연락했을 때 응답률이 예상외로 괜찮았다는 결과는 다른 연구들에서도 확인된다. 엘리자베스 E. 브러치Elizabeth E. Bruch

와 M. E. J. 뉴먼M. E. J. Newman은 다른 데이트 사이트에서 얻은 데이터를 다른 방법으로 분석해서 다음과 같은 결과를 얻었다. 그 데이트 사이트에서 매력 점수가 가장 낮은 남자들이 매력 점수가 가장 높은 여성들에게 메시지를 보냈을 때 응답률은 15퍼센트 정도였다. 매력 점수가 가장 낮은 여성들이 매력 점수가 가장 높은 남성들에게 메시지를 보냈을 때 응답률은 35퍼센트 정도였다.[18]

그리고 '생각보다 나쁘지 않은' 이 숫자들은 최적의 데이트 전략에 의미심장한 충고를 제공한다. '되도록 많은 사람에게 데이트를 신청하라.'

이런 식으로 생각해보자. 어느 온라인 데이트 사이트에 한 남자가 있는데, 브러치와 뉴먼이 설정한 매력 점수에 따르면 그는 점수가 가장 낮은 축에 든다. 그는 그 사이트에서 가장 매력적인 여성들 중 하나와 데이트할 날을 꿈꾼다. 1장에서 설명했지만 이것은 장기간 행복한 연애를 하기 위해 좋은 접근법이 아닐 수도 있다. 사람들이 선호하는 특징들이 반드시 연애의 장기적 성공으로 이어지지는 않기 때문이다. 하지만 그 점은 잠시 무시하자.

남자는 굉장히 매력적인 여성과 데이트를 하고 싶지만 스스로 자신이 전통적인 미남은 아니라는 사실을 알고 있다. 데이터에 따르면 그가 매력적인 여성에게 데이트를 신청할 경우 승낙받을 확률보다 거절당할 확률이 높다.

하지만 확률이 낮다는 건 그가 생각했던 것만큼 나쁜 일은 아니다. 만약 그가 매력적인 여성 여러 명에게 데이트를 신청한다면 "좋아요"라는 대답을 들을 확률은 생각보다 빠르게, 생각보다 많이 상승한다.

이제부터 수학적으로 문제를 풀어보자. 가장 매력 없는 남성들이 가장 매력적인 여성들에게 답장받을 확률이 15퍼센트라는 브러치와 뉴먼의 추산을 활용하면 된다.

가장 매력 없는 한 남자가 매력적인 여자 한 명에게 데이트를 신청한다면 답장받을 확률은 15퍼센트다. 만약 그가 매력적인 여자 네 명에게 데이트 신청을 한다면 그중 적어도 한 명에게 답장받을 확률은 48퍼센트로 뛰어오른다. 만약 그가 매력적인 여자 열 명에게 데이트 신청을 한다면 그중 적어도 한 명에게 답장받을 확률은 80퍼센트가 된다. 그리고 그가 매력적인 여자 30명에게 데이트 신청을 한다면 그중 적어도 한 명에게 답장받을 확률은…… 잠깐만! 99퍼센트까지 올라간다.

게다가 매력 없는 여성이 매력적인 남성에게 연락할 때는 숫자가 더 커진다. 데이터에 따르면 이 경우에 답장받을 확률이 더 높기 때문이다. 그래서인지 또 한 편의 연구에서는 이성애자 여성들이 남성들과 접촉을 많이 하면 더 매력적인 남성과 짝이 될 확률이 높아진다는 결론이 나왔다.[19]

데이트의 세계에서는 시도를 많이 할수록 행운을 얻을 확률이 높아진다. 피카소가 아주 많은 작품을 세상에 내놓음으로써 세상이 그중 몇 점을 인정하게 만들었던 것처럼, 연애의 세계에서는 데이트 신청을 많이 하는 사람이 잠재적인 데이트 상대들로부터 승낙받을 가능성이 높아진다.

그리고 예술과 마찬가지로 데이트에서도 미리 포기하지 않는 것이 중요하다. 예술가들이 자기 작품의 질을 판단하지 못했다는 이야기들을 기억하는가? 베토벤은 자신이 작곡한 가장 훌륭한 곡들 중 다수가 형편없다고 생각했다. 우디 앨런은 영화 〈맨해튼〉을 개봉하면 망신당할 거라고 생각했다. 그리고 스프링스틴은 음반 〈본 투 런〉을 "쓰레기"라고 생각했다. 훌륭한 예술가들은 반응이 좋지 않을 것이 걱정되더라도 일단 예술작품을 세상에 내놓는다. 그러면 세상이 그들에게 뜻밖의 좋은 소식을 전해줄 확률도 높아진다.

자기 머릿속 생각에 갇혀서 자신이 원하는 남성 또는 여성과 데이트할 기회는 없을 거라고 단정해버리는 사람이 얼마나 많을까? 자신이 원하는 남성 또는 여성은 자신보다 훨씬 우월하다고 생각해서 그 사람에게 데이트 신청조차 하지 않는 사람이 얼마나 많을까? 자신을 '쓰레기'라고 생각하거나, 자신이 매력적인 사람들에게 데이트를 신청하면 망신만 당할 거라고 생각하는 사람이 얼마나 많을까?

수학적으로 따지면 그런 불안에 휩쓸리는 건 분명히 실수다. 등록정보상 당신보다 인기가 많아 보이는 사람에게 데이트를 신청해서 승낙받을 확률은 아주 낮을지도 모른다. 하지만 그 확률은 불가능과는 상당한 거리가 있다.

데이터가 알려주는 이 교훈을 나는 실생활에서도 배웠다. 35세가 될 때까지 나는 여성에게 데이트를 신청하는 일에서 파블로 피카소와는 거리가 멀었다. 내가 여성에게 데이트를 신청한 횟수는 한 손으로 꼽을 수 있을 만큼 적었다.

대학원 시절, 나는 어느 똑똑하고 아름다운 여성에게 반해버렸다. 나는 그녀와 농담 따먹기를 하곤 했지만 데이트를 신청할 용기는 내지 못했다. 그건 터무니없는 일 같았다. 내가? 그녀와? 어림없는 소리지!

한참 뒤에 나는 그녀도 내가 데이트를 신청하기를 원하고 있었다는 사실을 알게 됐다. 그리고 내가 데이트를 신청했다면 그녀는 승낙했을 거라는 사실도.

고맙게도 세월이 흐르는 동안 나는 좋은 짝을 만날 기회를 얻으려면 내가 적극적으로 나서야 한다는 사실을 깨달았다.

그러고는 줄리아를 만났다. 줄리아는 아름답고 똑똑하고 활기찬 데다 삶에 만족하고, 성장 마인드세트를 지니고 있고, 아주 성실한 여성이었다. 그 무렵 나는 여자가 승낙할 가능성이 없어 보여도 무조건 데이트 신청을 하고 있었다. 내가 나 자신의 기회를 먼저 빼앗는 일은 하지 않기로 결심했다. 나는 '아니요'라는 대답을 자주 들었지만, 때때로 '예'라는 대답도 들었다.

줄리아와 나의 첫 번째 데이트는 코로나19 대유행 기간에 이뤄졌다. 우리는 그녀의 집 옥상에서 술을 한 잔씩 했다. 나는 줄리아가 나에게 매력을 별로 느끼지 못한다는 느낌을 받았다. 그녀의 신체언어를 보니 왠지 데이트를 즐기지 못하는 것 같았다. 하긴, 줄리아가 왜 나한테 끌리겠는가? 줄리아는 나보다 5센티미터나 크고, 외모도 나보다 뛰어나고, 사교성 좋고, 호감 가는 유형인데 말이다.

오랫동안 갈고닦은 본능은 나 자신을 저버렸다. 그 자리를 박차고 나가서 그녀와 연락을 끊고 싶었다. 내가 줄리아에게 계속 만나고 싶다고 말하면 거절당할 거라는 확신이 들었다. 그런데 나는 나의 본능을 무시했다. 극도의 긴장 속에서 줄리아에게 저녁식사를 같이 하면 어떻겠느냐고 물었다. 첫 번째 저녁식사는 두 번째 데이트, 세 번째 데이트, 그리고 마침내 연애 1주년 기념일로 이어졌다. 연애를 하던 중 어느 날, 나는 첫 데이트 때 그녀의 마음이 어땠는지를 알게 됐다. 줄리아는 첫 번째 데이트에서 나를 만나자마자 매력을 느꼈고, 만약 내가 벌떡 일어나 나가버렸다면 크게 실망해서 자신의 모든 여자친구에게 문자메시지를 보내서 자기가 무슨 실수를 했는지 알아내려고 했을 거라고 말했다. 이러니 마음의 불안 때문에 상황을 오판하고 기회를 미리 박탈하려는 충동은 얼마나 위험한가!

크리스 매킨리Chris McKinlay 역시 데이트의 세계에서 사람들에게 선택받을 확률을 높이고 연애운을 좋게 하는 동력을 알아냈다.《와이어드Wired》가 "오케이큐피드를 해킹해서 진정한 사랑을 발견한 수학 천재"[20]라고 묘사한 매킨리가 행운의 짝을 만날 확률을 높인 방법은 사람들에게 데이트 신청을 더 많이 하는 것이 아니었다. 그는 영리하게도 사람들에게 자신의 프로필을 더 많이 노출하는 요령을 알아냈다.

남성이 여성의 프로필을 방문할 때마다 그 여성에게 알림이 전송된다는 사실에 주목한 매킨리는 데이터에 기반한 혁신을 활용했다. 그와 짝이 될 가능성이 있는 수많은 여성의 프로필을 방문하게 해주는 봇을 만든 것이다. 봇을 활용하면 그가 수동으로 방문하는 것보다 훨씬 많은 여성의 프로필을 방문할 수 있었다.

단지 그의 프로필을 확인하는 여성의 수를 늘린 것만으로 그에게 관심을 나타내는 여성의 수가 갑자기 늘어났다. 매킨리가 이 전략을 사용한 직후부터 하루 400명이 그의 프로필을 방문했고 하루 20개의 메시지가 왔다.

그래서 매킨리는 데이트를 아주 많이 하게 됐는데, 그중 88번째 데이트 상대가 크리스틴 톈 왕Christine Tien Wang이었다. 1년이 조금 지나서 두 사람은 약혼했다.

데이트는 숫자 게임이고, 매킨리는 시스템을 교묘하게 활용해서 그의 숫자를 높였다.


## 구직자를 위한 피카소의 법칙

심지어 구직할 때도 아주 많은 직장에 지원하면 경력이 크게 개선된다. 최근의 한 연구는 과학자 수백 명에게 구직 과정을 상세히 묻는 설문조사를 했다. 연구는 그들이 어디어디에 지원했는지, 어느 곳의 면접에 갔는지, 그리고 어떤 제안을 받았는지를 조사했다. 그 결과 어느 과학자가 한 곳에서 제안을 받기 위해서는 평균적으로 15개 학교에 지원해야 한다는 사실을 발견했다.[21]

그리고 이 연구를 수행한 학자들은 그들의 표본에 포함된 과학자들이 구직 활동을 충분히 하지 않고 있다는 증거를 찾아냈다. 과학자들은 지원을 많이 할수록 면접의 기회도 많이 얻었다. 그리고 여러 군데에서 제안을 받은 과학자들은 대부분 지원서를 많이 보낸 사람들이었다.

이것이 얼마나 충격적인 결과인지를 생각해보자. 과학자들은 자신이 꿈꾸는 교수직에 지원할 자격을 충족하기 위해 주당 60시간을 투입해서 온갖 일을 다 한다. 그러나 바로 그 과학자들의 대다수는 10여 시간을 더 투입해서 자신이 지원하는 학교의 범위를 넓히지는 않는다. 다양한 학교에 지원할수록 구직에 성공할 확률이 높아진다는 증거가 있는데도.

특별한 경우를 제외하고 학계의 일자리는 복권과도 같다. 그리고 그 복권에 당첨된 사람은 몇 시간을 더 들여서 복권을 몇 장 더 사 모은 사람일 것이다. 지원서를 많이 넣으면 좋은 결과를 얻을 확률이 높아진다. 좋은 결과란 취직이다.

데이터에 기반한 결정을 하는 사람들은 여러 지역을 많이 다니면서 자신을 홍보하는 것과 같은 일들을 통해 자신이 선택받아 성공할 확률을 높일 수 있다. 내가 좋아하는 표현으로 바꿔보자. '행운은 데이터에 기반해서 결정하는 사람을 좋아한다.'

데이터에 기반해 결정하는 사람들이 큰 기회를 얻을 확률을 높일 방법이 하나 더 있다. 그것은 외모를 개선하는 것이다. 이것은 너무나 중요한 주제라서 다음 장을 외모 이야기에 할애하려고 한다.

**다음 장에서는…**

어떻게 하면 가장 멋지게 보일 수 있을까? 머신러닝과 개인정보 데이터세트를 통해 알아낸 새로운 교훈을 소개한다.

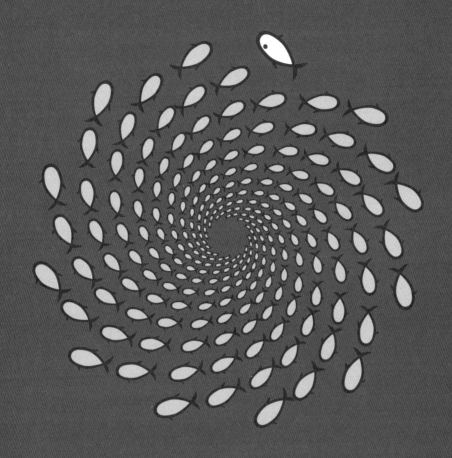

# 7장
## 데이터광의 외모 대변신

"나는 내 모습이 싫어요. 정말 싫어요." 내가 일곱 살 때 엄마에게 한 말이다. 어린 시절 나는 외모 때문에 놀림을 당했다. 친구들은 내 귀가 너무 크다고 말했다. 코는 너무 납작하고 이마는 너무 길다고 도 했다.

7세부터 39세까지, 내 얼굴에 관한 나의 감정은 약한 실망과 깊은 절망 사이를 왔다 갔다 했다. 사실 나는 첫 책《모두 거짓말을 한다》를 탈고하고 얼마 지나지 않아 심한 우울감에 시달리다가 새로운 심리치료사를 만났다. 그러고는 대뜸 이렇게 말했다. "저는 못생겼어요. 그게 내 인생을 망치고 있어요."

나는 수십 년 동안 외모에 대한 불안을 느끼면서도 외모를 개선하기 위해 본격적으로 노력해본 적은 없었다. 오히려 나의 외모가 마음에 들지 않으니까 외모에 에너지를 점점 적게 투입하는 방식으로 대응했다. 피부 관리를 하지 않았고, 옷을 아무렇게나 입었고, 머리가 길게 자라도 한참 동안 버텼다. 그리고 형편없는 외모에 관한 자기비하적인 농담을 많이 생각해냈다.

그러나 몇 달 전, 나는 마침내 외모를 개선하기 위한 행동에 나서기로 했다. 나 자신의 데이터를 직접 분석해서 나의 가장 좋은 모습을 알아내고 역사상 가장 특이한 외모 대변신을 시도했다. 어쩌면 나의 경험담이 당신에게도 당신 자신의 외모를 개선하기 위한 몇 가지 요령을 알려줄 수 있을 것도 같다.

나는 어떤 계기로 행동을 취하게 됐을까? 안면과학facial science 이론의 세계에 깊이 빠져든 것이 계기였다.

안면과학은 외모에 관한 두 가지 중요한 사실을 밝혀냈다. 첫째, 우리의 외모는 성공에 지대한 영향을 끼친다. 정말 우울한 이야기지만 외모는 사람들이 흔히 생각하는 것보다 훨씬 힘이 크다. 둘째, 우리는 외모를 획기적으로 개선할 수 있다. 그래도 위안이 되는 이야기다. 실제로 우리는 사람들이 흔히 생각하는 것보다 훨씬 멋지게 바뀔 수 있다.

## 외모는 중요하다

시카고대학교 교수 알렉산더 토도로프Alexander Todorov는 세계적인 안면 전문가다.[1] 높은 코, 조금 튀어나온 귀, 그리고 정겹고 호감 가고 지적으로 보이는 얼굴 구조를 가진 토도로프는 사람의 얼굴 생김새가 다양한 분야에서 그 사람의 성공에 어떤 영향을 끼치는가를 연구한다. (결론을 미리 말하면, 영향이 아주 크다.)*

---

* 토도로프는《얼굴에도 값이 있다Face Value》라는 매력적인 책을 썼다. 강력 추천!

예컨대 정치라는 아주 중요한 분야를 보자. 우리는 큰 선거에서 승리한 사람들은 어떤 이유로든 당선될 자격이 있는 사람들일 거라고 믿고 싶어한다. 어쨌거나 그들이 수십 조 달러를 어떻게 분배할지를 결정하니까. 우리는 그런 중요한 결정을 하라고 우리가 선출한 남녀 정치인들이 빼어난 지적 능력을 갖춘 사람이기를 바란다. 어쩌면 우리의 정치 지도자들은 가장 열심히 일하는 사람이거나 가장 현명한 정책을 생각해내는 사람들일지도 모른다.

하지만 알렉산더 토도로프를 비롯한 여러 연구자는 주요 선거의 승리자들이 대부분 얼굴로 유권자들의 마음을 사로잡는다는 사실을 입증했다.

한 연구에서 토도로프 연구진은 미국 상원의원 선거와 하원의원 선거에 출마한 후보자들의 얼굴 사진을 광범위하게 수집했다. 그들은 실험 참가자들을 모집해서 인종별로 후보자 두 명 중에 누가더 유능해 보이는지를 선택하게 했다. (실험 참가자들이 사진 속 정치인이 누군지 알아본 경우는 결과에 포함하지 않았다.)

혹시 당신이 심심풀이로 과학 연구를 재현하거나 사람들의 얼굴에 순위 매기기를 좋아한다면, 토도로프 연구진이 실험 참가자들에게 던졌던 질문들 중 하나에 답해보라.

사진 속의 두 사람 중에 누가 더 유능해 보이는가?

답을 정했는가?

짐작건대 당신은 오른쪽 남자를 '유능해 보이는 정치인'으로 골랐을 것이다.

당신이 진심으로 오른쪽 사람이 더 유능해 보인다고 생각했다면, 당신은 토도로프의 실험에 참가했던 사람들 대다수와 의견을 같이하고 있다. 실험 참가자의 90퍼센트가 오른쪽 남자가 왼쪽 남자보다 유능해 보인다고 답했다. 게다가 그들은 그런 결론에 이르기까지 오래 걸리지도 않았다. 오른쪽 남자가 더 유능해 보인다고 판단한 사람들은 평균적으로 약 1초 만에 답을 제출했다.

그렇다면 두 남자는 누구인가?

두 남자는 2002년 미국 몬태나주 상원의원 선거에 출마한 후보자들이다. 더 유능해 보인다는 판정을 받은 오른쪽 남자는 민주당 후보로 출마한 맥스 보커스Max Baucus, 왼쪽 남자는 공화당 후보였던 마이크 테일러Mike Talyor다.

　실험 참가자들 중 90퍼센트에게서 더 유능해 보인다는 평가를 받은 보커스는 양자대결로 치러진 선거에서 66퍼센트 득표율로 압도적인 승리를 거뒀다. 다시 말해 사람들이 단 1초 동안 사진을 보고 더 유능해 보인다고 판단한 후보자가 유권자들의 선택을 받았다.

　더 유능해 보이는 후보자가 선거에서 당선된다는 것, 여기서 하나의 패턴이 시작된다.

　연구자들의 실험 결과를 가지고 조금 더 놀 준비가 됐는가? 놀이를 즐기고 싶은 사람은 다음에 실린 두 쌍의 얼굴 사진을 보라. 둘 중 어느 쪽이 더 유능해 보이는지 각각 답해보라.

VS.

　이번에도 나는 당신의 대답을 짐작할 수 있다. 당신은 앞의 두 남자 중에서 오른쪽 남자를 선택했을 것이다. 그리고 위의 여자와 남자 중에서는 왼쪽 남자가 더 유능해 보인다고 생각했을 것이다.

　만약 당신의 대답이 맞다면 당신은 대다수 사람과 의견이 같다. 이 두 쌍의 얼굴 사진을 본 사람들 중 90퍼센트가 같은 선택을 했다.

　다시 말해 선거에서는 대다수 사람이 '더 유능해 보인다'고 말하는 얼굴들이 승리한다. 앞 사진의 오른쪽 남자는 공화당원 팻 로버츠Pat Roberts다. 그는 2002년 캔자스에서 82.5퍼센트의 표를 얻어 왼쪽의 자유주의자 스티븐 로실Steven Rosile을 누르고 승리했다. 위의 왼쪽 남자는 공화당원 저드 그레그Judd Gregg다. 그는 2004년 뉴햄프셔 상원의원 선거에서 66퍼센트의 표를 얻어 오른쪽 민주당원 도리스 해덕Doris Haddock을 이겼다.

실제로 토도로프 연구진이 연구 대상으로 삼은 모든 인종에서 다수의 참가자가 '더 유능하다'고 판단한 얼굴을 가진 사람이 상원의원 선거에서 71.6퍼센트, 하원의원 선거에서 66.8퍼센트 승리했다.[2] 그리고 혈통, 연령, 젠더와 같은 다른 요인들을 고려해서 계산했을 때도 선거에서 승리하는 데 '유능해 보이는 외모'의 중요성은 변함이 없었다.

토도로프 연구진의 연구가 알려주는 것처럼 얼굴만 봐도 아주 유능할 것 같은 사람들이 있는가 하면 그렇지 않은 사람들도 있다. 유권자들은 유능해 보이는 후보자를 선택하는 경향이 있다. 토도로프와 동료 연구자들은 연구의 결론을 다음과 같은 문장으로 요약했다. "〔유권자들은〕 우리가 생각하는 것만큼 생각이 깊지 않다."

1992년 대통령 선거에서 빌 클린턴Bill Clinton의 선거전략을 책임졌던 제임스 카빌James Carville은 유권자들이 가장 중요시하는 것이 무엇인가에 관해 다음과 같은 유명한 말을 남겼다. "바보야, 문제는 경제야." 하지만 연구 결과에 따르면 주요 선거에서 대중의 마음을 사로잡는 요인은 따로 있다. "바보야, 문제는 얼굴이야."

얼굴이 사람의 성공을 좌우하는 분야는 정치만이 아니다. 우리가 사람들의 얼굴을 보고 유능해 보이는지 여부만을 판단하는 것도 아니다. 우리는 어떤 사람의 얼굴을 보면서 그 사람이 얼마나 믿음직한가, 그 사람이 얼마나 똑똑한가, 그 사람이 얼마나 외향적이고 얼마나 에너지 넘치는가 등을 판단한다.

토도로프 연구진이 발견한 바에 따르면 정치 분야에서는 유능해 보이는 얼굴이 가장 중요하다. 하지만 다른 분야에서는 얼굴의 다른 요소들, 그리고 우리가 그 요소들에 근거해서 그 사람에 관해 짐작하는 다른 속성들이 더 중요하게 작용한다.

예컨대 군대라는 집단을 생각해보라.

연구자들은 육군사관학교에 입학한 생도들 중 누가 가장 큰 성공을 거둘지를 예측하는 요소를 알아보려고 했다. 그들은 각각의 생도가 사관학교에서 어떤 모습을 보여주었으며 졸업 후 20년 동안 어디까지 진급했는지를 데이터베이스로 만들었다.[3]

생도들이 어린 시절에 얼마나 부유한 가정에서 자랐는지, 학교에서 과목별로 어떤 점수를 받았는지, 여러 운동 종목에서 어떤 성적을 거뒀는지에 관한 데이터가 모였다. 마지막으로 연구자들은 모든 생도의 졸업사진을 가져와서 사람들에게 각각의 인상을 평가해달라고 부탁했다.

연구자들은 단 하나의 요인이 다른 어떤 요인들보다도 생도의 직업적 성공을 정확하게 예측한다는 사실을 발견했다. 그 요인은 가정의 경제적 형편도 아니었고, 얼마나 똑똑한가도 아니었고, 달리기가 얼마나 빠른가도 아니었다. 그런 요인들은 생도들 각각의 직업적 성공과 상관관계가 낮았다.

생도들의 직업적 성공을 가장 잘 예측하는 요인은 얼굴에 나타난 지배 성향이었다. 사람들이 '지배 성향이 강해 보인다'고 판단한 얼굴을 가진 사람은 대령에서 준장으로, 준장에서 소장으로, 그리고

지배 성향이 있는 얼굴

지배 성향이 부족한 얼굴

소장에서 중장으로 진급할 확률이 높았다.

다시 말해 미국 육군사관학교에 입학할 정도로 자질이 우수한 사람들 사이에서는 지배 성향이 있는 얼굴을 가진 사람들이 주도적인 역할을 하는 경향이 있다.

사람들의 얼굴과 그들이 받는 대우의 관계를 보여주는 연구는 제법 많다. 솔직히 말해서 이런 연구들을 보면 우울해진다. 인류가 이토록 속물적인 존재이고 우리 자신의 속물 근성이 이토록 많은 것을 좌우한다니 얼마나 슬픈 일인가.

또 이런 결과들은 최고의 얼굴을 타고나지 못한 보통 사람들에게는 희망이 없다고 말하는 것만 같다. 사람들이 유능하다고 봐주는 얼굴을 가지지 못했다면 정치인은 꿈도 꾸지 말아야 할까? 지배 성향이 낮은 얼굴을 가지고 있다면 군인이 되겠다는 꿈은 실현 불가능할까?

꼭 그렇지는 않다.

이 연구에는 재미있는 반전이 있다. 그리고 과학문헌에서 종종 발견되는 수많은 다른 반전들과 마찬가지로, 시트콤 〈사인펠드〉의 한 에피소드가 이 반전을 가장 잘 요약해서 보여준다.

## 당신의 외모는 보기에 따라 달라진다

시트콤 〈사인펠드〉 시즌 9의 10화에서 제리는 '두 얼굴'을 가진 그 웬이라는 여자와 사귄다. 그웬은 어떤 때는 매우 아름다워 보이지만 어떤 때는 못나 보인다. 어떤 조명 아래 있느냐에 따라 8점이 되기도 하고 2점이 되기도 한다.

10화 중반쯤에 제리는 친구 크레이머에게 그웬을 소개한다. 그때 그웬의 얼굴은 못나 보였다. 10화 뒷부분에서 크레이머는 길에서 한 여자와 우연히 마주쳤는데, 그녀를 알아보지 못한 채로 그녀에게 매력을 느낀다. 사실 그 여자는 적당한 빛 아래 있었던 그웬이었다. 그웬은 크레이머에게 자신이 제리와 사귄다고 이야기한다. 크레이머는 그럴 리가 없다며, 자신이 며칠 전에 제리의 여자친구를 만났는데 그녀보다 훨씬 덜 예쁘다고도 이야기한다.

이제 그웬은 제리에게 다른 여자친구가 있고, 크레이머가 말한 그 "덜 예쁜" 여자와 바람을 피우고 있는 것이 틀림없다고 믿는다.

10화 거의 마지막 장면에서 그웬은 또다시 아름다운 모습으로 등장해서 제리와 대면한다. 그녀는 제리에게 "예쁘지 않은" 여자와 바람을 피우고 있다는 걸 안다고 말한 다음 방을 뛰쳐나간다. 제리는 자신이 바람을 피우고 있지 않다고 외치며 그녀를 되찾기 위해 쫓아나간다. 하지만 어느 건물 입구에 서 있는 그웬에게 다가가려는 순간 그녀의 모습이 못나 보였다. 제리는 그녀와 계속 사귈 의욕을 잃고, 몸을 홱 돌려 가버린다.

"현관의 조명이 좋지 않았어." 제리가 중얼거린다.

과학적 연구에 따르면 우리 모두 어느 정도는 그웬과 비슷하다. 모든 사람은 때로는 아름다워 보이고 때로는 못나 보인다.

지금까지 소개한 모든 연구에서 토도로프와 같은 안면과학 연구자들은 사람들에게 특정인의 사진을 한 장만 보여주고 평가하도록 했다. 저드 그레그의 사진 한 장을 도리스 해덕의 사진 한 장과 비교하는 식이었다. 사람들은 두 사람의 사진을 각각 한 장씩 보면서 그레그와 해덕 중에 누가 더 유능해 보이는지를 판단했다. 사관생도들의 사진도 각기 한 장씩만 가지고 연구를 진행했다. 사람들은 그 한 장씩의 사진을 보면서 각각의 생도가 얼마나 지배 성향이 강해 보이는가를 판단했다.

마치 모든 사람이 유능함, 지배 성향, 매력이 고정된 얼굴을 가지고 있는 것만 같았다. 그리고 사람들이 어떤 노력을 해도 그런 속성은 바뀌지 않는 것만 같았다.

하지만 토도로프가 컬럼비아대학교의 제니 M. 포터Jenny M. Porter와 공동으로 진행한 연구는 아주 흥미진진했다. 그 연구에서는 특정한 사람의 사진을 한 장만 보여주고 평가하라고 하지 않았다. 연구자들은 사람들에게 같은 사람의 사진을 여러 장 보여주고 유능함, 매력, 신뢰도와 같은 여러 측면을 평가해달라고 요청했다.[4]

연구자들은 안면 인식을 위해 만들어진 데이터세트를 사용했다. 그 데이터세트에는 동일한 사람의 얼굴을 조금씩만 다르게 보여주는 사진이 5~11장씩 포함되어 있었다.

사진들은 서로 비슷했지만 어느 사진을 보여주느냐에 따라 실험 참가자들의 인식에는 큰 차이가 나타났다. 예컨대 다음 쪽에 나오는 두 남자의 각기 다른 사진 두 장씩을 보자. 실험 참가자들은 각 사진 속의 얼굴을 보고 그 사람에게 얼마나 신뢰가 가는지를 평가했다. 그 결과 누가 신뢰도가 높은지는 어떤 사진을 보여주느냐에 따라 달라졌다.

이런 패턴은 반복적으로 나타났다. 특정한 사람이 어떻게 인식되느냐는 그 사람의 어떤 사진을 보여주느냐에 따라 달라졌다.

매력 항목에서 평균 5점을 받은 사람은 어떤 사진을 보여주느냐에 따라 4점을 받기도 하고 6점을 받기도 했다. 매력 점수가 평균 3점인 사람은 어떤 사진을 보여주느냐에 따라 2점과 4점 사이를 오갔다. 다른 항목에서는 차이가 더 두드러졌다. 신뢰도 항목에서 평균 5.5점을 받은 사람은 어떤 사진을 보여주느냐에 따라 4점에서 7점까지 다양한 점수를 받았다.

사진들이 조금씩만 달랐다는 사실을 생각하면 평가 점수의 변동이 심했다는 것은 더욱 놀라운 일이다. 만약 조명과 미소가 조금

# 신뢰도

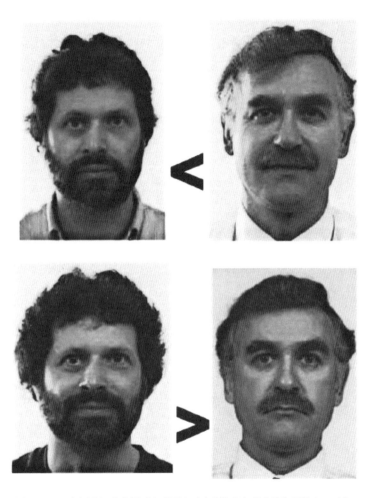

사진들은 FERET 데이터베이스에 허가를 받아 사용한다. 이 사진들은 원래 다음 논문에 수록됐다. P. J. Phillips, Hyeonjoon Moon, S. A. Rizvi and P. J. Rauss, "The FERET evaluation methodology for face-recognition algorithms," *IEEE Transactions on Pattern Analysis and Machine Intelligence*, vol. 22, no. 10, pp. 1090-1104, Oct. 2000, doi: 10.1109/34.879790.

만 달라져도 사람들의 매력이 2가 되기도 하고 4가 되기도 한다면 눈썹, 머리모양, 안경 등의 큰 변화가 생길 때는 매력의 차이가 더 커질 수도 있다.

## 세상에서 가장 독특한 외모 대변신

데이터를 이용해서 나의 외모를 개선할 수 있을까? 안면과학 연구 논문을 읽고 나서 내가 처음 했던 생각이다. 외모를 개선한다는 건 나에게는 혁명적인 생각이었다. 앞에서 말한 대로 나는 항상 나 자신이 못생긴 사람이라고 생각했고 그걸 나의 고정적인 특징으로 간주했다. 하지만 토도로프와 포터의 연구는 같은 얼굴이라도 어떻게 보여주느냐에 따라 많이 달라 보일 수 있다고 알려준다. 그렇다면 나도 내 얼굴이 세상 사람들에게 가장 멋져 보이게 하는 방법을 찾을 수 있지 않을까?

그런데 내 얼굴의 최고로 매력적인 모습을 어떻게 찾아야 할까?

나는 그저 직감에만 의존하고 싶지는 않았다. 수십 년 동안의 심리학 연구에 따르면 사람들은 자신이 남들에게 어떻게 보이는지를 정확하게 판단하지 못한다. 수많은 편견이 우리가 우리 자신을 명료하게 인식하는 것을 방해한다. 그리고 만약 자신의 외모가 남들에게 어떻게 인식되는지를 잘 모르는 사람이 있다면, 그게 바로 나다. 나에게는 확실히 외부인의 의견이 필요했다.

외모를 개선하기 위한 나의 노력은 3단계(셋 다 매우 현대적인 방법)로 이뤄졌다. 인공지능, 신속한 시장조사, 통계학적 분석. 무슨 얘기냐 하면, 내가 비록 튀어나오지 않은 귀, 아담한 코, 표준 사이즈 이마를 갖지는 못했을지언정 내 외모를 개선하기 위해 통계 분석을 하는 능력은 확실히 가졌다는 말이다!

## 당신이 어떨 때 가장 매력적인지 알아보는 3단계 접근법

**1단계(인공지능)** 나는 페이스앱FaceApp이라는 앱을 내려받았다. 페이스앱은 인공지능을 활용해 사진을 변형해준다. 페이스앱을 잘 모르는 독자들을 위해 설명하자면, 페이스앱은 다음과 같이 작동한다. 당신은 얼굴 사진을 한 장 올린 다음 설정을 이리저리 바꿔서 사진을 변형할 수 있다. 수정된 사진은 깜짝 놀랄 만큼 진짜 같다. 당신의 머리모양, 피부색, 눈썹, 안경, 미소 따위를 자유자재로 바꿔볼 수 있다.

나는 내 얼굴을 변형해서 100가지도 넘는 사진을 만들었다. 다음 쪽에는 내가 최종적으로 선택한 사진 여섯 장이 있다.

**2단계(신속한 시장조사)** 나의 여러 가지 얼굴에 관해 신속하게 시장조사를 수행했다. 내 친구 스펜서 그린버그Spencer Greenberg가 만든 두 가지 프로그램인 가이드트랙GuidedTrack과 포시틀리Positly를 사용

## (인공지능이 생성한) '나'의 여러 모습

했다. 이 프로그램들을 사용하면 누구나 적은 비용으로 빠르게 설문조사를 수행할 수 있다. 나는 사람들에게 각각의 사진에 대해 사진 속의 인물이 얼마나 유능해 보이는지를 1부터 10까지의 척도로 답해달라고 요청했다. (여러 장의 사진에 점수를 매기기 위해 포토필러닷컴photofeeler.com이라는 웹사이트를 활용할 수도 있다.)

나는 사람들이 페이스앱으로 만든 사진들 중 어느 사진을 보느냐에 따라 나에게 매기는 점수의 차이가 커진다는 사실을 알아냈다.

예컨대 다음 쪽 첫 번째 사진 속의 나는 유능 점수가 10점 만점에 5.8점이었다. 이는 내가 실험해본 사진들 중에서도 낮은 점수에 해당한다.

그 아래의 사진을 보여주었을 때 나는 '유능' 항목에서 10점 만점에 7.8점을 받았다. 이것은 내가 받은 점수 중에 가장 높은 점수였다.

토도로프와 포터가 발견한 것처럼, 그리고 사인펠드가 말했던 것처럼, 사람들의 눈에 비치는 '나'는 크게 달라질 수 있다.

**3단계(통계 분석)** 나는 통계 프로그래밍 언어인 R을 사용해서 스타일에 관한 나의 결정이 사람들의 나에 대한 인식에 영향을 끼치는 패턴을 알아봤다. 그런 과정을 거치면서 나의 어떤 요소가 사람들이 인식하는 나의 모습에 가장 큰 영향을 주는지를 알아낼 수 있었다.

그래서 내가 무엇을 알아냈느냐고?

나를 '유능'해 보이게 만드는 요소는 안경을 쓰는 것이었다. 안경을 쓰면 나는 10점 만점 척도에서 약 0.8점을 더 얻었다. 나는 깜짝 놀랐다. 그전까지는 나에게 안경이 전혀 어울리지 않는다고 생각해서 되도록이면 콘택트렌즈를 착용했기 때문이다. 다시 말해 데이터는 나에게 안경을 쓰지 않으려는 나의 본능을 폐기하라고 말하고 있었다.

'유능' 항목에서 내 점수를 두 번째로 많이 높여준 요소는 턱수염이었다. 턱수염이 있을 때 나는 '유능' 항목에서 약 0.35점을 더 얻었다. 서른 살이 되기 전까지 나는 턱수염을 길러본 적이 없었다. 지난 5년 동안은 턱수염을 길렀다가 말았다가 했다. 하지만 데이터는 나에게 턱수염은 긍정적인 요소라고 명확하게 말하고 있었다.

안경과 턱수염 외의 다른 변화는 큰 차이로 이어지지 않았다. 머리모양이나 머리색을 조금 바꿔도 사람들이 인식하는 나의 모습에 통계학적으로 유의미한 변화는 없었다. 내 머리색이 분홍으로 바뀌면 '유능' 항목에서 0.37점 정도가 깎였다는 명백한 예외가 있기는 했지만.

그동안 나는 사진을 찍을 때 활짝 웃어야 할지, 아니면 더 보기 좋게 웃어야 할지를 고민했다. 하지만 내가 어떻게 웃든 '유능' 항목에는 통계학적으로 유의미한 변화가 없었다. 나는 다행으로 여기고 사진 찍을 때 표정에 관한 걱정을 내려놓기로 했다.

사람들이 인식하는 나의 모습에서 게임 체인저는 안경과 턱수염이다. 머리카락을 분홍색으로 물들이는 경우를 제외하면 내가 시도하는 다른 어떤 변화도 안경과 턱수염만큼 영향이 크지 않다.

인공지능과 신속한 시장조사와 통계 분석 덕분에 나만의 스타일을 찾은 기분이다. 앞으로 나는 안경을 쓰고 턱수염을 기를 것이다. 내가 그렇게 변신하더라도 미국 정치의 최정점에 있는 밋 롬니

Mitt Romney나 버락 오바마와 겨룰 수는 없을 것이다. 하지만 내가 그렇게 변신하면 첫인상이 좋은 사람은 확실히 될 수 있다고 데이터는 말한다. 그리고 안경을 쓰고 턱수염을 길러서 외모와 관련된 10점 만점 척도에서 하나라도 7.8점을 받을 수 있다는 것은 25세 때의 내가 떠올리지도 못했던 생각이다.

그렇다면 나의 데이터광 외모 대변신 이야기에서 당신은 무엇을 얻을 수 있겠는가?

솔직히 말해서 나는 이 프로젝트를 좀 더 극단적인 수준으로 밀어붙였다. 스프레드시트와 통계 분석까지 활용했으니까. 하지만 이 분석을 조금 덜 극단적으로 수행한다면 누구에게나 도움이 되리라고 믿는다.

가장 간단한 방법은 페이스앱 같은 앱을 설치해서 당신의 여러 가지 모습을 살펴보는 것이다. 반드시 인터넷에서 무작위로 사람들의 의견을 수집하지 않아도 된다. 소셜미디어에서 사람들에게 의견을 물어볼 수도 있고, 정직한 친구들에게 어떤 외모가 당신과 잘 어울리는지 골라달라고 부탁할 수도 있다.

확신하건대 이런 식의 분석은 대부분의 사람들이 자신의 외모에 관해 알아보기 위해 사용하는 방법(직관에 의존하는 오류투성이 방법)보다 훨씬 낫다.

우리는 우리 자신의 머릿속에만 존재하는 문제들에 집착하곤 한다. 내가 어떤 미소를 지을지 고민했던 것처럼. 우리 대부분은 스타일을 바꿔서 우리 자신의 외모를 크게 개선할 수도 있다는 생각을 해보지도 않고 살아간다. 내가 10년 동안 턱수염 없이 살았던 것처럼. 그리고 우리 대부분은 우리 자신을 정확하게 파악하지 못한다. 내가 안경은 나에게 어울리지 않는다고 확신했던 것처럼.

내가 하려는 말은 우리의 외모는 중요하고, 우리의 외모는 얼마든지 개선할 수 있으며, 우리는 우리 자신의 외모를 잘 판단하지 못한다는 것이다. 이 명제들은 연구 결과로 강력하게 뒷받침되고 있다. 표현을 달리하면 인공지능과 신속한 시장조사와 통계 분석의 결합이 거울보다 낫다.

---

**다음 장에서는…**

지금까지 네 개 장에서는 직업적 성공을 달성하는 방법에 초점을 맞췄다. 당신이 이 조언들을 활용한다면 더 큰 성공을 거둘 수도 있다. 하지만 당신은 수많은 성공한 사람들과 마찬가지로 내면이 매우 불행하다고 느낄지도 모른다. 다행히 최신 데이터는 당신이 행복해지는 방법에 관해서도 조언을 제공한다.

---

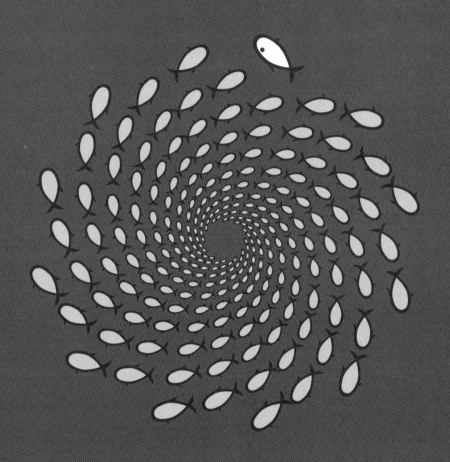

## 8장

# 인생은 소파를 박차고
# 일어날 때 바뀐다

무엇이 사람을 행복하게 하는가? 역사 속의 위대한 철학자 중 몇몇은 이 질문의 답을 찾아보려고 했지만 대부분 실패했다. 드디어 그 답을 찾아낼 수 있을까? 우리의…… 스마트폰에서?

아니다. 행복의 비결은 스마트폰을 (과도하게) 사용하지 않는 것이다. 스마트폰 사용은 거의 확실히 사람을 불행하게 만든다(이 점에 관해서는 나중에 이야기하겠다). 행복의 비결은 아이폰과 같은 스마트폰 덕분에 가능해진 연구에서 얻을 수 있다.

머리말에서 잠깐 언급했던 '매피니스 프로젝트'를 주도하는 조지 매케론과 수재나 모라토와 같은 연구자들은 행복이라는 주제를 탐구하기 위해 스마트폰 사용자 수만 명을 모집했다. 연구진은 하루 중 임의의 시간에 사용자들에게 알림을 보내서 간단하게 지금 무엇을 하고 있으며 기분이 어떤지 물었다.

이 간단한 질문들을 통해 연구자들은 300만 개가 넘는 행복 점수를 수집했다. 그 이전의 행복 데이터세트의 몇 배에 달하는 규모였다.

자, 그렇다면 300만 개가 넘는 행복 점수는 사람들을 행복하게 하는 요인에 관해 무엇을 알려주는가? 나는 이 질문에 짧게 답하려고 한다. 하지만 매피니스처럼 스마트폰을 활용한 프로젝트가 시작되기 전의 행복 연구들에 관해 먼저 짚어보자. 스마트폰 이전 시대의 표준이었던 소규모 설문조사에 근거한 소규모 연구들의 주된 결론은, 우리 인간은 무엇이 우리를 행복하게 만드는지를 잘 모른다는 것이었다. 그래서 우리에게는 매피니스처럼 행복에 관한 지침을 제공하는 프로젝트가 절실하게 필요했다.

## 우리는 무엇으로 행복해지는가에 대한 오해

당신이 꿈에 그리던 직업을 가진다면 얼마나 행복해질 거라고 생각하는가? 좋아하는 정치인이 선거에서 진다면 얼마나 불행해질 거라고 생각하는가? 애인에게 차이면 어떨 거라고 생각하는가?

당신이 평균적인 사람들과 비슷하다면 이 질문들에 대한 당신의 대답은 대충 다음과 같을 것이다. "꿈꾸던 직업을 가지게 됐다면 기막히게 행복하겠죠.""제가 지지하는 후보가 낙선했다면 불행하겠죠.""애인에게 차였다면 아주아주 불행할 거예요."

대니얼 길버트Daniel Gilbert가 동료들과 함께 수행한 획기적인 행복 연구는 당신의 모든 대답이 틀렸다고 이야기한다.

이 연구는 1차와 2차로 나뉜다.

1차 실험에서 연구자들은 사람들에게 내가 방금 당신에게 던진 질문과 비슷한 질문들을 던졌다. 예컨대 한 실험에서 연구자들은 꿈의 직업을 가지기 위해 전력을 다하고 있는 조교수들을 모집했다. 그들에게 꿈의 직업이란 정년을 보장받는 종신교수를 의미한다. 연구자들은 그들에게 미래의 행복 중 얼마나 많은 부분이 종신교수 임용에 달려 있느냐고 물었다. 그리고 두 가지 인생 경로를 따라갈 때 그들의 행복이 어떻게 다를지를 상상해보라고 했다. 인생 경로 1: 종신교수로 임용된다. 인생 경로 2: 종신교수 임용에서 탈락한다.

성인이 되고 나서 상당한 시간을 조교수로 보내면서 먹고, 자고, 종신교수 임용을 위해 노력하는 것 외에는 별다른 활동을 하지 않았던 사람으로서 나는 이 실험의 결과를 보고 놀라지 않았다. 조교수들은 그들이 인생 경로 2번보다 인생 경로 1번을 따라갈 때 훨씬 행복해질 거라고 예측했다. 그들은 종신교수로 임용되면 오랫동안 행복한 나날이 이어질 거라고 말했다.

2차 실험에서 연구자들은 영리하게도 다른 대상자를 모집했다. 조교수들을 모집했던 대학과 같은 대학에서 과거에 종신교수 자리에 지원했던 사람들이었다. 1차 실험의 조교수들 앞에 놓인 두 가지 인생 경로를 이미 걸어간 사람들. 이들 중 일부는 큰 상(종신교수 임용)을 받았고, 일부는 받지 못했다.

연구자들은 그들 모두에게 현재 얼마나 행복한지를 물었다. 결과는 어땠을까? 종신교수로 임용된 사람들과 임용에서 탈락한 사람들의 행복 점수에는 유의미한 차이가 없었다.

다시 말해 종신교수 임용 이전의 참가자들에게서 얻은 데이터는 학자들이 종신교수로 임용되면 장기적으로 행복이 증진되리라고 생각한다는 사실을 보여준다. 그리고 종신교수 임용 이후의 참가자들에게서 얻은 데이터는 종신교수 임용이 행복을 증진하지 않는다는 사실을 입증한다.[1]

최근 엘리엇 퍼거슨Elliot Ferguson*은 쿼라에서 종신교수 임용에서 탈락하면 어떻게 되느냐는 질문에 답을 달았다.[2] 그는 1976년에 매디슨 위스콘신대학교에서 심리학과 종신교수 임용에서 탈락했을 때 "좌절했다"고 밝혔다. 그는 종신교수가 되는 것만을 목표로 노력을 집중했기 때문에 이런 결과에 대응할 준비가 되어 있지 않았다. 하지만 다른 사람들과 마찬가지로 그에게도 회복력이 있었다. 그는 경영계에서 사업가와 컨설턴트로 경력을 쌓아갔다. "학계 바깥의 똑똑하고 창의적이고 흥미로운 사람들"과 함께 일하는 것이 즐거웠고, 기업들의 실행력에 감탄하기도 했다. 종신교수 임용에서 탈락한 지 37년이 지난 시점에 그는 이렇게 말했다. "그래서 나는 위스콘신대학교가 나를 종신교수로 임용하지 않은 데 고마워하고 있다. 그건 학교를 위해서도 옳은 결정이었고 나에게도 최선의 결정이었다."

길버트 연구진이 얻은 데이터는 퍼거슨의 이야기가 대표성을 가질 수 있음을 보여준다. 학자들은 종신교수로 임용되지 못해도 다시 일어선다. 그들 자신은 그러지 못할 거라고 생각할지라도.

경력 사다리를 오르려고 하면서도 삶 속의 여러 가지 사건에 자

---

* 이름은 가명이고, 세부사항도 변경했다

신이 어떻게 반응할지를 예측하지 못하는 사람들은 학자들만이 아니다. 길버트와 동료 연구자들은 똑같은 방법으로 사람들이 애인과의 결별이나 정계 진출과 같은 중대한 사건의 여파로 그들 자신이 얼마나 행복할지 예측할 수 있는지를 알아봤다.

사람들은 항상 그런 사건들이 일어나면 자신의 행복도가 크게 바뀔 거라고 예측했다. 하지만 막상 그런 사건들을 경험한 사람들은 그 사건이 자신의 장기적 행복에 큰 영향을 끼치지 않았다고 답했다. 다시 말해 지금 우리가 보기에는 끔찍할 것 같고 치명타가 될 것 같은 사건들도 대개는 막상 닥치면 그렇게 큰일이 아니다.

그러면 무엇이 우리 자신을 행복하게 할지를 예측하지 못하는 이유는 뭘까? 그 이유 중 하나는 우리가 과거에 우리를 행복하게 했거나 불행하게 만든 것이 무엇인지를 잘 기억하지 못한다는 것이다. 기억하지 못하는 것을 예측하기는 어려운 법이다. 우리가 과거에 우리 자신이 느꼈던 감정을 잘 기억하지 못한다는 것은 어떻게 확인할 수 있을까? 그 증거는 매우 영리하고 몹시 속이 뒤틀리는 한 편의 중요한 연구에 담겨 있다.

## 우리가 무엇 때문에 행복해졌는가에 대한 오해

이상한 퀴즈 하나. 여기 두 사람이 있다. 이 둘을 환자 A와 환자 B라고 하자. 환자 A와 환자 B는 결장경 검사를 받고 있다. 결장경 검사가 진행되는 동안 두 사람은 60초마다 자신이 얼마나 고통스러운가를 0에서 10까지의 척도로 기록해야 한다(이것을 순간효용moment utility이라고 부른다). 시작 시점(0분)에 통증이 0부터 10 중에 얼마나 심한지를 묻는다. 결장경 검사가 끝날 때까지 1분이 지날 때마다 똑같은 질문을 한다.

결장경 검사가 끝나면 우리는 두 환자의 통증 그래프를 얻는다. 이 그래프를 보면 결장경 검사가 진행되는 동안 두 사람이 매 분 느꼈던 통증의 강도를 확인할 수 있다. 통증 그래프는 다음에 수록했다.

그래프에서 보듯이 환자 A는 약 8분 동안 0과 8 사이의 통증을 경험했다. 환자 B는 20분이 넘는 시간 동안 0과 8 사이의 통증을 경험했다.

이제 이상한 퀴즈를 풀어보라. 결장경 검사를 하는 동안 고통의

### 환자 A의 통증 강도

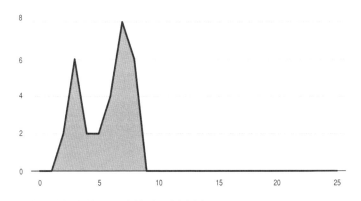

〔출처〕 레들마이어와 카너먼(1996) 〔데이터〕 가공: 데이터래퍼

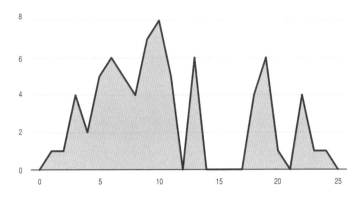

환자 B의 통증 강도

〔출처〕레들마이어와 카너먼(1996) 〔데이터〕가공: 데이터래퍼

총량은 환자 A와 B 중에 어느 쪽이 더 컸을까?

그래프를 보고 답을 생각해보라.

이건 속임수 문제가 아니다. 답은 분명하다. 환자 B가 느낀 고통의 총량이 더 크다. 환자 B는 처음 8분 동안 환자 A와 거의 같은 양의 고통을 느꼈고, 그러고 나서도 17분이나 더 고통을 느꼈다. 어떤 방법으로 계산하더라도 환자 B가 더 힘들게 결장경 검사를 받았다. 당신이 환자 B를 골랐다면 이 이상한 퀴즈에서 A+를 받은 것이다. 박수!

내가 이렇게 쉽고 뻔한 문제를 내는 이유는 무엇일까?

결장경 검사를 하는 동안 환자들이 직접 제공한 데이터를 보고 있을 때는 특정한 결장경 검사가 얼마나 고통스러웠는지를 알기가 쉽지만, 환자들이 데이터를 보지 않은 상태에서 결장경 검사가 실제로 얼마나 고통스러웠는지를 정확히 기억하기는 매우 어렵기 때문이다. 사람들은 결장경 검사를 받아놓고도 그게 얼마나 고통스러웠는지를 곧잘 잊어버린다.

증거는 이 두 개의 그래프가 수록된 도널드 레들마이어Donald Redelmeier와 대니얼 카너먼의 논문이다.[3]

레들마이어와 카너먼은 결장경 검사를 받아야 하는 환자들을 모집했다. 그리고 검사가 진행되는 동안 1분마다 통증의 강도를 기록하게 해서 위와 같은 순간효용 그래프를 그렸다.

이 논문이 특별해진 이유는 연구자들이 던진 또 하나의 질문에 있다. 그들은 결장경 검사가 끝나고 시간이 충분히 지난 뒤에 환자들 각각에게 검사가 얼마나 괴로웠느냐고 물었다. 환자들은 통증의 강도를 숫자로 표현했고, 그 경험을 그들이 했던 다른 좋지 않은 경험과 비교했다. 이 방법은 기억효용remembered utility이라고 부른다.

여기서부터 흥미로워진다.

환자 A와 환자 B를 예로 들어보자. 환자 B의 순간효용 그래프를 보면 그가 환자 A보다 통증을 많이 느낀 것이 분명하다. 하지만 나중에 환자 B는 자신이 환자 A보다 통증을 적게 느꼈다고 회상했다. 다시 말해 더 오랫동안 더 많은 통증을 경험한 환자가 고통의 총량을 실제보다 적게 기억하고 있었다.

또한 순간효용과 기억효용의 불일치는 이 두 환자에게만 나타난 현상이 아니었다. 레들마이어와 카너먼은 결장경 검사 도중의 어느 순간에 느꼈던 통증의 강도와 그 검사의 고통에 대한 환자들의 기억은 상관관계가 별로 없다는 사실을 발견했다. 간단히 말해서 고통을 적게 느꼈던 사람들이 나중에 더 큰 고통을 느꼈다고 기억했다(그리고 그 반대의 경우도 있었다).


## 인지편향:
## 기쁨과 고통에 관한 기억은 왜곡된다

사람들은 왜 어떤 사건이 얼마나 나빴는지(또는 얼마나 좋았는지)를 제대로 기억하지 못할까? 과학자들은 우리 호모사피엔스가 가진 여러 가지 인지편향cognitive bias을 발견했다. 인지편향은 과거에 우리가 느낀 기쁨과 고통을 정확히 기억하지 못하게 만든다.

행복한 일에 관한 기억을 왜곡하는 주요한 인지편향으로 '지속기간 무시duration neglect'가 있다. 지속기간 무시란 우리가 지나간 경험의 성격을 판단할 때 그 경험이 얼마나 오래 지속되었는가를 고려하지 못하는 현상이다. 실시간으로 어떤 경험을 하고 있을 때 사람들은 유쾌한 경험은 더 오래 지속되길 바라고 고통스러운 경험은 빨리 끝나기를 바란다. 실시간으로 어떤 경험을 하고 있을 때, 예컨대 고통스러운 결장경 검사를 하고 있을 때 사람들은 검사가 최대한 빨리 끝나기를 바란다. 하지만 검사가 끝난 뒤에는 지속기간 무시 편향이 나타나기 때문에 사람들은 그 고통스러운 경험이 길었는지 짧았는지를 잘 구별하지 못한다. 그저 어떤 경험이 괴로웠다는 것만 기억하고 얼마나 오랫동안 괴로웠는지는 기억하지 못하는 것이다. 나중에 기억을 되살릴 때는 5분 동안의 고통과 50분 동안의 고통을 구별하기가 어렵다.

지속기간 무시 편향은 환자 B가 특별히 고통스러운 결장경 검사를 하고서도 그 고통을 기억하지 못하는 이유를 일부 설명해준다. 검사가 특별히 고통스러웠던 이유 중 하나는 검사 시간이 특별히 길었기 때문이다.

사실 레들마이어와 카너먼의 연구에서는 결장경 검사가 지속된 시간과 사람들이 기억하는 통증의 강도 사이에는 별다른 관계가 나타나지 않았다. 어떤 사람들은 4분 동안만 결장경 검사를 받았고, 어떤 사람들은 1시간이 넘게 검사를 받았다. 하지만 시간이 흐른 뒤에는 모두가 똑같이 그것을 '고통스러운 검사'로만 기억했다.

흥미롭게도 지속기간 무시 편향은 의학적 치료의 효과를 검증하기 어렵게 만들 수도 있다. 만약 특정한 목적의 치료가 어떤 환자의 편두통을 20분에서 5분으로 감소시킨다면 그 치료의 효과가 굉장히 크다고 할 수 있다. 하지만 어떤 환자는 그런 사실을 알아차리지 못하고 의사에게 편두통이 줄어들었다고 말하지 않을 수도 있다. 지속기간 무시 편향 때문에 의학 연구자들은 환자들에게 실험 전후에 증상이 지속된 시간을 정확하게 기록해달라고 요청한다. 환자가 미처 알아차리지 못하는 사이에 증상이 개선될 가능성도 있기 때문이다.

과거의 경험을 제대로 기억하지 못하게 하는 또 하나의 인지편향은 '피크엔드 법칙peak-end rule'이다. 우리는 과거의 경험을 기쁨과 고통의 총량을 기준으로 평가하지 않는다. 우리는 그 경험이 절정에 달한 순간(그 순간 기쁨이 얼마나 컸는지 또는 고통이 얼마나 컸는지)과 그 경험이 끝나는 시점(그 경험이 좋게 끝났는지, 아니면 나쁘게 끝났는지)에 과도한 가중치를 부여한다.

환자 A와 환자 B의 순간효용 그래프로 돌아가보자. 환자 B는 결장경 검사로 더 오랫동안 더 큰 고통을 받았지만, 검사의 후반부는 전반부보다 덜 고통스러웠다. 바로 그 때문에 환자 B는 결장경 검사가 얼마나 괴로웠는지를 과소평가하게 된다.

레들마이어와 카너먼은 사람들이 자신이 받은 결장경 검사를 얼마나 고통스럽게 기억하는지를 예측하는 주요 변수가 검사의 마지막 3분 동안 경험한 고통이라는 사실을 발견했다.

우리에게는 지속기간 무시, 피크엔드 법칙과 같은 각종 인지편향이 발생한다. 그래서인지 우리는 자신의 경험에서 교훈을 얻어 자신의 행복을 연구하는 일을 잘 해내지 못한다.

과거에 개인들이 자신을 행복하게 만드는 요인을 알아내려는 노력을 가로막았던 것과 똑같은 문제들이 행복을 이해하려는 과학자들의 시도에도 방해가 됐다. 지금까지 대다수 과학자에게 가능했던 연구는 소수의 실험 참가자를 몇 번 면담하는 정도였다. 과학자들은 사람들에게 다양한 활동을 하고 있을 때 얼마나 행복한지를 알려달라고 요청하는 노력을 종종 했지만, 앞에서 설명한 대로 사람들은 자신이 얼마나 행복했는지를 정확하게 기억하지 못한다.

레들마이어와 카너먼은 환자들의 결장경 검사 경험을 알아보기 위해 154명에게 결장경 검사를 받는 동안의 순간효용을 분 단위로 기록해달라고 요청했다. 이상적인 행복 연구가 있다면 아주 많은 사람에게 오랜 기간 동안 다양한 활동을 하면서 매 순간 순간효용을 기록해달라고 요청했을 것이다.

인류의 역사 대부분의 시간 동안 그런 연구는 불가능했다. 하지만 스마트폰이 발명되자 그런 연구가 가능해졌다.

## 스마트폰: 스마트폰이 얼마나 사람을 불행하게 만드는지 연구하게 해준 혁명적 도구

몇 년 전 서섹스대학교 경제학 부교수 조지 매케론과 런던정치경제대학교 환경경제학 교수 수재나 모라토는 한 가지 아이디어를 떠올렸다. 스마트폰을 항상 들고 다니는 사람들을 활용해 순간효용 그래프의 규모를 극적으로 키울 수 있겠다는 생각이었다. 사람들을 모집해서 지금 기분이 어떤지 묻는 설문지를 작성하게 하는 대신, 앱을 활용해서 알림을 전송하기만 하면 된다.

매케론과 모라토는 '매피니스'라는 앱을 만든 다음 사용자들을 모집해서 하루에 몇 번씩 그들에게 알림을 보내서 간단한 질문들에 답하게 했다. 질문들은 다음과 같았다.

- 지금 무엇을 하고 있나요? (사용자들은 '장보기/볼일 보기' '독서' '흡연' '요리/식사 준비' 등 40가지 활동 중 하나를 선택할 수 있었다.)
- 지금 누구와 함께 있나요?
- 지금 당신은 얼마나 행복한가요?(1부터 100까지의 척도)

그렇다면 이 프로젝트는 행복 연구를 빅데이터의 시대로 가져 오는 데 성공했을까?

당연히 성공했다. 몇 년이 지나자 매피니스 연구진은 6만 명이 넘는 사람에게서 수집한 300만 개 이상의 행복 측정치로 이뤄진 데 이터세트를 확보했다. 그 결과는 카너먼이나 레들마이어 같은 연구 자들이 만들었던 순간효용 그래프와 비슷했다. 하지만 규모가 환상 적이었다.

매케론과 모라토 연구진은 이 정도로 풍부한 데이터가 있어야 만 할 수 있는 갖가지 매력적인 연구를 수행했다. 그리고 매피니스 데이터를 날씨나 환경 같은 요소에 관한 외부 데이터세트와 결합해 서 더욱 흥미로운 연구를 진행하기도 했다. 이런 연구들의 일부가 다음 장의 핵심 내용이다.

하지만 이 장은 매피니스 프로젝트의 기본인 40가지 활동과 행 복 연구에 초점을 맞추려고 한다. 매피니스 연구진이 사용자들에게 지금 무엇을 하고 있으며 얼마나 행복하다고 느끼는지를 물었다는 사실을 기억하라. 표본 크기가 엄청나게 컸기 때문에 매케론은 공동 연구자인 알렉스 브라이슨Alex Bryson과 함께 이 40가지 활동이 각각 행복에 얼마나 기여하는지를 추산할 수 있었다. 그들이 만든 표를 나는 '행복활동표'라고 부른다. 내 생각에 데이터를 중시하는 사람이라면 누구나 이 표를 자주 들여다보면서 자기 시간을 어떻게 사용할지를 결정해야 할 것 같다.

매우 중요한, 그리고 조금은 기술적인 사항이 있다. 브라이슨과 매케론은 단순히 각각의 활동에 대해 그 활동을 하는 모든 사람의 행복 점수의 평균을 계산하지 않았다. 그들은 동일한 사람이 하루 중 동일한 시간대에 서로 다른 활동을 할 때의 행복도를 비교하는 통계 기법을 사용했다. 매케론 연구진은 단순히 활동의 종류와 행복의 상관관계를 문서화하는 데 그치지 않고 그 활동이 행복에 끼치는 인과적인 영향을 추산했다는 점에서 획기적이었다.

좋다. 이번에는 다양한 활동의 행복도에 관한 이 획기적인 연구의 결과를 공개하겠다! 먼저 사람들에게 가장 큰 행복을 주는 활동부터 알아보자. 자, 준비가 됐는가? 사람들에게 가장 큰 행복을 주는 활동은 바로⋯⋯.

⋯⋯

(두두두두두두)

⋯⋯

(기대감을 높이기 위해 잠시 멈춤)

⋯⋯

(기대감을 높이기 위해 여전히 멈춰 있음)

……

그렇다. 그 활동은 섹스였다.

매피니스 연구진에게 지금 사랑을 나누고 있다는 답을 보낸 사람들은 다른 어떤 사람들보다도 행복했다. 그들의 점수는 2위를 기록한 활동인 '공연 관람'을 하는 사람들과도 차이가 크게 났다.

사실 섹스가 행복활동표의 맨 위에 있다는 이야기는 그리 놀랍지 않다. 당연히 섹스는 사람들을 행복하게 한다. 진화는 섹스를 최대한 즐거운 활동으로 만들려고 최선을 다했다. 그리고 내 마음속 어딘가에서 고등학교 시절의 인기 많은 아이들이 이렇게 말하는 소리가 들린다. "너희 같은 데이터광들이 오랜 세월 동안 연구비 지원을 신청하고, 설문지를 만들고, 앱을 만들어서 섹스가 무지무지 즐겁다는 걸 밝혀내는 동안 우리는 바빴어. 뭘 하느라 바빴는지는 알지? 섹스를 하느라고." 그래, 내가 졌다!

그러나 매피니스의 방법론에 관해 곰곰이 생각해보면 데이터 세트에서 섹스가 높은 점수를 얻은 것은 사실 놀라운 일이다. 알다시피 매피니스 프로젝트는 사람들이 알림을 받은 순간에 무엇을 하고 있는가라는 질문에 기꺼이 답할 때만 데이터를 수집했다.* 여기서 통계학자들이 '선택편향'이라 부르는 오류가 발생한다. 매피니스 프로젝트 데이터 표본에서 섹스라는 활동을 했다고 답한 사람들

---

* 여기에는 약간의 과장이 섞여 있다. 사실 매피니스 프로젝트는 사용자들이 알림을 받은 뒤 1시간 안에 답하게 했다. 사용자들은 알림을 받은 순간에 무엇을 하고 있었으며 그때 얼마나 행복했는지를 알려주면 된다.

은 섹스를 잠시 멈추고 그 질문에 답했던 사람들뿐이라는 것.

심장이 쿵쾅거리고, 기분이 황홀해지고, 가구가 흔들리고, 바닥이 삐걱거리고, 저절로 소리 지르게 되고, 옆집 사람들까지 다 깨우는 섹스를 하고 있던 사람들은 매피니스의 작은 알림 소리를 무시했으리라고 가정해도 무방하다. 매피니스의 표본에서 섹스라는 활동을 했다고 답한 사람들은 별로 감동적이지 않은 섹스를 하고 있었기 때문에 중간에 그 활동을 멈추고 휴대전화를 집어들고 몇 개의 설문 문항에 기꺼이 답했던 사람들이다. 그리고 이처럼 섹스에 가장 무심하게 참가했던 사람들조차 다른 모든 활동을 하고 있던 사람들보다 행복했다. 형편없는 섹스라 해도 문자 그대로 인류가 생각해낼 수 있는 다른 모든 활동보다 즐겁다.

따라서 행복에 관한 데이터의 첫 번째 교훈은 다음과 같다. "사람들이여, 섹스를 더 많이 하라! 섹스를 하는 도중에 휴대전화를 보게 되더라도."

데이터에서 이런 교훈을 얻고 흥분한 나는 내 여자친구에게 이 연구의 결과를 내 친한 친구에게도 알려줘야 한다고 말했다. 얼마 전에 내 친구의 여자친구는 내 친구가 섹스를 하려 하지 않는다고 불평했다. 내 친구는 너무 피곤하다거나 일을 해야 한다는 핑계를 자주 댄다고 했다. 나는 내 여자친구에게 말했다. "내 친구에게 이 데이터를 알려주기만 하면 핑계를 그만 대고 여자친구를 더 즐겁게 해주지 않을까?" 여자친구는 나를 쏘아보며 말했다. "이 결과는 너한테 보여줘야지." 이 책에서 나의 성생활 이야기나 내가 한 여자를 만족시키지 못했다는 이야기는 여기까지만 하겠다.

아이고, 알았다. 내가 여자를 만족시키지 못했다는 이야기를 조금 더 해보자. 그날 밤 여자친구는 나에게 그 데이터의 교훈을 상기시켰다. 우리는 섹스를 했다. 여자친구는 섹스를 잠시 멈추고 '매피니스' 질문에 답했다.

섹스 이야기는 그만. 매피니스 프로젝트는 우리에게 또 무엇을 알려주는가?

## 행복을 불러오는 활동 목록

다양한 활동이 사람들을 얼마나 행복하게 만드는가를 조사한 결과가 여기 있다. 이 표는 브라이슨과 매케론이 매피니스 데이터를 분석해서 만든 것이다. 표를 보고 나서 이 결과의 의미에 관해 논의해보자.

행복활동표

| 순위 | 활동 | 상대적 행복도(그 활동을 하지 않을 때와 비교) |
|---|---|---|
| 1. | 친밀한 접촉/섹스 | 14.2 |
| 2. | 연극/무용/음악회 | 9.29 |
| 3. | 전시회/박물관/도서관 | 8.77 |

| 4. | 스포츠/달리기/운동 | 8.12 |
|---|---|---|
| 5. | 원예 | 7.83 |
| 6. | 노래/연기 | 6.95 |
| 7. | 대화/수다/사교 | 6.38 |
| 8. | 조류/자연 관찰 | 6.28 |
| 9. | 걷기/등산 | 6.18 |
| 10. | 사냥/낚시 | 5.82 |
| 11. | 음주 | 5.73 |
| 12. | 취미활동/그리기/만들기 | 5.53 |
| 13. | 명상/종교활동 | 4.95 |
| 14. | 운동 경기/행사 | 4.39 |
| 15. | 아이 돌보기/놀아주기 | 4.1 |
| 16. | 반려동물 돌보기/놀아주기 | 3.63 |
| 17. | 음악 감상 | 3.56 |
| 18. | 기타 게임/퍼즐 | 3.07 |
| 19. | 장보기/볼일 보기 | 2.74 |
| 20. | 도박/내기 | 2.62 |
| 21. | TV 시청/영화 감상 | 2.55 |
| 22. | 컴퓨터/스마트폰 게임 | 2.39 |
| 23. | 식사/간식 | 2.38 |
| 24. | 요리/식사 준비 | 2.14 |
| 25. | 차/커피 마시기 | 1.83 |
| 26. | 독서 | 1.47 |
| 27. | 강연/팟캐스트 듣기 | 1.41 |
| 28. | 샤워/옷 갈아입기/몸단장 | 1.18 |
| 29. | 수면/휴식/긴장 풀기 | 1.08 |

| 30. | 흡연 | 0.69 |
|---|---|---|
| 31. | 인터넷 서핑 | 0.59 |
| 32. | 문자메시지/이메일/소셜미디어 | 0.56 |
| 33. | 집안일/잡일/DIY | -0.65 |
| 34. | 이동/통근 | -1.47 |
| 35. | 회의/세미나/강의 | -1.5 |
| 36. | 행정/재무/정리정돈 | -2.45 |
| 37. | 기다리기/줄서기 | -3.51 |
| 38. | 성인 돌보기/도와주기 | -4.3 |
| 39. | 업무/공부 | -5.43 |
| 40. | 앓아눕기 | -20.4 |

〔출처〕 브라이슨과 매케론(2017)

좋다. 그러면 이 표를 가지고 무엇을 해야 할까?

당신이 나와 같은 통계광이라면(나만큼 통계를 좋아하는 괴짜는 없을 것 같지만) 이 표를 촬영해서 폰케이스 제작 업체에 보내 행복활동표가 인쇄된 폰케이스를 주문하라.

이제 나는 어떤 활동을 할지 말지 고민될 때마다 내 스마트폰 뒷면을 보고 내가 그 활동에서 얼마나 큰 행복을 얼마나 얻게 될지 확인한 뒤 데이터에 근거해서 그 활동에 참여할지 말지를 결정할 수 있다.

행복활동표로 돌아가서 이 표를 해석하는 방법을 알아보자. 물론 어떤 활동이 얼마나 즐거운가에 관한 결과 중에는 뻔한 것도 있다. 오르가슴을 경험하는 것이 독감으로 앓아눕는 것보다 유쾌하다는 것쯤은 과학자들이 알려주지 않아도 안다.

하지만 매피니스 프로젝트 이전에는 그렇게 뻔하지 않았던 결과들도 있다. 당신은 이 표를 보기 전에 TV 시청이 원예보다 훨씬 작은 행복을 제공한다는 사실을 알고 있었는가? 당신은 느긋하게 긴장을 풀고 있는 것이 조류 관찰보다 훨씬 덜 즐겁다는 사실을 알고 있었는가? 당신은 요리가 그리기와 만들기보다 사람을 덜 행복하게 만든다는 사실을 알고 있었는가? 사람들은 대부분 이런 사실들을 몰랐던 것으로 보인다.

| | | |
|---|---|---|
| 1. | 친밀한 접촉/섹스 | 14.2 |
| 2. | 연극/무용/음악회 | 9.29 |
| 3. | 전시회/박물관/도서관 | 8.77 |
| 4. | 스포츠/달리기/운동 | 8.12 |
| 5. | 원예 | 7.83 |
| 6. | 노래/연기 | 6.95 |
| 7. | 대화/수다/사교 | 6.38 |
| 8. | 조류/자연 관찰 | 6.28 |
| 9. | 걷기/등산 | 6.18 |
| 10. | 사냥/낚시 | 5.82 |
| 11. | 음주 | 5.73 |
| 12. | 취미활동/그리기/만들기 | 5.53 |
| 13. | 명상/종교활동 | 4.95 |
| 14. | 운동 경기/행사 | 4.39 |
| 15. | 아이 돌보기/놀아주기 | 4.1 |
| 16. | 반려동물 돌보기/놀아주기 | 3.63 |
| 17. | 음악 감상 | 3.56 |
| 18. | 기타 게임/퍼즐 | 3.07 |

## 과소평가된 활동과 과대평가된 활동

'클리어러싱킹clearerthinking.org'이라는 웹사이트를 만든 사회과학자 스펜서 그린버그와 나는 사람들이 행복활동표에 수록된 활동들의 순위를 정확히 맞힐 수 있을지 궁금했다. 우리는 표본 집단을 만들고 매케론과 브라이슨이 연구한 활동들 하나하나에 대해 '이 활동을 할 때 평균적으로 얼마나 행복할지'를 예측해보라고 했다.

우리는 왜 이런 연구를 했을까? 우리는 다음과 같은 생각을 했다. 만약 사람들이 어떤 활동이 제공하는 행복의 양을 과대평가하는 경향이 있다면 당신은 그 활동을 자주 하는 것을 재고해야 한다. 만약 사람들이 어떤 활동의 즐거움을 그 활동이 실제로 제공하는 즐거움보다 크게 생각하고 있다면, 당신도 똑같은 편견을 가지고 있을 가능성이 있으므로 그 활동을 할지 말지 조금 더 신중하게 생각해야 한다. 반대로 만약 사람들이 어떤 활동이 제공하는 행복을 과소평가하는 경향이 있다면 당신은 그 활동을 더 열심히 해야 한다. 다시 말해 삶을 행복하게 사는 요령은 사람들이 통상적으로 생각하는 것보다 큰 즐거움을 주는 활동을 하는 것이다.

그렇다면 우리의 실험 결과는 어땠을까? 사람들은 여러 가지 활동이 제공하는 행복의 양을 잘 예측했을까?

전체적으로 보면 사람들은 대부분의 활동에 대해 행복 순위를 비교적 잘 맞혔다. 앞에서도 말했지만 행복활동표에 충격적인 내용은 없다. 사람들은 행복도를 높여주는 정도가 섹스와 사교가 최상위권이고 투병과 업무 수행은 바닥에 가깝다는 결과를 잘 예측했다.

그러나 실제로는 사람들에게 큰 행복을 주는데도 사람들이 과소평가하는 활동도 있었다. 가장 많이 과소평가되는 활동들은 다음과 같다.


**과소평가되는 활동: 이 활동들은 우리가 생각하는 것보다 큰 행복을 준다***

- 전시회/박물관/도서관

- 스포츠/달리기/운동
- 음주
- 원예
- 장보기/볼일 보기

**과대평가되는 활동: 이 활동들은 우리가 생각하는 것보다 작은 행복을 준다**

- 수면/휴식/긴장 풀기
- 컴퓨터/스마트폰 게임
- TV 시청/영화 감상
- 식사/간식
- 인터넷 서핑

그러면 우리는 이 두 목록을 어떻게 활용해야 할까? '음주'는 행복에 이르기에는 확실히 복잡미묘한 길이다. 알코올에 중독성이 있기 때문이다. 알코올과 행복의 관계에 대해서는 다음 장에서 더 이야기하겠다.

하지만 사람들이 가지고 있는 구조적인 편견 중 하나는 수동적인 활동이 가져다주는 행복을 과대평가하는 것이다. '과대평가되는 활동'의 목록을 보라. 수면, 휴식, 게임, TV 시청, 간식 먹기, 인터넷 서핑. 이런 활동들은 에너지를 많이 요구하지 않는다.

---

\* 연구 결과 전체는 이 책의 부록에 실려 있다.

우리의 마음은 이런 수동적인 활동들이 실제보다 더 큰 기쁨을 준다고 생각하도록 유도하는 것 같다. 그린버그와 내가 실험했던 것처럼 사람들에게 이런 수동적인 활동을 하고 있는 사람이 얼마나 행복할 것 같은지 물어보라. 그리고 매피니스 프로젝트에서처럼 실제로 이런 수동적인 활동을 하고 있을 때 얼마나 행복한지 물어보라. 결과는 일치하지 않는다. 사람들은 수동적인 활동이 큰 행복을 가져다준다고 생각하지만 실제로는 그렇지 않다.

반대로 '과소평가되는 활동' 목록에 포함된 활동들은 에너지를 들여야 시작할 수 있는 것들이다. 박물관 관람, 스포츠, 운동, 장보기, 원예. 이런 활동들을 하려면 소파에서 일어나야 한다. 그리고 소파에서 일어나야 할 수 있는 활동들의 일부는 그 활동들이 실제로 제공하는 행복보다 작은 행복을 주는 것처럼 느껴진다.

사실 그린버그와 함께 진행한 연구 때문에 나는 내가 정말로 하고 싶지 않았던 일을 해야 했다. 래리 데이비드<sub>Larry David</sub>에게 반박하기.

## 이런 말 하고 싶지 않지만, 래리 데이비드의 말은 틀렸다

언젠가 나는 코미디언 래리 데이비드가 나오는 유튜브 영상을 보고 있었다. 래리 데이비드는 하나의 감정에 관해 유머러스하게 이야기하고 있었다. 나는 그 감정에 충분히 공감한다(그리고 아마 당신도 공감할 것 같다). 바로 일정이 취소될 때의 기쁨이다. 데이비드의 말을 옮겨보자. "어떤 사람이 나와의 약속을 취소한다면 그건 축복이지요……. 변명거리를 생각하지 않으셔도 됩니다. 그건 중요하지 않아요! 그냥 취소한다고만 얘기하세요. 그럼 나는 '환상적인' 시간을 보낼 겁니다. 집에 콕 박혀서 TV를 실컷 볼 거예요. 고맙습니다!"

사실 나는 래리 데이비드를 아주 많이 좋아한다. 어떤 사람들의 인생 신조가 "예수님이라면 어떻게 했을까?"라면 나의 인생 신조는 "래리라면 어떻게 했을까?"라고 말할 수도 있다. 그러니까, 그렇다, 나는 래리 데이비드의 팬이다. 하지만 이 책의 주제는 데이터가 빠지면 위대한 지성인조차도 부정확한 판단을 한다는 것이다. 똑똑하고 유머러스한 데이비드도 다르지 않다. 우리는 어느 누구의 직감도 신뢰할 수 없다. 그게 래리 데이비드라 할지라도. 그리고 데이비드는 수많은 사람이 한번은 빠지는 함정에 걸린 것 같다. 아무것도 하지 않는 일의 가치를 과장하는 함정.

매피니스 프로젝트의 데이터는 TV 시청과 같은 수동적 활동들이 별다른 행복을 주지 못한다는 사실을 드러낸다. 그런 수동적 활동들은 우리가 생각하는 것보다 작은 행복을 제공한다.

행복을 증진하는 가장 좋은 방법 중 하나는 에너지가 많이 들어갈 것 같은 활동을 피하려는 본능을 피하는 것이다. 어떤 활동을 하려는 생각만 해도 입에서 "으아" 소리가 나온다면, 그건 당신이 그

일을 하지 말아야 한다는 신호가 아니라 그 일을 해야 한다는 신호일 가능성이 높다.

누군가가 공연을 같이 보러 가기로 하거나 저녁식사 자리에 같이 가기로 하거나 같이 달리기를 하기로 해놓고 취소할 때면 나는 이렇게 중얼거렸다. "래리라면 어떻게 했을까?" 그러고는 약속이 취소된 것에 고마워하며 혼자 인터넷 서핑을 했다. 요즘 나는 그러지 않는다. "매피니스 데이터는 뭐라고 말할까?"라고 중얼거리면서 나의 스마트폰 케이스를 들여다보고, 소파에 드러누워 수동적으로 미디어를 소비하려는 본능에 저항하려고 노력한다. 매피니스 데이터는 소파에서 벌떡 일어나는 활동에 큰 가치가 있다고(그리고 그 가치는 대부분의 사람들이 생각하는 것보다 크다고) 말한다. 물론 당신이 그 소파에서 섹스를 하고 있다면 얘기가 달라지지만.

## 행복해지려면 이 책을 내려놓아라?

'행복활동표'는 매피니스 데이터를 연구한 매케론과 모라토 같은 연구자들이 행복에 관해 우리에게 들려준 이야기의 시작일 뿐이다. 당신은 다음과 같은 의문을 가져본 적 있는가?

- 스포츠 팬이 되는 것은 행복에 어떤 영향을 끼치는가?
- 약물 복용은 행복에 어떤 영향을 끼치는가?

- 자연은 행복에 어떤 영향을 끼치는가?
- 날씨는 행복에 어떤 영향을 끼치는가?

매피니스 프로젝트는 이 모든 질문에 대해 우리에게 혁신적인 통찰을 제공했다. 그래서 나는 이 책의 마지막 장을 통째로 할애해서 매피니스 프로젝트의 교훈, 그리고 그것과 비슷한 다른 행복 연구들의 교훈을 이야기하려고 한다.

하지만 그 이야기를 본격적으로 시작하기 전에 경고할 것이 하나 있다.

당신은 행복활동표에서 '독서'가 비교적 하위에 위치한다는 사실을 알아차렸을 것이다. 사실 그린버그와 나의 연구에 따르면 독서는 사람들이 행복에 실제보다 많이 기여한다고 평가하는 활동 중 하나였다.

이 책의 목적은 당신에게 데이터에 근거한 삶의 조언을 제공하는 것이다. 설령 그 조언이 이 책 저자의 이해관계와 어긋나더라도. 이 책에는 단 하나의 장이 남았고, 나는 당신이 그 장을 읽어주면 정말 고맙겠다. 그러나 그렇다고 해서 거짓말을 할 수는 없다. 데이터에 따르면 당신이 지금 이 책을 덮고 친구에게 전화를 건다면 지금보다 행복해질 가능성이 높다. 아마도 당신이 예상했던 것보다 더 행복해질 것이다. 다시 말해 데이터는 당신이 내 책을 그만 읽으면 당신이 예상한 것보다 더 행복해질 거라고 말한다.

그리고 당신이 친구에게 전화를 걸었다면 데이터를 활용해서 인생을 현명하게 살아가는 방법을 다룬 이 멋진 책《데이터는 어떻게 인생의 무기가 되는가》를 읽어보라고 권하지는 않는 편이 낫겠다. 그 대신 친구에게 정원 가꾸기를 하러 나가라고 권해보라.

하지만 만약 당신이 친구와의 통화로 얻을 수 있는 6.38점의 행복 점수를 포기하고 독서를 계속해서 1.47점의 행복 점수에 만족한다면, 당신은 무엇이 사람들을 행복하게 만드는가에 관해 더 배울 수 있을 것이다. 그리고 만약 당신이 친구가 6.36점의 행복을 희생해야 한다는 걸 알면서도 친구에게 정원을 가꾸러 나가는 대신《데이터는 어떻게 인생의 무기가 되는가》를 읽으라고 권하고 싶다면, 적어도 나는 당신을 나쁜 친구라고 생각하지 않겠다.

---

**다음 장에서는…**

최신 행복 데이터세트들을 활용하면 여러 가지 활동이 제공하는 평균적인 행복에 관해 알아내는 것 이상의 일을 할 수 있다. 우리는 무엇이 사람들을 행복하게 만드는지, 그리고 무엇이 사람들을 불행하게 만드는지에 관해 더 자세히 알아볼 것이다.

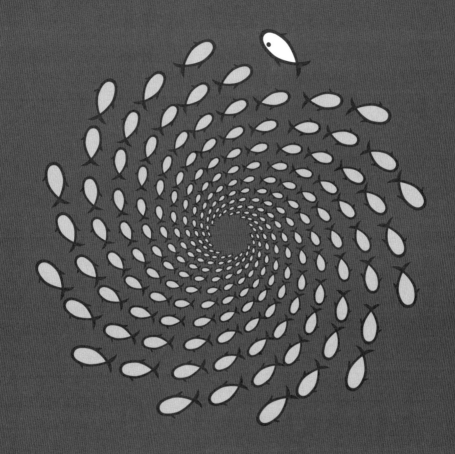

# 9장

# 현대인을 불행에 빠뜨리는 함정

"모든 게 근사하고, 아무도 행복하지 않다."

이 유명한 말은 2012년에 앵커스Anchors의 노래 제목으로 처음 사용됐다고 알려져 있다. 나중에는 TV 프로그램 〈코난Conan〉에서 지금은 TV에 나오지 않는 어느 코미디언이 이 말을 해서 조금 유명하게 만들었다. 그리고 이 말은 애덤 프랭크Adam Frank의 NPR 기사 제목으로 사용됐다. 지금은 이 문구를 새긴 티셔츠를 사이즈별로 주문할 수도 있다.

데이터는 뭐라고 말할까?

이 문구가 반드시 진실은 아니라고 한다. 모든 게 근사하진 않다. 삶은 여전히 모든 사람에게 골칫거리를 안겨주고 많은 사람을 힘들게 한다.

훌륭한 블로거이자 심리치료사인 스콧 알렉산더Scott Alexander는 현대인의 삶에서 아직 근사해지지 않은 부분에 관해 우울하면서도 사색적인 글을 썼다. 아직 근사해지지 않은 부분이란 미국에는 심각한 트라우마, 경제적 어려움, 법적인 분쟁 등 심각한 문제에 시달리는 사람들이 놀랄 만큼 많다는 것이다.

알렉산더는 자신을 찾아오는 환자들 중에 끔찍한 상황에 처한 사람이 많다는 데 충격을 받았다. 예컨대 친구가 없고, 저축한 돈은 떨어져가고, 건강도 나빠져가는 70세 환자가 있었다. 알렉산더는 이처럼 객관적으로 보더라도 좋지 못한 상황에 처한 사람이 얼마나 많은지 알아보고 싶었다.

물론 알렉산더는 자신과 같은 심리치료사들이 인류에 대해 편향된 시각을 가질 수 있다는 사실을 인정했다. 보통 심각한 문제를 가진 사람들이 심리치료사를 찾는 법이니까. 심각한 문제가 없는 사람은 심리치료사를 찾지 않는다. 심리치료사의 진료실에 앉아 있는 사람들 중 평균인 사람은 사회 전체의 평균인 사람보다 더 많이 망가져 있다.

하지만 알렉산더는 심리치료사가 아닌 사람들 역시 인류에 대해 왜곡된 시각을 가진다는 사실에 주목한다. 그들은 정반대 방향의 편견을 가질 수 있다. 심각한 문제를 안고 있는 사람들은 대개 사교 활동을 많이 하지 않는다. 어떤 사람들은 집 밖으로 나가지도 않는다. 아마도 당신과 어울리는 무리의 평균인 사람은 사회 전체의 평균인 사람보다 덜 망가져 있을 것이다.

그렇다면 미국에는 심각한 문제를 안고 있는 사람이 몇이나 될까? 알렉산더는 데이터를 들여다보고, 임의의 시점을 선택할 경우 미국인 전체의 20퍼센트 정도가 만성적인 고통에 시달린다는 사실을 발견했다. 미국인의 10퍼센트는 성적 학대의 트라우마로 고통을 겪고 있고, 7퍼센트는 우울증을 앓는다. 7퍼센트는 알코올의존증이고, 2퍼센트는 인지장애가 있고, 1퍼센트는 교도소에 있다. 알렉산더가 분석한 결과 임의의 시점에 미국인들의 절반 정도는 심각한 문제를 안고 있었다. 알렉산더의 결론은 다음과 같다. "세상은 우리가 인정하려고 하는 것보다 훨씬 나쁜 것이 거의 확실하다."

나는 나의 전문 분야인 검색 데이터를 기반으로 독자적으로 분석해봤다. 나의 분석 결과는 많은 사람이 심각한 문제를 안고 있다는 알렉산더의 주장과 일치했다. 나는 통신 기업인 AOL이 공개한 데이터세트를 분석했다. 이 데이터세트는 익명화된 개인들이 장기간에 걸쳐 검색한 데이터 문자열을 포함한다. 나는 '자살'이라는 단어를 검색한 적이 있는 사람들의 검색어 문자열을 살펴봤다. 그것은 보기만 해도 가슴 아픈 내용이었고, 우리 눈에는 잘 보이지 않을 때가 많지만 수많은 사람이 씨름하는 문제들을 보여주는 중요한 자료였다.*

돈이 떨어져가고, 집에서 쫓겨날 위기에 처했고, 고독하게 살고, 일자리를 구하기가 여의치 않은 어느 노인의 검색어 문자열을 한번 보자.

또 이 데이터에 따르면 어떤 사람들은 타인에게 말하지는 않지만 그것 때문에 너무나 불행해서 삶을 끝낼 생각까지 하게 되는 단 하나의 문제로 괴로워하고 있다.

---

* 이 검색어 문자열을 보니 나 자신의 고통스러운 기억도 되살아났다. 나 역시 10년 이상 심각한 우울증에 시달렸고 간혹 자살 충동까지 느꼈다.

| 검색어 | 날짜, 시간 |
| --- | --- |
| 거주할 방 구하기 | 3월 2일 14:27:12 |
| 구직 정보 | 3월 2일 15:02:10 |
| 노인 | 3월 2일 23:26:45 |
| 플렌티오브피시닷컴(데이트 사이트) | 3월 3일 11:18:33 |
| 구직 정보 | 3월 3일 17:32:00 |
| 결혼 | 3월 3일 17:32:31 |
| 우울증 | 3월 3일 17:33:39 |
| 60세인데 살 가치가 있을까요? | 3월 4일 16:43:55 |
| 강제 퇴거(통보 받음) | 3월 4일 16:57:49 |
| 저렴한 아파트(구함) | 3월 4일 17:00:44 |
| 집세 가장 싼 곳은? | 3월 4일 17:06:32 |
| 뉴욕시 임대주택(저소득층 아파트) 홈페이지 | 3월 5일 16:11:19 |
| 가난한 노인 | 3월 6일 15:49:04 |
| 플렌티오브피시닷컴 | 3월 6일 20:50:39 |
| 플렌티오브피시닷컴 | 3월 6일 20:51:02 |
| 플렌티오브피시닷컴 | 3월 7일 10:10:53 |
| 플렌티오브피시닷컴 | 3월 7일 10:11:03 |
| 크리스천밍글(기독교 교인 전용 데이트 사이트) | 3월 7일 10:14:00 |
| 자살 | 3월 7일 10:20:36 |
| 마약 | 3월 7일 10:26:27 |
| 자살하는 법 | 3월 7일 10:34:34 |

다음은 심각한 만성 통증으로 고생하는 어떤 사람의 검색어 문자열이다. 이것도 가슴이 미어지는 내용이다.

| 검색어 | 날짜, 시간 |
|---|---|
| 목과 허리 통증 못 참겠어요 | 4월 21일 23:40:05 |
| 평생 허리 통증 어떻게 살아요 | 4월 21일 23:51:45 |
| 섬유근육통 때문에 우울 | 5월 8일 0:58:43 |
| 도와주세요 섬유근육통 | 5월 11일 1:04:03 |
| 섬유근육통 치료 가능한가? | 5월 15일 0:57:50 |
| 자살과 섬유근육통 | 5월 15일 0:47:48 |
| 관절염과 턱관절장애 너무 아파요 | 5월 18일 13:30:21 |
| 목 아래와 허리 위쪽 통증 | 5월 19일 22:24:21 |
| 관절염 섬유근육통 통증 도와주세요 | 5월 19일 0:26:51 |
| 허리 목 아파요 | 5월 20일 11:17:58 |
| 목 통증 허리 통증 턱관절장애 고통 | 5월 20일 0:18:02 |
| 자살 | 5월 23일 12:13:05 |

내가 이런 검색어 문자열에 근거해서 자기계발 조언을 하기는 어려울 것 같다. 다만 다음과 같은 인생의 중요한 충고를 되풀이하고 싶다. "그 사람이 무슨 일을 겪고 있는지는 아무도 모른다. 그러니 그 사람에게 친절을 베풀어라." 만약 어떤 사람이 당신을 화나게 하는 행동을 한다면 이런 검색어 문자열 중 하나를 읽으면서 그 사람이 집에 돌아가서 이런 단어들을 검색한다고 상상해보라. 당신은 그 사람에게 분노가 아닌 연민을 느낄 것이다.

우리는 근사하기는커녕 오히려 끔찍한 삶을 사는 사람이 많다는 사실을 기억해야 한다. 정말 많은 사람이 힘든 일을 겪고 있다.

그렇다고 "아무도 행복하지 않다"가 완전한 진실은 아니다. 실제로 종합사회조사GSS에 따르면 미국인의 31퍼센트는 요즘 자신이 '아주 행복하다'고 생각한다.

하지만 "지금은 모든 게 근사하고 아무도 행복하지 않다"는 완전한 진실이 아닌 일면의 진실이다. 설령 모두의 삶이 근사하지는 않다 할지라도, 다양한 지표를 기준으로 보면 인간의 삶은 일관되게 근사해지고 있다. 하지만 전반적으로 보면, 객관적으로 점점 좋아지는 상황에 놓인 사람들의 수는 많아졌지만 그에 비례해 더 행복하다고 느끼지는 않았다.

첫째, '근사함'에 관한 데이터를 보자.

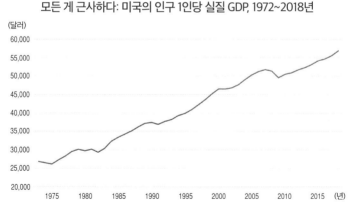

모든 게 근사하다: 미국의 인구 1인당 실질 GDP, 1972~2018년

〔출처〕미국 경제조사국 〔데이터〕가공: 데이터래퍼

지난 50년 동안 미국의 1인당 국내총생산GDP은 인플레이션을 고려해도 두 배 이상 늘어났다. 이 정도면 근사하지 않은가!

게다가 GDP는 사람들이 구입하는 상품과 서비스의 가치만을 계산한다. 현대사회의 디지털 경제는 우리에게 많은 것을 공짜로 제공하는데, 이런 것들은 GDP로 표현되지 않는다. 최근에 이뤄진 한 연구는 사람들에게 돈을 얼마나 받으면 특정 무료 서비스를 포기하겠느냐고 물어보는 방법으로 무료 서비스의 가치를 측정했다. 그 결과 평균적인 미국인에게 검색엔진의 가치는 연간 1만 7,530달러(약 2,279만 원)로 추산됐다. 이메일의 가치는 8,414달러(약 1,094만 원), 디지털 지도의 가치는 3,648달러(약 474만 원)였다. 소셜미디어는 322달러(약 42만 원)였다.[1] 우리는 이런 서비스들을 이용하면서 한 푼도 내지 않는다. 근사하지 않은가!

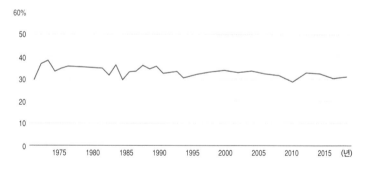

**사람들은 행복해지지 않았다:**
**자신이 '아주 행복하다'고 답한 미국인의 비율, 1972~2018년**

〔출처〕종합사회조사 〔데이터〕가공: 데이터래퍼

다음으로 '행복' 데이터를 보자. 동일한 기간 동안 적어도 미국에서는 통계상 '행복' 수치가 상승하지 않았다. GSS가 최초로 데이터를 수집했던 1972년에는 1인당 GDP가 지금의 절반에 못 미쳤고 아무도 구글 검색, 구글 맵스, 지메일을 가지고 있지 않았다. 당시 미국인의 30퍼센트는 자신들이 '매우 행복'하다고 답했다.[2] 이 수치는 오늘날과 거의 똑같다.

그렇다면 세상은 점점 근사해지고 있는데도 사람들은 눈에 띄게 행복해지고 있지 않다는 것이 진실이다. 왜 그럴까?

우리가 점점 부유해지는데도 더 행복해지지 않는 이유 중 하나는 돈이 행복에 끼치는 영향이 제한적이기 때문이다. 트랙유어해피니스trackyourhappiness.org라는 웹사이트를 만든 매슈 킬링스워스 Matthew Killingsworth를 만나보자. 트랙유어해피니스는 '매피니스 프로젝트'와 비슷하게 스마트폰 사용자들에게 알림을 전송해 행복 점수를 매겨달라고 부탁한다. 킬링스워스는 개개인의 소득과 행복의 관계에 관한 사상 최대 규모의 연구를 수행했다. 그의 연구에는 약 170만 개의 점수 데이터가 포함된다. 그는 소득이 행복을 증진하긴 하지만 그 효과는 크지 않으며 특히 고소득자의 경우 그 효과가 미미하다는 사실을 발견했다.[3] 소득이 두 배로 늘어날 때 그 사람의 행복은 10분의 1 표준편차 정도 증가할 것으로 기대된다. 10분의 1이면 큰 변화는 아니다.

인간의 행복 추구를 방해하는 또 하나의 요인은 인간의 정신이 엉터리라는 것이다. 언젠가 내 친구가 이렇게 말한 적이 있다. "만약 인간의 정신이 컴퓨터 운영체제라면 그 운영체제를 가진 사람은 오류가 있다고 불평하면서 반품을 요구할 거야." 우리 정신의 오류들 중 우리의 행복을 제한하는 결정적인 오류는 우리가 현재의 순간에 집중하지 못한다는 것이다.

이 점은 킬링스워스가 대니얼 길버트와 공동으로 수행한 다른 연구에서 드러났다. 연구자들은 트랙유어해피니스 웹사이트 회원들에게 지금 무엇을 하고 있고 얼마나 행복한지를 물으면서 동시에 다음과 같은 질문을 던졌다. "지금 하고 있는 일이 아닌 다른 일을 생각하고 있나요?" 또 연구자들은 그 '다른 생각'이 유쾌한 내용인지, 중립적인 내용인지, 불쾌한 내용인지도 물었다.

그들은 사람들이 자신에게 주어진 시간의 46.9퍼센트는 지금 하고 있는 일이 아닌 다른 일을 생각하며 보낸다는 사실을 발견했다. 또 그들은 사람들이 다른 일을 생각하고 있을 때는 조금 덜 행복하다는 사실도 알아냈다.* 충격적이게도 어떤 사람의 마음이 유쾌한 방황을 하고 있을 때조차도 그 사람은 지금 하는 일에 집중하고 있을 때보다 조금 덜 행복하다고 답했다. 그리고 그 방황의 내용이 중립적이거나 불쾌할 경우 사람들은 불행해했다.

연구자들은 연구의 결과를 다음과 같이 요약했다. "인간의 정신은 방황하는 정신이고, 방황하는 정신은 불행한 정신이다."

---

* 흥미롭게도 섹스는 그 활동을 하는 도중에 다른 생각을 하는 사람이 30퍼센트 미만인 유일한 활동이었다. 이것이 섹스가 가장 행복한 활동인 이유 중 하나다.

방황하는 정신이 불행하다는 것은 명상이 행복에 큰 도움이 되는 이유 중 하나일 것이다. 과학자들은 명상이 실제로 행복을 증진한다는 일관된 결과를 얻고 있다.[4]

오류가 많은 운영체제, 곧 인간의 정신은 세상이 점점 근사해지는데도 우리가 행복해지기 어려운 이유의 상당 부분을 차지한다. 하지만 현대사회에서 사람들이 행복해지기가 어려운 데는 다른 이유들도 있다. 그런 이유들은 대부분 매피니스 프로젝트가 찾아냈다. 간단히 말해 사람들이 자신을 행복하게 만들어주지 않는 상황에서 시간을 많이 보내기 때문이다.

2003년부터 미국 노동통계국은 '미국인 시간활용 조사American Time Use Survey'라는 조사를 수행했다. 이 조사에서는 표본으로 선정된 미국인들에게 하루를 어떻게 보내는지를 알려달라고 요청했다.

나는 미국인 시간활용 조사의 데이터를 매피니스 연구진이 제작한 행복활동표와 비교해봤다. 나는 행복활동표에 포함된 활동들을 세 개의 범주로 나눴다. 섹스·명상·종교활동처럼 행복도가 높은 활동, 아이들과 놀아주기·팟캐스트 듣기처럼 행복도가 보통인 활동, 설거지하기·몸단장하기·앓아눕기처럼 행복도가 낮은 활동.

분석해보니 평균적인 미국인들은 하루 동안 행복도가 높은 활동을 2시간 정도만 하고 있었다. 반면 행복도가 낮은 활동에 16.7시간을 사용하고 있었다. 물론 이런 결과가 나온 것은 '수면'을 행복도가 낮은 활동으로 분류했기 때문이기도 하다. 그리고 미국인들은 하루 평균 약 8.8시간 수면을 취한다. 하지만 수면을 빼고 계산하더라도 미국인들은 깨어 있는 시간의 절반 정도를 행복도가 낮다고 분류되는 활동, 곧 업무·집안일·통근·몸단장에 사용한다.

게다가 미국인들은 그동안 늘어난 부를 자신을 행복하게 만드는 활동을 하는 시간으로 전환하지 않는 것 같다. 2003년에서 2019년 사이 1인당 실질소득이 20퍼센트 이상 상승하고 실리콘밸리가 갖가지 무료 상품을 쏟아냈지만, 그 기간에 미국인들은 행복도가 높은 활동을 가장 적게 했다. 주된 이유는 '대화/수다/사교'에 할애하는 시간이 0.93시간에서 0.77시간으로 줄어들었고 '명상/종교활동'과 '원예'에 할애하는 시간도 조금 줄어들었기 때문이다.

| | 행복도가 낮은 활동 (예: 업무/집안일) | 행복도가 중간인 활동 (예: 식사/아이 돌봄) | 행복도가 높은 활동 (예: 사교/공연 관람) |
|---|---|---|---|
| 2003 | 16.71 | 5.22 | 2.07 |
| 2019 | 16.72 | 5.42 | 1.86 |

매피니스 프로젝트와 같은 데이터를 사용한 연구들은 우리가 축적한 부를 우리를 행복하게 만드는 활동을 하는 시간으로 전환하지 못하는 현상이 현대생활의 근본적인 문제와 연관된다는 사실을 밝혔다. 간단히 말해서 현대적인 생활은 우리의 행복을 방해하는 함정을 우리 코앞에 가져다놓는다. 당신이 그 함정을 피할 수만 있다면 당신이 행복해질 확률은 크게 상승한다.

# '일'이라는 함정

일은 따분하다.[5]

　행복활동표에서 가장 뚜렷하게 확인되는 사실이기도 하다. 업무는 두 번째로 불행한 활동이다. 업무보다 덜 행복한 활동은 앓아 눕기밖에 없다.

　이는 우리가 주변 사람들에게서 듣는 이야기와 일치하지 않을 수도 있다. 칵테일 파티나 네트워킹 행사 자리, 또는 소셜미디어에서 일에 관해 물어보면 어떤 사람들은 "내 일은 내 삶의 목표입니다" "나는 내 일을 사랑해요"라고 단언한다. 아니면 적어도 "내 일이 마음에 들어요"라고는 이야기한다.

　그러나 매피니스 연구진이 사람들에게 직장에서 얼마나 즐겁게 시간을 보내고 있는지 물었더니, (익명성이 보장되는 환경에서) 사람들은 부정적인 답변을 내놓았다. 평균적으로 사람들은 업무가 잡일을 처리하거나, 노인을 돌보거나, 줄을 서서 기다리는 것보다 자신을 더 불행하게 만든다고 답변했다. 이것은 사람들이 자기 일을 좋아한다거나 사랑한다고 말할 때 자기 자신에게나 남들에게 거짓말을 하고 있을 확률이 생각보다 높다는 뜻이다.

　직장에서 불행을 느끼는 사람이 그렇게 많다는 건 슬픈 일이다. 생각해보라. 성인들 대다수는 깨어 있는 시간의 상당 부분을 직장에서 보낸다. 만약 그들 대부분이 직장에 있는 시간의 대부분을 불행하게 보낸다면, 대다수 성인은 깨어 있는 시간의 상당 부분을 아주 불행하게 보낸다는 뜻이다.

　업무가 주는 불행에서 벗어날 수 있는 뚜렷한 해결책은 없다. 반면 행복활동표를 통해 밝혀진 사실 중 어떤 것에는 뚜렷한 해결책이 존재한다.


　**문제** 행복활동표에 따르면 통근은 사람들을 불행하게 만든다.

　**해결책** 직장과 가까운 곳으로 이사 간다.

　**문제** 행복활동표에 따르면 흡연은 사람들을 불행하게 만든다.

　**해결책** 담배를 끊는다.


　하지만 대다수 성인은 일을 그만둘 수가 없다. 성인들은 대부분 자신과 가족을 부양하기 위해 장시간 노동을 해야 한다.

　그렇다면 성인들은 어쩔 수 없이 형편없는 삶을 당연하게 여기고 살아야 하는가? 일주일에 몇 시간만 즐거운 활동을 할 수 있는 건가?

　반드시 그렇지는 않다.

　물론 성인의 삶에서 가장 중요한 활동인 '일'은 종종 사람들을 불행하게 만든다. 이건 매피니스 프로젝트에서 밝혀진 사실이다. 하지만 일을 덜 불행하게 만들거나, 심지어 즐겁게 만들 방법이 있다. 어떤 사람들은 남들보다 덜 힘들어하며 일을 한다.

　그렇다면 왜 어떤 사람들은 일을 덜 힘들어하고 때로는 일이 재미있다는 말까지 할까? 어떻게 하면 우리도 그런 사람들 중 하나가 될 수 있을까?

매피니스 프로젝트를 처음 시작한 사람들 중 하나인 조지 매케론은 사람들이 일하는 시간에 어떤 다른 활동을 하는지, 그리고 사람들이 일을 조금이라도 더 즐기게 만드는 요인은 무엇인지를 연구했다. 그는 이 프로젝트를…… 친구 알렉스 브라이슨과 함께 진행했다. 그건 행복을 높이는 현명한 결정이었다. 그 점에 관해서는 잠시 후에 더 이야기하자!

매케론과 브라이슨이 발견한 '일을 조금 덜 불행하게 만드는' 첫 번째 요인은 음악이었다. 사람들이 음악을 들으며 일하는 시간은 업무 시간의 5.6퍼센트 정도 된다. 그리고 일하는 동안 음악을 들은 사람들은 행복 점수가 3.94점 높아졌다고 보고하며, 일하는 시간 전반에 걸친 행복도는 -2.66까지 올라온다. 만약 당신이 하는 일이 정신을 마비시키는 느낌을 받는다면, 음악을 몇 곡 들으면서 조금이라도 감성을 되살려보라.

일을 조금 덜 불행하게 만드는 두 번째 요인은 재택근무였다. 매케론과 브라이슨은 재택근무를 하는 사람들의 행복 점수가 평균 3.59점 높다는 결과를 얻었다. 그렇다 해도 누군가는 집에서 음악을 들으며 일하면서도 여전히 불행할 수 있다.

매피니스 프로젝트의 데이터는 일을 진짜로 할 만하게, 나아가 즐길 만하게 만드는 유일한 방법을 알아냈다. 이것은 일의 괴로움을 덜어내는 가장 중요한 세 번째 방법이다. 매피니스 데이터세트에 따르면 자신이 친구로 간주하는 사람들과 함께 일하는 사람들은 그렇지 않은 사람들보다 훨씬 행복했다. 친구와 함께 있으면 행복을 확 끌어올릴 수 있으므로 일도 유쾌한 경험으로 만들 수 있다. 친구들의 도움을 받으면 매일의 고통스러운 노동이 유쾌한 노동으로 바뀔 수 있다.*

### 일하는 사람의 우울증(또는 가벼운 우울감)

| | |
|---|---|
| 근무(기본 상태) | -5.43 |
| 집에서 근무 | +3.59 |
| 음악을 들으면서 근무 | +3.94 |
| 친구들과 함께 근무 | +6.25 |

〔출처〕 브라이슨과 매케론의 연구를 토대로 저자가 계산(2017)

내가 매케론과 브라이슨의 수치를 가지고 추산한 바에 따르면 친구들과 함께 일하는 사람들의 행복 점수의 평균은 혼자 느긋하게 긴장을 풀고 있는 사람들의 행복 점수와 거의 같다. 앞 장에서 설명한 대로 긴장 풀기는 우리의 예상만큼 사람들을 행복하게 만들어주지 않는다. 그래도 친구들과 함께 일하는 사람의 행복 점수는 평균적인 불행한 노동자의 행복 점수보다는 훨씬 높다.

* 이것은 어느 정도 기술적인 표현이다. 매케론과 브라이슨의 논문에 따르면 친구들과 함께 일할 때 더 행복해지는 것은 친구들과 함께 있어서 행복해지는 평균적인 효과와 일하는 동안 친구들과 상호작용하는 효과가 합쳐진 결과다. 친구들과 함께 일하는 것의 보너스는 친구들과 함께 있어서 행복해지는 평균적인 효과에서 비롯된다. 그러니까 친구들은 언제나 행복에 보너스를 준다. 우리가 일을 하는 동안에도 친구들은 행복에 기여한다. 이 점에 관해서는 다음 절에서 자세히 다룰 것이다.

집에서 음악을 들으며 친구들과 함께 일하는 사람(줌으로 친구와 함께하고 있거나, 친구가 어떤 한 가지 일을 함께 처리하려고 찾아온 경우)은 평균적으로 스포츠를 직접 즐기고 있는 사람과 똑같이 행복하다. 앞에서 설명했듯이 스포츠는 가장 큰 행복을 제공하는 활동 중 하나다.

그리스 신화 속 신들의 저주를 받아 언덕 위로 끝없이 바위를 굴려 올려야 하는 시시포스에 관해 알베르 카뮈Albert Camus가 남긴 유명한 글이 있다. 시시포스가 언덕 꼭대기에 다다르면 바위는 도로 굴러 내려가므로 처음부터 다시 밀어 올려야 한다. 카뮈는 이 이야기를 현대의 노동자들을 비유하는 데 사용했다. 현대의 노동자들은 평생 무의미한 작업을 반복적으로 수행하며 시간을 보내야 한다. 시시포스는 바위를 밀어 올려야 했다. 미국의 TV 시트콤 〈오피스Office〉에 나온 가상의 회사 던더 미플린의 직원들은 보고서를 써야 했다.

이 이야기는 현대인의 삶을 지나치게 어둡게 바라보는 시각에서 나온 것 같기도 하다. 그러나 카뮈의 에세이는 반전으로 끝난다. 그는 "모든 게 다 좋다"라고 썼다. 에세이의 마지막 문장은 다음과 같다. "우리는 시시포스가 행복할 거라고 상상할 수밖에 없다." 이 충격적인 문장 하나로 비관적이고 잔인한 에세이가 낙관적인 이야기로 변신했다.

최신 데이터에 따르면, 적절한 측정 도구가 없던 시대에 거들먹거렸던 다른 수많은 철학자와 마찬가지로 카뮈 역시 똑똑하긴 했지만 그의 주장은 틀렸다. 현대사회의 노동자들에게는 '모든 게 다 좋지' 못하다. 만약 우리가 그들이 행복하다고 상상한다면 우리가 잘못 생각하는 것이다. 우리의 상상이 현실과 일치하기를 바란다면, 우리는 우리 안의 시시포스들이 5.43점의 불행을 경험하고 있다고 상상해야 한다.

만약 현대의 어떤 철학자가 현실을 바탕으로 하는 비유적인 이야기를 쓰고 싶다면 〈시시포스와 시시파스의 신화〉에 도전해보면 좋을 것 같다. 이 신화에는 절친한 친구인 시시포스와 시시파스가 나오는데, 두 사람은 함께 바위를 언덕 위로 끝없이 밀어 올리는 벌을 받는다.

때로는 둘이서 협동해서 바위를 밀어 올린다. 때로는 한 명만 바위를 밀고 다른 한 명은 휴식을 취한다. 때로는 힘이 더 센 어떤 바보가 두 사람에게 바위를 더 잘 밀어 올리는 방법을 가르치려고 하지만, 두 사람은 눈썹을 치켜올리며 그 바보를 조롱한다. 때로는 둘 다 바위 미는 일을 잠깐 제쳐놓고 각자의 연애 이야기, 그들이 좋아하는 TV 프로그램 이야기, 또는 가상의 미식축구 선수 명단에 관한 이야기를 나눈다. 모든 게 다 좋다. 인류가 매 순간의 효용을 측정하기 위해 고안해낸 최고의 도구에 따르면 시시포스와 시시파스는 정말로 행복하다.

아니면 업무의 세계에 관한 데이터를 다음과 같이 요약할 수도 있다. 당신과 함께 일하는 사람이 누구인지에 신경을 많이 써라. 친구들과 함께 일한다면 일이 즐거워질 확률은 훨씬 높아진다.*

# '친구나 애인과 충분히 시간을 보내지 않음'
# 이라는 함정

친구들은 직장생활에서만이 아니라 삶의 여러 측면에서 행복의 열쇠다. 실제로 친구들이 행복 점수를 높여준다는 것은 함께 일하는 친구들 사이에서만 나타나는 특별한 일은 아니다. 다른 논문에서 매케론은 다른 사람과 가까이 있는 것이 행복에 어떤 영향을 끼치는지 알아봤다. 이번에도 그는 현명하게 친구 수재나 모라토와 함께 연구를 진행했다.

　이 논문에서 매케론과 모라토는 동일한 사람들이 하루 중 동일한 시간대에 동일한 활동을 하되 혼자 하는 경우와 다른 사람과 함께하는 경우를 비교했다. 연구진은 실험 참가자가 활동을 함께하는 사람이 누구인지(애인, 친구, 가족 등)도 알아내서 각각의 경우를 비교했다.

　결과는 어땠을까?

　우리를 가장 행복하게 해주는 사람은 우리가 선택한 사람들이

---

*　데이터가 제공하는 또 하나의 업무 관련 조언은 형편없는 일은 때려치우라는 것이다. 《괴짜 경제학Freakonomics》의 공저자인 스티븐 레빗Steven Levitt은 매우 영리한 연구를 한 적이 있다. 그는 직장을 그만둘지 말지와 같은 중대한 결정을 앞둔 사람들에게 동전 던지기로 그 결정을 하라고 요청했다. 놀랍게도 동전 던지기의 결과를 기꺼이 따르겠다는 사람이 많았다. 몇 달 뒤에 레빗은 동전 던지기로 직장을 그만둔 사람들이 동전 던지기로 직장을 계속 다니게 된 사람들보다 행복 점수가 유의미하게 높다는 사실을 발견했다.

다. 애인과 친구들. 사람들이 애인 또는 친구와 함께 있을 때는 혼자 있을 때와 비교해서 행복 점수가 평균 4점 이상 높아진다.

하지만 애인이나 친구가 아닌 사람들은 우리를 행복하게 만들 어주지 못한다. 평균적으로 사람들은 애인 또는 친구가 아닌 사람과 함께 있을 때는 혼자 있을 때보다 행복 점수가 조금만 올라가거나 오히려 점수가 낮아졌다.

우리는 사람이 살아가는 데는 다른 사람들이 필요하다는 이야 기를 자주 듣는다. 사람은 사회적 존재라는 이야기도 자주 듣는다. 그리고 확실히 우리는 다른 사람들과 함께할 때 훨씬 더 행복해질 수 있다. 하지만 매케론과 모라토의 연구에 따르면 행복 점수의 상 승 여부는 그 다른 사람이 누구인지에 따라 달라진다. 대개 우리는 우리가 잘 모르는 수많은 사람, 또는 우리가 친밀하게 교제하지 않

### 행복을 주는 사람들

| 상대 | 상대와 함께 있을 때 얻는 행복(혼자 있을 때와 비교) |
|---|---|
| 애인 | 4.51 |
| 친구 | 4.38 |
| 배우자 외의 가족 | 0.75 |
| 고객 | 0.43 |
| 자녀 | 0.27 |
| 동료, 동급생 | -0.29 |
| 기타 지인 | -0.83 |

〔출처〕매케론과 모라토(2013)

는 사람들과 함께 있을 때는 별로 행복해하지 않는다.

우리는 애인 또는 가까운 친구와 상호작용을 할 때 큰 행복을 얻는다. 하지만 오래전에 알고 지냈던 동급생과 우연히 마주친다면? 직장 동료들은? 잘 알지 못하고 안면만 있는 사람들은? 데이터를 보면 이런 사람들과의 상호작용은 우리를 행복하게 만들어주지 않는다. 실제로 데이터에 따르면 우리는 우리와 느슨하게 연결된 다수의 사람과 상호작용할 때보다 혼자 있을 때 더 행복해하는 경향이 있다. 조지 워싱턴George Washington이 자주 했던 말을 빌리면 "불편한 상대와 함께 있는 것보다는 혼자 있는 것이 낫다". 만약 조지 워싱턴이 아주 오래 살아서 현대의 행복 연구를 알게 됐다면 이렇게 말했을지도 모른다. "0부터 100까지의 척도를 기준으로 하면 불편한 상대와 함께 있을 때보다 혼자 있을 때 행복 점수가 0.83점 더 높다."

## '소셜미디어'라는 함정

소셜미디어는 우리를 불행하게 만드는가?

그렇다.

'행복을 주는 사람들' 표를 보면 소셜미디어가 우리를 불행하게 만들 거라는 생각이 든다. 우리가 소셜미디어에서 시간을 보낸다는 것은 단지 애인 또는 친구, 곧 우리를 행복하게 해주는 사람들과 상호작용하며 시간을 보내지 않는다는 뜻이 아니다. 그 시간에 우리는 우리 자신과 느슨하게 연결된 사람들, 곧 우리를 행복하게 만들어주지 않는 사람들과 상호작용하게 된다.

행복활동표 역시 소셜미디어가 우리를 불행하게 만든다는 것을 시사한다. 표에 따르면 소셜미디어는 행복을 가장 적게 제공하는 여가활동이다.

우리에게는 다른 증거들도 있다.

뉴욕대학교와 스탠퍼드대학교의 연구자들은 최근에 페이스북 사용의 효과에 관한 무작위 통제 실험을 진행했다.[6] 연구자들은 실험 참가자들을 실험군과 대조군 두 집단으로 나눴다. 실험군에 속한 참가자들에게는 4주 동안 페이스북 사용을 중단하는 대가로 1인당 102달러(약 13만 원)를 지급했다.* 대조군에 속한 참가자들은 평소와 같이 생활했다.

실험군에 속한 참가자들의 90퍼센트는 정말로 페이스북 사용을 중단했다. 그 사람들에게는 어떤 일이 벌어졌을까?

실험군에 속한 사람들(페이스북을 탈퇴한 사람들)은 대조군에 속한 사람들(평소처럼 페이스북을 사용한 사람들)보다 소셜미디어에 사용한 시간이 60분 적었고, 그렇게 절약한 시간의 상당 부분을 친구와 가족에게 사용했다. 그리고 이 사람들은 전보다 행복해졌다

---

* 그들이 102달러라는 금액을 선택한 이유는 사람들이 그 정도 금액을 받으면 페이스북 사용을 중단할 용의가 있다고 답했던 액수의 평균이기 때문이다.

고 답했다. 페이스북을 사용하지 않아서 얻는 행복은 일대일 심리치료를 시작해서 얻는 행복의 25~40퍼센트에 이르렀다.

그리고 이 사람들 대부분은 실험이 끝난 뒤에 자신이 더 행복해졌다는 것을 알아차렸다. 그들 중 80퍼센트 정도는 페이스북 사용을 중단한 것이 자신에게 좋았다고 답했다. 그들은 실험이 끝나고도 한 달 동안 페이스북을 예전보다 적게 사용하는 데 성공했다.

물론 누구도 우리에게 4주 동안 페이스북 사용을 중단하는 대가로 102달러를 주겠다고 제안하지 않는다. 하지만 그런 제안을 받았던 사람들에게서 얻은 교훈을 활용해서 우리도 페이스북을 비롯한 소셜미디어 사용을 줄일 수는 있다. 데이터에 따르면 소셜미디어는 우리를 불행하게 만들고 있으니까.


## '스포츠'라는 함정

나는 스포츠를 정말, 정말, 정말, 정말, 정말 사랑한다! 아마 독자들도 대강 짐작했을 것이다. 나는 머리말에서 내가 메츠를 좋아했던 이야기를 늘어놓기도 했고, 이 책의 제목을 '인생의 머니볼'이라고 지으려 했다고도 언급했다. 게다가 이 책은 인생에서 가장 중요한 아홉 가지 질문을 탐구하는데 그중 한 장에서 세계적인 운동선수가 되는 방법을 다뤘다.

물론이다. 나는 열렬한 스포츠광이다. 어릴 때부터 스포츠를 사랑했고, 앞으로도 영원히 스포츠를 사랑할 것이다.

따라서 공인된 스포츠광인 나로서는 다음과 같은 질문을 던지는 것이 전혀 즐겁지 않다. 스포츠 경기 시청은 사람들을 불행하게 만드는가?

매케론이 서섹스대학교의 피터 돌턴Peter Dolton과 함께 진행한 매우 중요한 연구를 보고 나서 나는 내 삶에서 스포츠가 어떤 역할을 하는지를 다시 생각해보게 됐다. 매케론과 돌턴은 스포츠 팬들이 자신이 가장 좋아하는 팀이 이기는 경기 또는 지는 경기를 시청하고 나서 몇 시간 동안 그들의 행복 점수가 어땠는지를 알아봤다.[7]

매케론과 돌턴은 여러 축구팀의 팬들을 모집해서 각자가 자신이 응원하는 팀의 경기를 보기 전, 보는 도중, 보고 난 뒤의 행복 점수를 분 단위로 측정했다.

결과는 어땠을까?

우선 경기가 시작되기 전에 어떤 일이 벌어지는지 보자. 평균적인 스포츠 팬의 경우 경기가 시작되기 몇 분 전부터 행복 점수가 조금씩 높아진다(100점 척도에서 1점 정도). 평균적인 스포츠 팬은 자신의 팀이 승리할 것을 기대하고 그 승리 장면을 상상하면서 기쁨을 느낀다.

경기가 끝난 다음에는 어떤 일이 벌어질까? 당연한 결과지만 경기가 어떻게 진행되느냐에 따라 달라진다.

응원하는 팀이 이길 경우 그 사람의 행복 점수는 약 3.9점 높아진다. 나쁘지 않다! 스포츠 팬이 되는 것도 이만하면 괜찮다. 당신의 팀이 이길 때는 스포츠 팬 노릇이 재미있다.

하지만 당신의 팀이 지면 어떤 일이 벌어질까? 응원하는 팀이 경기에서 진다면 그 사람의 행복 점수는 7.8점 정도 낮아진다. (경기가 무승부로 끝난다면 평균적인 스포츠 팬의 행복 점수는 3.2점 낮아진다.) 다시 말해 경기에서 패배할 때 받는 상처가 경기에서 이길 때의 기쁨보다 훨씬 크다.

스포츠 팬들은 굉장히 불리한 거래를 하는 셈이다. 평균적으로 스포츠 팀들이 경기에 이길 경우와 질 경우의 기댓값은 동일하므로 스포츠 팬들이 기대할 수 있는 기쁨보다 불행이 더 큰 것이다.

이 효과는 매우 크다. 어떤 사람이 네 개의 팀을 응원한다고 가정하자. 그는 닉스, 메츠, 제츠, 레인저스의 팬일지도 모른다. 매피니스 연구 결과를 토대로 추산하면 그는 1년 동안 행복 점수 684점을 잃을 것으로 예상된다. 다시 말해 네 개 팀의 열렬한 팬이라는 것을 기분으로 환산하면 매년 2.2일을 더 앓아눕는 것과 거의 같다.

그렇다면 스포츠 팬들은 어떻게 해야 할까? 스포츠의 함정을 피할 방법이 있을까?

쉬운 방법 하나는 실력이 더 좋은 팀을 응원하는 것이다. 수학적 원리는 다음과 같다. 만약 당신의 팀이 한 번 이길 때 행복 점수가 3.9점 상승하고 한 번 질 때 행복 점수가 7.8점 하락한다면, 당신의 팀이 시합에서 승리할 확률이 66.7퍼센트 이상이어야 당신이 그 팀을 응원해서 얻는 기쁨이 고통보다 커진다.

우리 아버지는 실제로 그런 시도를 해봤다. 아버지는 오랫동안

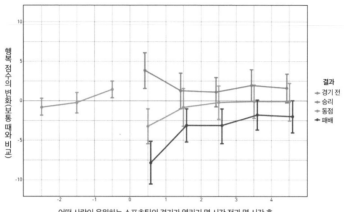

스포츠 팬의 함정: 승리의 만족감, 패배의 쓰라림

어떤 사람이 응원하는 스포츠팀의 경기가 열리기 몇 시간 전과 몇 시간 후

• 매케론은 친절하게도 이 논문에 수록된 통계와 그래프를 제공해주었다.

뉴욕 메츠를 응원했는데, 메츠가 거의 항상 형편없는 성적을 거두자 실망한 나머지 뉴욕 양키스로 바꿨다. 양키스는 챔피언십에 자주 진출했다. 어느 상쾌한 가을날 저녁, 아버지는 나에게 이렇게 말했다. "아들아, 형편없는 팀을 응원하기에는 인생이 너무 짧단다."

기업가이자 정치가인 앤드루 양Andrew Yang도 농구 팬으로서 이것과 비슷한 계산을 했다. 그는 줄곧 뉴욕 닉스를 응원하다가 브루클린 네츠로 갈아탔다. "닉스보다 나아요, 나아." 그는 《포브스Forbes》에 이렇게 말했다. "(닉스는) 구단주가 너무…… 너무 형편없어요."[8]

우리 아버지와 앤드루 양은 머리를 써서 시스템을 이긴 걸까?

그들은 매케론과 돌턴이 발견한 '스포츠의 함정'을 피했을까?

아니다!

매케론과 돌턴은 데이터를 더 잘게 쪼갰다. 그러자 스포츠 팬들의 뇌가 자신들이 응원하는 팀의 실력에 적응하기 때문에 우수한 팀의 승리에서 얻는 기쁨에도 한계가 있다는 결론이 나왔다. 구체적으로 살펴보면, 어느 팀의 승리가 예상될 경우 그 팀을 응원하는 스포츠 팬은 팀이 승리하면 행복 점수를 단 3.1점 얻지만 패배하면 10점을 잃는다. 다시 말해 당신이 응원하는 팀이 우수할수록 그 팀이 당신에게 기쁨을 안겨주기 위해 필요한 승리의 횟수는 늘어난다.

| | 팀의 승리가 예상되는 상황 | 팀의 패배가 예상되는 상황 |
|---|---|---|
| 팀이 승리하고 나서 행복 점수 변화의 평균값 | +3.1 | +7.0 |
| 팀이 패배하고 나서 행복 점수 변화의 평균값 | -10.0 | -6.3 |

여기에는 여러 가지 중독 증세와도 비슷한 점이 있다. 예컨대 코카인 같은 약물은 많이 복용할수록 추가 복용으로 얻는 쾌감이 줄어들고 복용을 중단할 때의 고통은 증가한다.

코카인이나 양키스나 원리는 같다. 지금까지 성적이 좋았던 팀이 팬들에게 기쁨을 선사하기 위해서는 훨씬 많은 승리를 거둬야 한다. 그리고 팀의 승리를 예상했는데 승리하지 못하면 팬들은 극심한 고통을 느낀다. 데이터에 따르면 스포츠 팬들의 '기쁨-고통 함정'

을 거뜬히 피할 정도로 많이 이기는 스포츠 팀을 찾기란 도저히 불가능하다.

그렇다면 우리 같은 스포츠 팬들은 우리의 생활에서 스포츠를 통째로 잘라내야 할까? 매피니스 데이터는 흡연이 암을 유발한다는 것을 입증했던 초창기 연구들과 비슷한 걸까? 앞으로는 스포츠 경기에도 "스포츠는 불행을 유발할 수 있습니다"라는 의사의 경고 문구를 삽입해야 할까?

꼭 그렇지는 않다.

앞에서 소개한 행복활동표를 다시 보라. (만약 당신이 책장을 다시 앞으로 넘겨 표를 확인할 만큼 부지런하지 못하다면 내가 그냥 그 표의 내용을 알려주겠다.) 표에 따르면 스포츠 경기 시청은 평균적으로 상당히 만족스러운 경험이다.

행복이라는 관점에서 스포츠 경기 시청의 위험이 모든 경기에 나타나는 건 아니다. 위험은 우리가 어떤 팀의 팬이 될 때, 다시 말해 우리가 결과에 지나치게 연연할 때 찾아온다. 데이터는 우리가 결과에 신경을 덜 쓸수록 스포츠 경기를 즐겁게 관람할 확률이 높아진다고 말한다.

스포츠 경기를 시청할 때는 우리 모두 불교적인 태도를 취할 필요가 있다. 결과에 너무 연연하지 않으면서 스포츠 경기를 관람할 때 우리는 세계적인 운동선수들의 기교를 즐길 수 있다. 스포츠를 보면서 결과에 신경을 쓸 때 우리는 승리가 주는 기쁨보다 패배의 고통이 더 커지는 함정에 빠져든다.

스포츠 세계에서 얻은 데이터는 다음과 같이 요약된다. '당신이 응원하지 않는 팀들의 경기를 더 많이 시청하라.'

## '술'이라는 함정

평생 우울증으로 고생했던 코미디언 닐 브레넌Neal Brennan에게 그의 친구이자 코미디언인 데이브 셔펠Dave Chappelle이 조언을 해준 적이 있다. 셔펠은 브레넌에게 우울증을 이겨내는 방법을 알려주었다. "술이나 마셔." 그러자 브레넌이 대답했다. "나는 술을 안 마시는데? 원래 술을 좋아하지 않아서."9 셔펠은 수많은 성인 남녀가(그의 친구 브레넌은 아니었지만) 삶의 우울함을 달래기 위해 알코올과 같은 약물을 이용한다는 것을 알고 있었다.

그건 현명한 선택일까?

물론 건전한 조언은 셔펠의 조언과 정반대일 것이다. 우리는 약물을 멀리하고, 인위적으로 기분을 좋게 하는 수단 없이도 행복해지는 방법을 찾으라는 충고를 자주 듣는다. 이것은 인구의 상당수를 차지하는, 알코올에 쉽게 중독되는 사람들에게 적합한 조언이다. 알코올은 우리의 삶을 망가뜨릴 수도 있는 위험한 약물이니까.

그러면 중독자가 아닌 사람들은 어떨까? 중독자가 아니라면 술을 마셔야 할까? 어떤 술을 마셔야 할까?

이 문제에 관해서는 유의미하지만 경험적인 의문이 많다. 사람이 술을 마시면 실제로 얼마나 행복해지는가? 술을 마시고 나서 몇 시간 또는 며칠 동안 기분이 나빠지는 부작용이 있는가? 사람들이 어떤 일을 하고 있느냐에 따라 술을 마실 때의 기분이 달라지는가?

10년 전이었다면 이런 질문들에 대한 정직한 대답은 각각 "알 수 없음" "알 수 없음" "알 수 없음"이었을 것이다. 하지만 행복과 관련된 수많은 다른 사안과 마찬가지로, 매피니스 프로젝트는 알코올이 행복에 끼치는 영향에 관한 우리의 이해를 변화시켰다. 매피니스 사용자들은 자신이 "알코올을 섭취하고 있는지 아닌지"라는 질문에 답하고 그들이 얼마나 행복한지를 이야기했다. 매케론과 공동 연구자인 벤 바움버그 가이거Ben Baumberg Geiger는 알코올 섭취와 행복에 관한 데이터를 분석했다.[10]

첫째, 별로 충격적이지 않은 결과. 동일한 사람이 동일한 상대와 함께 동일한 활동을 하는 경우 알코올을 섭취하면서 그 활동을 할 때 행복 점수가 4점 정도 높아졌다. 알코올은 정말로 기분이 좋아지게 만든다.

그러면 술을 마신 다음에는 어떻게 될까? 그 사람은 자신이 추가로 얻은 4점을 다시 잃어버릴까? 토요일 밤이 준 점수를 일요일 아침에게 빼앗길까? 연구자들은 사람들이 술을 마신 다음을 추적했다. 그 결과 평균적으로 저녁에 알코올을 섭취한 경우 다음 날 아침의 기분에는 별다른 차이가 없었다. 하지만 알코올을 섭취한 사람들이 알코올을 섭취하지 않은 사람들보다 다음 날 아침에 조금 더 피곤해하기는 했다.

또 연구자들은 어떤 활동을 하고 있느냐에 따라 알코올의 행복 점수를 비교했다. 질문은 두 가지였다. 사람들은 알코올과 함께 어떤 활동을 주로 하는가? 알코올은 여러 가지 활동의 행복 점수를 얼마나 높여주는가?

첫 번째 질문부터 보자. 당연한 이야기지만 사람들은 사교활동을 할 때 술을 가장 많이 마신다. 과학자들이 발견한 뚜렷한 패턴은 사람들은 알코올이 없어도 재미있는 활동을 하면서 술을 마실 확률이 가장 높다는 것이다. 다시 말해 사람들은 '좋은 밤'을 '끝내주는 밤'으로 바꾸기 위해 술을 마신다.

두 번째 질문으로 넘어가보자. 우리가 다양한 활동을 하면서 알코올을 섭취할 때 우리의 기분은 어떻게 변하는가? 데이터를 분석한 결과, 알코올이 없다면 즐겁지 않을 활동을 하면서 알코올을 섭취할 때 기분이 좋아지는 효과가 가장 컸다.

브루스 스프링스틴의 콘서트는 알코올이 있든 없든 간에 정말 재미있다. 섹스는 알코올이 있든 없든 간에 진짜로 재미있다. 친구

**사람들이 술을 마시면서 하는 활동**

| 대화/수다/사교 | 49.2% |
| --- | --- |
| TV/영화 시청 | 31.2% |
| 식사/간식 | 27.9% |
| 음악 감상 | 10.4% |
| 수면/휴식/긴장 풀기 | 7.4% |

〔출처〕 가이거와 매케론(2016)

와 수다를 떠는 건 알코올이 있든 없든 간에 진짜로 재미있다. 하지만 이동과 통근은 알코올이 없으면 재미없지만 알코올이 있으면 그럭저럭 괜찮아진다. 기다리기, 줄서기, 샤워하기, 몸단장하기도 마찬가지다.

이런 결과는 알코올을 제대로 활용하고 있지 못하는 사람이 많다는 것으로 해석된다. 우리는 알코올의 효과가 가장 적을 때 술을 가장 많이 마시기 때문이다. 또한 이 결과는 실제로 삶의 질을 증진할 수 있는 음주 전략을 알려준다.

예컨대 당신이 저녁에 친구들을 만나러 나갈 준비를 하고 있다고 치자. 대부분의 사람들은 외출 준비를 하는 동안에는 술을 마시지 않고 외출한 다음에 술을 마실 것이다. 데이터에 따르면 당신이 실제로 더 행복해지는 방법은 샤워를 하면서 술을 마시고, 약간 알딸딸한 상태로 준비를 하고, 외출할 때는 멀쩡한 정신을 되찾는 것

| 알코올의 효과가 가장 큰 활동(사람들은 술을 마시면서 이 활동을 할 때 훨씬 행복해진다) | 알코올의 효과가 가장 적은 활동(사람들이 술을 마시면서 이 활동을 할 때와 술을 마시지 않으면서 이 활동을 할 때의 기분이 비슷하다) |
| --- | --- |
| 이동/통근<br>기다리기/줄서기<br>수면/휴식/긴장 풀기<br>흡연<br>샤워/옷 갈아입기/몸단장 | 신체 접촉/섹스<br>연극/무용/콘서트<br>대화/수다/사교<br>TV/영화 시청<br>독서 |

〔출처〕가이거와 매케론(2016)

이다. 그러면 외출 준비를 하는 동안에는 재미있고 알딸딸할 것이고, 외출해서는 머리가 맑고 재미도 있을 것이다.

다른 예를 들어보자. 당신이 공연장에 갔다가 우버Uber를 이용해 집으로 돌아온다고 생각해보라. 대다수 사람들은 공연장에서 술을 한두 잔 마시고, 우버 차를 타고 집으로 돌아오는 지루한 시간에는 맑은 정신이 될 것이다. 데이터에 따르면 당신은 공연장에서 술을 마시지 않고 우버 차에 타기 직전에 술을 한두 잔 마실 때 더 행복한 저녁을 보낼 수 있다. 공연장에서는 맑은 정신으로 재미있는 시간을 보내고, 이동 중에는 재미있고 알딸딸한 시간을 보내는 것이다.

알코올의 위험을 한 번 더 강조해야겠다. 알코올은 어떤 사람들의 삶을 망가뜨린다. 당신이 동료들과 함께 술을 마시거나, 샤워 중에 술을 마시거나, 비행 중에 술을 마시려면 당연히 조심해야 한다.

그래서 나는 결정적인 단서가 달린 조언을 하려고 한다. 만약 당신이 뭔가에 쉽게 중독되는 성향이 아니라면 알코올이 기분을 좋게 하는 좋은 수단이 될 수 있다는 증거가 나와 있다. 사교라든가 섹스처럼 기본적으로 즐거운 활동을 할 때는 알코올 섭취를 자제하고, 괴롭고 따분한 활동을 할 때 알코올을 섭취해서 그 활동을 덜 괴롭고 덜 지루하게 만들어보라. 하지만 이 조언을 실행에 옮길 때는 조심하고 또 조심해야 한다. 직관에 반하는 데이터 중심 전략으로 기분을 좋게 하려다 자칫 경계선을 넘어 알코올의존증으로 직행할 우려가 있으니까.

## '자연 결핍'이라는 함정

"행복은 자연 속에 있을 때 더 커진다." 이것은 매케론과 모라토가 매피니스 프로젝트의 데이터를 분석해서 작성한 논문의 제목이다.

이 논문은 자연 속에 있는 것이 행복의 중요한 요소라고 주장한다[11](제목을 보고 당신도 짐작했겠지만). 더 행복해지고 싶은가? 과학자들은 우리에게 들판, 산, 호수에서 더 많은 시간을 보내고 지하철, 회의실, 소파에서 보내는 시간을 줄이라고 충고한다(물론 당신이 소파에서 섹스를 하고 있다면 몰라도. 앞서 설명한 대로 섹스는 인간의 모든 활동 중에 기쁨을 가장 많이 주는 활동이다).

과학자들은 무슨 근거로 자연 속에 있으면 사람들이 행복해진다고 주장할까?

자연 속에 있는 것과 웰빙의 관계는 행복활동표만 봐도 분명히 알 수 있다. 사람들이 가장 큰 행복을 느끼는 활동 열 가지 중에 다섯 가지(스포츠, 원예, 조류 관찰, 사냥/낚시, 걷기/등산)가 자연 속에서 하는 활동이다. 사람들이 행복을 가장 적게 느끼는 활동 열 가지 중에 열 가지(100퍼센트)가 자연 속에서는 절대로 하지 않는 활동이다.

물론 자연 속에 있는 것과 행복을 느끼는 것이 상관관계가 있다고 해서 자연 속에 있으면 사람들이 행복해진다는 것이 증명되지는 않는다. 어쩌면 자연 속에서 하는 활동들이 사람들을 더 행복하게 만드는 이유는 장소와는 무관하게 단순히 그 활동들이 더 재미있기 때문인지도 모른다.

사람들을 가장 불행하게 만드는 활동인 '앓아눕기'는 절대로 자연 속에서 이뤄지지 않는 활동이다. 하지만 대부분의 사람은 자연 속에 있더라도 앓아누워 있으면 불행하다고 느낄 것이다. 설령 당신이 해 질 녘에 그랜드캐니언 가장자리에 누워 있더라도 목구멍이 불타는 것처럼 따갑고 배가 아프고 머리가 지끈거린다면 당신은 불행할 수밖에 없다.

하지만 자연이 행복의 원인을 제공한다는 증거는 점점 강력해지고 있다. 매케론과 모라토는 자연 속에서 활동하는 사람들(예컨대 5월의 화창한 토요일에 요세미티에서 등산하는 사람들)과 인공적인 환경에서 활동하는 사람들(예컨대 2월의 비 오는 화요일에 몸이 아파서 침대에 누워 있는 사람들)을 단순 비교하는 데 그치지 않았다. 그런 식의 비교만 했다면 설득력이 별로 없었을 것이다. 매케론과 모라토는 동일한 사람이 환경을 제외한 모든 측면(그들이 생각해낼 수 있는 모든 변수)에서 동일한 상황에 놓여 있는 경우를 비교했다.

매케론과 모라토의 방법은 다음과 같았다. 예컨대 존이라는 사람이 맑고 따뜻한 금요일 오후 5시에 친구와 함께 달리기를 한다고 치자. 어느 맑고 따뜻한 날에 그는 런던의 거리를 달린다. 때로는 공원에 가서 달리기를 하고, 때로는 호숫가에서 달리기를 한다. 매케론과 모라토는 각각의 경우에 존이 느끼는 행복감을 비교했다. 예컨대 세라라는 사람이 매주 월요일 오후 2시에 업무 회의를 한다고 치자. 한 번은 야외 잔디밭에서 회의를 했고, 한 번은 평소대로 회의실에서 했다. 연구자들은 각각의 상황에서 세라의 행복감을 비교했다. 그리고 매피니스의 데이터세트는 규모가 어마어마하기 때문에 수많은 사람을 대상으로 이런 비교를 할 수 있었다.

매케론과 모라토는 어떤 사람이 자연 속에 있는지 아닌지를 어떻게 파악했을까? 매피니스 프로젝트가 사람들에게 지금 무엇을 하고 있으며 누구와 함께 있는지만 물었고 지금 어디에 있느냐고는 묻지 않았다는 사실을 기억하라. 마법의 열쇠는 스마트폰에 있었다. 스마트폰은 GPS를 통해 실험 참가자가 있는 지점의 위도와 경도를 알려준다. 그래서 매케론과 모라토는 그 위도와 경도 데이터를 미국의 지형 데이터와 결합할 수 있었다. 설명은 이쯤 해두자. 다음 표는 동일한 사람이 동일한 시간에 동일한 활동을 다른 환경에서 할 때 그 사람이 얼마나 행복한가를 나타낸다.

'바로 이거야!' 다음 표를 보고 나는 매케론과 모라토 덕분에 드디어 나의 고민을 해결할 방법, 곧 행복의 정답을 찾았다고 생각했다.

내가 행복해지고 싶다면 해야 할 일은…… '해양 및 해안 지대'에서 보내는 시간을 늘리면 된다. 남은 문제는 단 하나였다. 나는 '해양 및 해안 지대'가 어떤 곳인지 감이 잡히지 않았다. 아니, 솔직히 말해서 나는 '황무지'와 '초원'이 뭔지도 잘 몰랐다. 매케론과 모라토의 발견에 따르면 황무지와 초원도 사람의 행복을 확 끌어올린다고 한다.

## 행복지형표

| 지표면의 유형 | 행복 점수 증가 (도시 환경에 있을 때와 비교) |
|---|---|
| 해양 및 해안 지대 | 6.02 |
| 산, 황무지, 초원 지대 | 2.71 |
| 삼림 지대 | 2.12 |
| 반자연(Semi-natural) 초원 지대 | 2.04 |
| 울타리를 두른 농지 | 2.03 |
| 민물, 습지대, 범람원 | 1.8 |
| 교외의 개발된 구역 | 0.88 |
| 내륙 지대의 잔디 없는 바닥 | 0.37 |

〔출처〕 매케론과 모라토(2013)

다행히 나는 이 단어들을 구글에서 찾아볼 수 있었다. 검색해보니 '해안 지대'란 바다와 가까운 육지라고 나왔다.

매케론과 모라토는 '해안 지대'의 사진을 볼 때의 효과를 연구하지는 않았지만, 나는 사진을 하나 실어야겠다고 생각했다. 해안 지대의 사진만 봐도 사람들의 기분이 좋아질지도 모르니까.

위키피디아에 따르면 황무지란 "자연 배수가 되지만 경작은 불가능한 산성 토양"이며, "개방되어 있고, 키 작은 식물과 관목이 자란다"고 한다. 나는 아직도 이 설명을 완전히 이해하지는 못한다. 그래도 황무지 사진을 실어본다.

사람의 행복에 '지형'이 끼치는 영향은 어떻게 계산할까? 지형의 효과를 행복활동표와 비교해보자. 만약 당신이 회의 중이라면 당

**세계의 '행복한 장소'들 중 하나**

조란크르스틱(ZoranKrstic)이 셔터스톡(Shutterstock)에 기증한 사진

**이런 장소에 있기만 해도 행복 점수가 2.71점 높아진다**

이스라엘 헤르바스 벵고체(Israel Hervas Bengoche)가 셔터스톡에 기증한 사진

신의 행복 점수는 1.5점 낮아진다. 그런데 당신이 바다에 인접한 육지인 '해안 지대'에서 회의를 하고 있다면 당신의 행복 점수는 4.5점 높아져서 스포츠 경기를 시청할 때의 점수와 거의 같아진다. 다시 말해 회의 장소를 삭막한 도시의 회의실에서 바다와 가까운 지대로 옮기기만 해도 지루한 활동이 괜찮은 활동으로 바뀐다. 이 정도면 상당히 큰 효과가 아닌가!

자연의 뚜렷한 특징 중 하나는 아름답다는 것이다. 꼭 자연이 아니더라도 아름다운 것 가까이에 있으면 기분이 좋아진다는 증거가 매피니스 프로젝트의 데이터에도 있다.

차누키 일루시카 세레신헤Chanuki Illushka Seresinhe 연구진은 이 주제를 더 자세히 탐구했다.[12] 그들은 시닉오어낫ScenicOrNot이라는 새로운 웹사이트를 만들고는 자원자들에게 영국 여러 지역의 아름다움을 평가해달라고 요청했다. 예컨대 다음에 실린 사진은 시닉오어낫의 자원자들이 아름답다고 평가한 장소의 풍경이다.

연구자들은 매피니스 사용자들의 GPS 데이터를 이용해 그들이 영국의 어느 지역에 있었는지, 그리고 그곳이 얼마나 아름다웠는지를 알아낼 수 있었다. 그들은 매케론과 모라토의 연구에서 고려된 활동, 시간, 함께 있었던 사람, 날씨 등의 모든 변수에다 지형을 추가했다. 그러자 동일한 사람이 동일한 시간대에 동일한 상대와 함께 동일한 활동을 하며 날씨와 지형(예컨대 '해안 지대')도 동일한데 장소의 아름다움만 다른 경우를 비교할 수 있게 됐다.

연구자들은 다른 조건이 모두 동일하다면 경치가 가장 아름다

아름다운 장소로 선정된 곳의 풍경
사람들은 다른 조건이 모두 동일하다면 이런 장소에 있을 때 유의미하게 행복하다고 답했다.
〔출처〕 사진은 밥 존스(Bob Jones). http://creativecommons.org/licenses/by-sa/2.0에서 찾을 수 있다. Creative
Commons Attribution-Share Alike 2.0 Generic License 지침에 따라 이미지 재사용 허가를 받아 수록함.

운 장소에 있을 때와 가장 덜 아름다운 장소에 있을 때의 행복 점수
가 2.8점 차이 난다는 사실을 발견했다. 데이터의 교훈은 명확하다.
행복해지는 방법 중 하나는 자연 속에서 아름다운 풍경에 둘러싸여
보내는 시간을 늘리는 것이다.

이러한 결과는 시에르프 데 프리스Sjerp de Vries 연구진이 진행한 다른 연구에서도 확인됐다. 프리스 연구진은 매피니스 프로젝트에서 영감을 얻어 '해피히르HappyHier'라는 앱을 자체 제작한 다음, 네덜란드 사람들에게 알림을 보내 그들이 얼마나 행복한지를 물었다.[13] 그들 역시 사람들은 자연 속에 있을 때와 물가에 있을 때 가장 행복하다는 결과를 얻었다. 흥미롭게도 프리스 연구진은 어떤 사람이 물 가까이에 있을 때 행복이 증진되는 효과는 그 사람이 실내에 있을 때도 유효하다는 사실을 발견했다. 아마도 바다 풍경을 보고 기분이 좋아져서 그럴 것이다.

환경이 우리의 행복에 끼치는 영향에 관한 중요한 질문이 하나 더 있다. 날씨는 우리의 행복에 어떤 영향을 끼칠까? 매케론과 모라

### 행복날씨표

| 날씨 | 야외에 있을 때 행복 점수의 변화 |
| --- | --- |
| 눈 | 1.02 |
| 맑음 | 0.46 |
| 안개 | -1.35 |
| 비 | -1.37 |
| 0~8도 | -0.51 |
| 8~16도 | 0.29 |
| 16~24도 | 0.99 |
| 24도 이상 | 5.13 |

〔출처〕 매케론과 모라토(2013)

토는 이 점도 분석했다. 이번에도 연구자들은 동일한 사람이 동일한 시간대에 동일한 활동을 하는 경우를 비교했는데, 다만 날씨의 변화에 따라 그 사람의 행복 점수가 어떻게 변화하는지를 들여다봤다.

결과가 가리키는 방향은 하나도 놀랍지 않았다. 태양은 비보다 사람들을 행복하게 한다. (당연한 소리!) 따뜻한 날씨는 추운 날씨보다 사람들을 행복하게 한다. (당연한 소리!)

그런데 그 효과의 크기는 조금 놀라웠다. 특히 현재까지 날씨가 우리의 행복에 끼치는 영향 중에서 가장 큰 것은 아주 따뜻한 날의 긍정적인 효과였다. 기온이 섭씨 24도(화씨 75.2도) 이상일 때 사람들의 행복 점수는 평균 5.13점 상승했다. 다른 날씨의 효과들은 그만큼 크지 않았다. 살을 에는 추위라고 해서 그냥 추위보다 사람들을 훨씬 불행하게 만들지는 않았다. 그리고 비의 부정적인 효과는 따뜻한 날씨의 긍정적인 효과보다 유의미하게 작았다.

날씨와 행복의 관계에 관해 이야기하자면, 우리가 행복해지기 위해서는 악천후인 날들을 피하는 것보다 날씨가 기막히게 좋은 날의 수를 최대한 늘리는 것이 더 중요해 보인다.

'행복날씨표'를 매케론과 모라토와 매피니스 연구진이 제작한 다른 표들과 비교해보면 또 하나의 중요한 결론에 이른다. 보통 사람의 행복을 결정하는 데는 날씨보다 다른 요인들이 더 중요하다.[14]

예를 들면 다음과 같다.

- 똑같이 야외에 있더라도 사람들은 평균적으로 섭씨 21도의

화창한 날에 혼자 있을 때보다는 섭씨 2도의 비 오는 날에 친구들과 어울릴 때가 더 행복하다.

- 사람들은 기온이 섭씨 21도일 때 도시에 있는 것보다는 섭씨 2도일 때 호숫가에 있는 것을 더 행복하게 느낀다.
- 사람들은 섭씨 21도인 날에 술을 마시지 않고 있을 때보다 섭씨 2도인 날에 술을 마실 때 더 행복하다.
- 사람들은 섭씨 21도인 화창한 날에 아무것도 하지 않고 누워 있을 때보다 섭씨 2도인 날에 운동을 할 때 더 행복하다.

구름 한 점 없이 화창한 날은 실제로 사람의 기분을 좋게 만든다. 하지만 날씨의 중요성을 과장하지는 말자. 날씨는 그 자체로는 우리를 행복하게 만들지 못한다. 행복해지려면 우리를 행복하게 만드는 사람들과 함께 우리를 행복하게 만드는 활동을 해야 한다.

# 데이터 중심 인생 해법을 찾아서

독자들이여, 이 책을 마무리할 때가 왔다. 그리고 8장에서 소개한 피크엔드 법칙을 생각하면 마무리를 잘해야 할 것 같다. 이 책 전체에 대한 당신의 감정은 마지막 몇 문단을 읽을 때의 감정에 크게 좌우될 테니까. 그리고 이 책을 읽은 것이 결장경 검사를 받는 것처럼 괴로웠다고 느끼는 독자들을 위해서는, 그 경험을 적어도 8장에서 소개한 환자 B의 결장경 검사 정도로는 끌어올려주고 싶다. 마지막이 그렇게 나쁘지 않다면 그 경험 자체가 덜 고통스러운 것으로 기억될 테니까.

그렇다면 데이트 사이트, 납세 기록, 위키피디아 자료, 구글 검색 데이터 등의 빅데이터에서 우리는 무엇을 배웠을까?

우선 빅데이터는 우리가 종종 세상이 돌아가는 방식을 실제와 다르게 생각한다는 것을 알려준다.

때때로 데이터는 직관과 완전히 반대되는 통찰을 제공한다. 예컨대 미국의 전형적인 부자들은 주류 도매업체 사장이라는 것, 그리고 서로 전혀 다른 자질을 가진 두 사람이 연애를 하더라도 장기적으로 행복해지거나 불행해질 확률은 동일하다는 것.

하지만 때때로 데이터는 직관에 반하는 것에 반하는 통찰을 선사한다. 이런 통찰은 상당히 합리적이지만 어쨌든 전통적인 지혜로 간주되지는 않았던 것들이다. 현대사회의 대중매체를 비롯한 다양한 통로에서 얻는 대표성 부족한 데이터가 그동안 우리를 속인 것이다.

조지 매케론과 수재나 모라토를 비롯한 여러 연구자는 인생에서 가장 중요한 주제인 '행복'을 연구했다. 그 연구의 주된 교훈에도 위에 언급한 통찰이 포함된다. 행복에 관한 현대적이고 혁신적인 연구들을 검토하고 나서 나는 행복이 우리가 생각하는 것만큼 복잡하지 않다는 결론에 이르렀다. 예컨대 친구들과 어울리는 일이나 호숫가에서 산책하는 일처럼 우리를 행복하게 만드는 일들은 꼭 그렇게 황홀한 경험은 아니다.

그러나 현대사회는 우리를 속여서 데이터(또는 약간의 상식)에 따르면 우리를 행복하게 만들지 않을 것 같은 일을 시키려고 한다. 우리 대부분은 우리가 좋아하지 않는 사람들과 함께 우리가 좋아하지 않는 직장에서 오랜 세월을 바쳐가며 지나치게 열심히 일한다. 우리 대부분은 몇 시간씩 소셜미디어를 들여다보며 최근에 올라온 내용을 확인한다. 우리 대부분은 진짜 자연 속에서 보내는 시간이 없이 몇 달을 흘려보낸다.

매피니스 데이터는(그리고 매피니스와 비슷한 다른 프로젝트들도) 만약 우리가 행복하지 않다면 우리가 사람을 행복하게 만드는 활동(엄청나게 멋진 활동이 아니어도 된다)을 충분히 하고 있는가라는 질문을 스스로에게 던져봐야 한다고 알려준다.

행복에 관한 모든 연구 논문을 읽어본 다음 나 자신에게 물었다. 현대 행복 연구의 모든 교훈을 한 문장으로 압축할 수 있을까? 그런 문장이 있다면 바로 '데이터 중심 인생 해법'일 것 같다.

빅데이터가 인생에서 가장 중요한 질문에 관해 우리에게 알려주는 것을 요약하면 뭐라고 할 수 있을까? 스마트폰 덕분에 가능했던 수백만 개의 알림은 고통과 존재의 수수께끼에 대한 답에 관해 무엇을 밝혀냈는가? 인생 전반에 적용 가능한 데이터 중심 해법은 무엇인가?

내가 찾아낸 '데이터 중심 인생 해법'은 다음과 같다. "섭씨 26도의 화창한 날에, 아름다운 강이나 바다가 내려다보이는 장소에서, 당신이 사랑하는 사람과 섹스를 하라."

부록

다음 표는 나와 스펜서 그린버그의 공동 조사에 따른 활동별 행복 예상치와 브라이슨과 매케론이 작성한 실제 활동별 행복 점수 순위를 비교한 것이다. '전시회/박물관/도서관'처럼 순위 차이가 양의 값인 활동들은 사람들이 예상하는 것보다 더 큰 행복을 준다. '수면/휴식/긴장 풀기'처럼 순위 차이가 음의 값인 활동은 사람들이 예상하는 것보다 행복을 적게 선사한다.

| 활동 | 예상되는 행복도 순위 | 실제 행복도 순위 | 차이 |
|---|---|---|---|
| 친밀한 접촉/섹스 | 1 | 1 | 0 |
| 반려동물 돌보기/놀아주기 | 2 | 15 | -13 |
| 취미활동/그리기/만들기 | 3 | 11 | -8 |
| 대화/수다/사교 | 4 | 7 | -3 |
| 연극/무용/음악회 | 5 | 2 | 3 |
| 노래/연기 | 6 | 6 | 0 |
| 수면/휴식/긴장 풀기 | 7 | 27 | -20 |
| 운동 경기/행사 | 8 | 13 | -5 |
| 컴퓨터/스마트폰 게임 | 9 | 20 | -11 |
| TV 시청/영화 감상 | 10 | 19 | -9 |

| 조류/자연 관찰 | 11 | 8 | 3 |
|---|---|---|---|
| 식사/간식 | 12 | 21 | -9 |
| 기타 게임/퍼즐 | 13 | 16 | -3 |
| 사냥/낚시 | 14 | 9 | 5 |
| 원예 | 15 | 5 | 10 |
| 스포츠/달리기/운동 | 16 | 4 | 12 |
| 아이 돌보기/놀아주기 | 17 | 14 | 3 |
| 명상/종교활동 | 18 | 12 | 6 |
| 독서 | 19 | 24 | -5 |
| 전시회/박물관/도서관 | 20 | 3 | 17 |
| 차/커피 마시기 | 21 | 23 | -2 |
| 인터넷 서핑 | 22 | 29 | -7 |
| 음주 | 23 | 10 | 13 |
| 요리/식사 준비 | 24 | 22 | 2 |
| 문자메시지/이메일/소셜미디어 | 25 | 30 | -5 |
| 강연/팟캐스트 듣기 | 26 | 25 | 1 |
| 도박/내기 | 27 | 18 | 9 |
| 이동/통근 | 28 | 32 | -4 |
| 장보기/볼일 보기 | 29 | 17 | 12 |
| 성인 돌보기/도와주기 | 30 | 36 | -6 |
| 샤워/옷 갈아입기/몸단장 | 31 | 26 | 5 |
| 흡연 | 32 | 28 | 4 |
| 업무/공부 | 33 | 37 | -4 |
| 회의/세미나/강의 | 34 | 33 | 1 |
| 행정/재무/정리정돈 | 35 | 34 | 1 |
| 집안일/잡일/DIY | 36 | 31 | 5 |
| 기다리기/줄서기 | 37 | 35 | 2 |
| 앓아눕기 | 38 | 38 | 0 |

# 주석

## 머리말: 데이터를 사랑하는 사람들을 위한 자기계발서

1   Christian Rudder, *Dataclysm: Who We Are (When We Think No One's Looking)* (New York: Broadway Books, 2014).

2   Samuel P. Fraiberger et al., "Quantifying reputation and success in art," *Science* 362(6416) (2018): 825-29.

3   Michael Lewis, *Moneyball: The Art of Winning an Unfair Game* (New York: Norton, 2004).

4   Jared Diamond, "How to succeed in baseball without spending money," *Wall Street Journal*, October 1, 2019.

5   Ben Dowsett, "How shot-tracking is changing the way basketball players fix their game," *FiveThirtyEight*, August 16, 2021, https://fivethirtyeight.com/features/how-shot-tracking-is-changing-the-way-basketball-players-fix-their-game/.

6   Douglas Bowman, "Goodbye, Google," https://stopdesign.com/archive/2009/03/20/goodbye-google.html, March 20, 2009.

7   Alex Horn, "Why Google has 200m reasons to put engineers over designers," *Guardian*, February 5, 2014.

8   "Are we better off with the internet?" YouTube, 2012년 7월 1일 아스펜 연구소(Aspen Institute)가 업로드한 영상, https://www.youtube.com/

watch?v=djVrLNaFvIo.

9    Gregory Zuckerman, *The Man Who Solved the Market* (New York: Penguin, 2019).

10   Amy Whyte, "Famed Medallion fund 'stretches . . . explanation to the limit,' professor claims," *Institutional Investor*, January 26, 2020, https://www.institutionalinvestor.com/article/b1k2fymby99nj0/Famed-Medallion-Fund-Stretches-Explanation-to-the-Limit-Professor-Claims.

11   매피니스에 관한 더 자세한 정보는 다음 링크를 참조하라. http://www.mappiness.org.uk.

12   Rob Arthur and Ben Lindbergh, "Yes, the infield shift works. Probably," June 30, 2016, https://fivethirtyeight.com/features/yes-the-infield-shift-works-probably/.

13   Daniel H. Pink, *To Sell Is Human* (New York: Penguin, 2012).

14   Neeraj Bharadwaj et al., "EXPRESS: A New Livestream Retail Analytics Framework to Assess the Sales Impact of Emotional Displays," *Journal of Marketing*, September 30, 2021.

15   사람들이 구글 검색창에 입력한 성기의 크기에 관한 데이터는 다음 링크에서 볼 수 있다. https://trends.google.com/trends/explore?date=all&q=my%20penis%20is%205%20inches,my%20penis%20is%204%20inches,my%20penis%20is%203%20inches,my%20penis%20is%206%20inches,my%20penis%20is%207%20inches.

16   Ariana Orwell, Ethan Kross, and Susan A. Gelman, " 'You' speaks to me: Effects of generic-you in creating resonance between people and ideas," *PNAS* 117(49) (2020): 31038-45.

17   https://en.wikipedia.org/wiki/List_of_best-selling_books.

18   Matthew Smith, Danny Yagan, Owen Zidar, and Eric Zwick, "Capitalists in the Twenty-First Century," *Quarterly Journal of Economics* 134(4) (2019): 1675-1745.

19   Pierre Azoulay, Benjamin F. Jones, J. Daniel Kim, and Javier Miranda,

"Age and High-Growth Entrepreneurship," *American Economic Review* 2(1) (2020): 65-82.

20 Ibid.

21 Ibid.

22 Ibid.

23 Yuval Noah Harari, *Homo Deus: A Brief History of Tomorrow* (New York: Random House, 2016).

24 "Yuval Noah Harari. Organisms Are Algorithms. Body Is Calculator. Answer = Sensation~Feeling~Vedan?," YouTube, 2020년 6월 13일 라시드 카파디아(Rashid Kapadia)가 업로드한 영상, https://www.youtube.com/watch?v=GrQ7nY-vevY.

25 Daniel Kahneman, *Thinking, Fast and Slow* (New York: Farrar, Straus & Giroux, 2011).

## 1장. AI 시대의 결혼

1 https://www.wesmoss.com/news/why-who-you-marry-is-the-most-important-decision-you-make/.

2 Harry T. Reis, "Steps toward the ripening of relationship science," *Personal Relationships* 14 (2007): 1-23.

3 Samantha Joel et al., "Machine learning uncovers the most robust self-report predictors of relationship quality across 43 longitudinal couples studies," *PNAS* 117(32): 19061-71.

4 조사에 포함된 변수들은 다음 링크를 참조하라. https://osf.io/8fzku/. 본문 내용과 관련된 파일은 '이론적 분류의 고급 코드집(Master Coodebook with Theroretical Categorization)'이라는 항목에 있는 Final.xlsx다. 이 파일의 위치를 알려준 조엘에게 고마움을 전한다.

5 https://www.psychology.uwo.ca/pdfs/cvs/Joel.pdf.

6 나는 2020년 9월 24일에 줌으로 조엘과 인터뷰를 진행했다.

7 Ed Newton-Rex, "59 impressive things artificial intelligence can do today," *Business Insider*, May 7, 2017, https://www.businessinsider.

com/artificial-intelligence-ai-most-impressive-achievements-2017
-3#security-5.

8   Bernard Marr, "13 mind-blowing things artificial intelligence can already do today," *Forbes*, November 11, 2019, https://www.forbes.com/sites/bernardmarr/2019/11/11/13-mind-blowing-things-artificial-intelligence-can-already-do-today/#4736a3c76502.

9   Jon Levy, David Markell, and Moran Cerf, "Polar Similars: Using massive mobile dating data to predict synchronization and similarity in dating preferences," *Frontiers in Psychology* 10 (2019).

10  "What are single women's biggest complaints about online dating sites?," *Quora*, https://www.quora.com/What-are-single-womens-biggest-complaints-about-online-dating-sites; https://www.quora.com/What-disappointments-do-men-have-with-online-dating-sites.

11  Harold T. Christensen, "Student views on mate selection," *Marriage and Family Living* 9(4) (1947): 85-88.

12  Günter J. Hitsch, Ali Hortacsu, and Dan Ariely, "What makes you click?—Mate preferences in online dating," *Quantitative Marketing and Economics* 8(4) (2010): 393-427. Table 5.2.를 보라.

13  Ibid.

14  https://www.gwern.net/docs/psychology/okcupid/howyourraceaffectsthemessagesyouget.html.

15  Hitsch, Hortacsu, and Ariely, "What makes you click?"

16  Ibid.

17  이 연구의 결과는 다음 기사에 소개되어 있다. Daily Mail Reporter, "Why Kevins don't get girlfriends: Potential partners less likely to click on 'unattractive names' on dating websites," DailyMail.com, January 2, 2012, https://www.dailymail.co.uk/news/article-2081166/Potential-partners-likely-click-unattractive -names -dating-websites.html. 학술 논문은 다음과 같다. Jochen E. Gebauer, Mark R. Leary, and Wiebke Neberich, "Unfortunate first names: Effects of namebased

relational devaluation and interpersonal neglect," *Social Psychological and Personality Science* 3(5) (2012): 590-96.

18 Emma Pierson, "In the end, people may really just want to date themselves," *FiveThirtyEight*, April 9, 2014, https://fivethirtyeight.com/features/in-the-end-people-may-really-just-want-to-datethemselves/.

19 Levy, Markell, and Cerf, "Polar Similars."

20 여러 가지 변수로 연애의 성공을 예측하는 데 성공할 확률은 다음을 참조하라. Tables 3, S4, and S5 of Joel et al., (2020).

21 Alex Speier, "The transformation of Kevin Youkilis," *WEEI*, March 18, 2009.

22 Paul W. Eastwick and Lucy L. Hunt, "Relational mate value: consensus and uniqueness in romantic evaluations," *Journal of Personality and Social Psychology* 106(5) (2014): 728.

## 2장. 아이를 잘 키우는 비결: '동네'가 중요하다

1 Nehal Aggarwal, "Parents make 1,750 tough decisions in baby's first year, survey says," *The Bump*, July 9, 2020, https://www.thebump.com/news/tough-parenting-decisions-first-year-baby-life.

2 Allison Sadlier, "Americans with kids say this is the most difficult age to parent," *New York Post*, April 7, 2020.

3 Jessica Grose, "How to discipline without yelling or spanking," *New York Times*, April 2, 2019.

4 Wendy Thomas Russell, "Column: Why you should never use timeouts on your kids," *PBS NewsHour*, April 28, 2016.

5 Rebecca Dube, "Exhausted new mom's hilarious take on 'expert' sleep advice goes viral," *Today*, April 23, 2013, https://www.today.com/moms/exhausted-new-moms-hilarious-take-expert-sleep-advice-goes-viral-6C9559908.

6 중위소득 수치는 모두 미국노동통계국의 《직업전망편람(Occupational Outlook Handbook)》에서 인용했다. https://www.bls.gov/ooh/.

7 "I want to enroll a boy in dance class (ballet, etc.) but I fear he could be bullied because it's a 'girl thing' and also that he might become gay. What should I do?," *Quora*, https://www.quora.com/I-want-to-enroll-a-boy-in-dance-class-ballet-etc-but-I-fear-he-could-be-bullied-because-its-a-%E2%80%9Cgirl-thing-and-also-that-he-might-become-gay-What-should-I-do.

8 짐 스프링어와 짐 루이스의 이야기를 소개한 글은 여러 편이 있는데, 그 중 하나로 다음을 참조하라. Edwin Chen, "Twins reared apart: A living lab," *New York Times*, December 9, 1979.

9 Steve Lohr, "Creating Jobs: Apple's founder goes home again," *New York Times Magazine*, January 12, 1997.

10 홀트 재단 이야기는 다음 링크를 참조하라. https://www.holtinternational.org/pas/adoptee/korea-2-adoptees/background-historical-information-korea-all/.

11 Bruce Sacerdote, "How large are the effects from changes in family environment? A study of Korean American adoptees," *The Quarterly Journal of Economics* 122(1) (2007): 119-57.

12 Andrew Prokop, "As Trump takes aim at affirmative action, let's remember how Jared Kushner got into Harvard," *Vox*, July 6, 2018, https://www.vox.com/policy-and-politics/2017/8/2/16084226/jared-kushner-harvard-affirmative-action.

13 Michael S. Kramer et al., "Effects of prolonged and exclusive breastfeeding on child height, weight, adiposity, and blood pressure at age 6.5 y: Evidence from a large randomized trial," *American Journal of Clinical Nutrition* 86(6) (2007): 1717-21.

14 Matthew Gentzkow and Jesse M. Shapiro, "Preschool television viewing and adolescent test scores: Historical evidence from the Coleman Study," *Quarterly Journal of Economics* 123(1) (2008): 279-323.

15 John Jerrim et al., "Does teaching children how to play cognitively demanding games improve their educational attainment? Evidence from

a randomized controlled trial of chess instruction in England," *Journal of Human Resources* 53(4) (2018): 993-1021.

16    Hilde Lowell Gunnerud et al., "Is bilingualism related to a cognitive advantage in children? A systematic review and meta-analysis," *Psychological Bulletin* 146(12) (2020): 1059.

17    Jan Burkhardt and Cathy Brennan, "The effects of recreational dance interventions on the health and well-being of children and young people: A systematic review," *Arts & Health* 4(2) (2012): 148-61.

18    "Acceptance Speech | Senator Bob Dole | 1996 Republican National Convention," YouTube, 공화당 전당대회(Republican National Convention) 채널에서 2016년 3월 25일 업로드한 영상, https://www.youtube.com/watch?v=rYft9qxoLSo.

19    Seth Stephens-Davidowitz, "The geography of fame," *New York Times*, March 13, 2014.

20    여러 도시에서 어린 시절을 보내는 것의 인과관계에 관한 데이터는 다음 링크를 참조하라. http://www.equality-of-opportunity.org/neighborhoods/.

21    Raj Chetty et al., "The Opportunity Atlas: Mapping the childhood roots of social mobility," NBER Working Paper 25147, October 2018.

22    논문의 한 단락에서 저자들은 인구총조사에서 중위소득이 1 표준편차만큼 증가하는 것이 중위가구 소득의 21퍼센트에 해당한다고 설명했다. 그리고 이 효과의 62퍼센트는 동네에서 비롯된 것이다.

23    만약 부모들 전체의 소득 효과의 표준편차가 어느 동네의 소득 효과의 표준편차의 두 배라면, 부모들 전체의 소득 효과의 분산은 한 동네의 소득 효과의 분산의 네 배가 된다.

24    동네, 성격, 계층 이동성 사이의 지역 단위 상관관계는 Chetty et al. (2018)의 온라인 부록 [통계 V]와 [통계 II]에 수록되어 있다. 여기에 포함되지 않은 학생/교사 비율이나 학교 보조금에 관한 데이터는 라지 체티와 너새니얼 헨드런이 국가 단위로 계산한 것이다. Raj Chetty and Nathaniel Hendren, "The impacts of neighborhoods on intergenerational mobility

II: county-level estimates," *Quarterly Journal of Economics* 133(3): 1163-28. 수치는〔표 A. 12〕와〔표 A. 14〕에서 볼 수 있다.

25 Alex Bell et al., "Who becomes an inventor in America? The importance of exposure to innovation," *Quarterly Journal of Economics* 134(2) (2019): 647-713.

26 Raj Chetty et al., "Race and economic opportunity in the United States: An intergenerational perspective," *Quarterly Journal of Economics* 135(2) (2019): 711-83.

## 3장. 재능 없이도 운동으로 성공하는 가장 그럴싸한 방법

1 David Epstein, "Are athletes really getting faster, better, stronger?" TED2014, https://www.ted.com/talks/david_epstein_are_athletes_reallygetting_faster_better_stronger/transcript?language=en#t-603684.

2 오로크의 이야기는 다음 글에서 인용했다. Jason Notte, "Here are the best sports for a college scholarship," Marketwatch.com, November 7, 2018.

3 Christiaan Monden et al., "Twin Peaks: more twinning in humans than ever before," *Human Reproduction* 36(6) (2021): 1666-73.

4 트윈스버그 축제를 소개한 글은 여러 편이다. 그중 하나로 다음을 참조하라. Brandon Griggs, "Seeing double for science," *CNN*, August 2017.

5 David Cesarini et al., "Heritability of cooperative behavior in the trust came," *PNAS* 105(10) (2008): 3721-26.

6 Paul M. Wise et al., "Twin study of the heritability of recognition thresholds for sour and salty tastes," *Chemical Senses* 32(8) (2007): 749-54.

7 Harriet A. Ball et al., "Genetic and environmental influences on victims, bullies and bully-victims in childhood," *Journal of Child Psychology and Psychiatry* 49(1) (2008): 104-12.

8 Irene Pappa et al., "A genome-wide approach to children's aggressive behavior," *American Journal of Medical Genetics* 171(5) (2016): 562-72.

9   어떤 쌍둥이들이 일란성이었는지는 뉴스 기사를 통해 추정했다. 스티븐 그레이엄과 조이 그레이엄이 일란성인지 이란성인지에 관해서는 정보가 엇갈린다. 칼 토머스와 찰스 토머스가 일란성인지 이란성인지에 관해서도 정보가 없었다. 그래서 나는 링크드인(LinkedIn)을 통해 찰스 토머스에게 연락을 취했다. 그러자 그가 나에게 답장을 보내 일란성 쌍둥이라고 알려주었다. 고마워요, 찰스!

10  3만 3,000분의 1이라는 숫자는 해마다 달라진다. 하지만 특정한 해에 미국에서 태어난 아이들의 수와 그해에 미국에서 태어난 NBA 농구선수의 수를 비교하는 방법으로 계산이 가능하다. 예컨대 1990년에는 미국에서 약 420만 명의 아이가 태어났고, 그중 절반 정도가 남아였다. 1990년에 미국에서 태어난 NBA 농구선수는 모두 64명이었다.

11  쌍둥이 방정식을 토대로 간단한 모델을 만들었다. 코드는 나의 웹사이트 sethsd.com에서 '쌍둥이 시뮬레이션 모델'이라는 항목을 클릭하면 볼 수 있다.

12  Jeremy Woo, "The NBA draft guidelines for scouting twins," *Sports Illustrated*, March 21, 2018.

13  올림픽 선수들의 모든 추정 숫자는 위키피디아에서 가져왔다.

## 4장. 미국의 숨은 부자는 누구인가?

1   Katherine Long, "Seattle man's frugal life leaves rich legacy for 3 institutions," *Seattle Times*, November 26, 2013.

2   Rachel Deloache Williams, "My brightlights misadventure with a magician of Manhattan," *Vanity Fair*, April 13, 2018.

3   Steve Berkowitz, "Stanford football coach David Shaw credited with more than $8.9 million in pay for 2019," *USA Today*, August 4, 2021.

4   닉 매기울리(@dollarsanddata), "2. 사장처럼 생각하지 않는다. 역대 NFL 선수 중에 가장 큰 부자가 누굴까? 브레이디, 매닝, 매든? 모두 아니다. 답은 제리 리처드슨이다. 그런 이름은 들어본 적이 없다고? 나도 마찬가지다. 제리 리처드슨은 NFL 선수로 뛰면서 돈을 번 게 아니라 하디스라는 프랜차이즈 사업으로 돈을 벌었다. 사장이 되어라. 그리고 사장처럼 생각하

라." 2021년 2월 8일, 오후 12시 30분, 트위터.

5   Tian Luo and Philip B. Stark, "Only the bad die young: Restaurant mortality in the Western US," arXiv: 1410.8603, October 31, 2014.

6   출처는 다음 연구의 온라인 부록이다. Smith, Yagan, Zidar, and Zwick, "Capitalists in the Twenty- First Century." 특히 데이터는 다음 링크의 〔표 J.3〕에서 가져왔다. http://www.ericzwick.com/capitalists/capitalists appendix.pdf. 자료의 위치를 알려준 에릭 츠빅에게 감사를 표한다.

7   1만 명의 독립 예술가들 중에는 소규모 회사와 합작회사를 소유한 부유한 사람들도 포함된다.

## 5장. 성공이라는 길고 따분한 과정

1   토니 퍼델의 이야기를 소개한 글은 여러 편이다. 그중 하나로 다음을 참조하라. Seema Jayachandran, "Founders of successful tech companies are mostly middle-aged," *New York Times*, September 1, 2019.

2   The Tim Ferriss Show #403, "Tony Fadell—On Building the iPod, iPhone, Nest, and a Life of Curiosity," December 23, 2019.

3   Corinne Purtill, "The success of whiz kid entrepreneurs is a myth," *Quartz*, April 24, 2018.

4   Lawrence R. Samuel, "Young people are just smarter," *Psychology Today*, October 2, 2017.

5   "Surge in teenagers setting up businesses, study suggests," https://www.bbc.com/news/newsbeat-50938854.

6   Carina Chocano, "Suzy Batiz' empire of odor," *New Yorker*, November 4, 2019; Liz McNeil, "How Poo-Pourri founder Suzy Batiz turned stinky bathrooms into a $240 million empire," *People*, July 9, 2020.

7   David J. Epstein, *Range* (New York: Penguin, 2019).

8   Paul Graham, "The power of the marginal," paulgraham.com, http://www.paulgraham.com/marginal.html.

9   Joshua Kjerulf Dubrow and Jimi Adams, "Hoop inequalities: Race, class and family structure background and the odds of playing in the

National Basketball Association," *International Review for the Sociology of Sport* 45(3): 251-57; Seth Stephens-Davidowitz, "In the N.B.A., ZIP code matters," *New York Times*, November 3, 2013.

10 Seth Stephens-Davidowitz, "Why are you laughing?" *New York Times*, May 15, 2016.

11 Matt Brown, Jonathan Wai, and Christopher Chabris, "Can you ever be too smart for your own good? Comparing linear and nonlinear effects of cognitive ability on life outcomes," PsyArXiv Preprints, January 30, 2020.

## 6장. 행운을 붙잡는 비결

1 에어비앤비 이야기를 소개한 글은 여러 편이다. 그중 하나로 다음 책을 참조하라. Leigh Gallagher, *The Airbnb Story: How Three Ordinary Guys Disrupted an Industry, Made Billions . . . and Created Plenty of Controversy* (New York: HMH Books, 2017).

2 Tad Friend, "Sam Altman's manifest destiny," *New Yorker*, October 3, 2016.

3 Jim Collins, *Great by Choice (Good to Great)* (New York: Harper Business, 2011).

4 Corrie Driebusch, Maureen Farrell, and Cara Lombardo, "Airbnb plans to file for IPO in August," *Wall Street Journal*, August 12, 2020.

5 Bobby Allyn and Avie Schneider, "Airbnb now a $100 Billion company after stock market debut sees stock price double," *NPR*, December 10, 2020.

6 Albert-Laszlo Barabási, *The Formula* (New York: Little, Brown, 2018).

7 Gene Weingarten, "Pearls Before Breakfast: Can one of the nation's great musicians cut through the fog of a D.C. rush hour? Let's find out," *Washington Post*, April 8, 2007.

8 R. A. Scotti, *Vanished Smile* (New York: Vintage, 2009).

9 https://www.beervanablog.com/beervana/2017/11/16/the-da-vinci-

effect.

10    Caryn James, "Where is the world's most expensive painting?," BBC.
      com, August 19, 2021 https://www.bbc.com/culture/article/20210819-
      where-is-the-worlds-most-expensive-painting.

11    Fraiberger et al., "Quantifying reputation and success in art."

12    새뮤얼 P. 프레이버거는 친절하게도 데이터세트에 포함된 특정 화가의 일
      정표를 제공해주었다.

13    "The Promised Land (Introduction Part 1) (Springsteen on Broadway -
      Official Audio)," YouTube, 2018년 12월 14일에 브루스 스프링스틴이 업
      로드한 영상, https://www.youtube.com/watch?v=omuusrmb6jo&list=P
      L9tY0BWXOZFs9l_PMss5AB8SD38lFBLwp&index=12.

14    Dean Keith Simonton, "Creativity as blind variation and selective
      retention: Is the creative process Darwinian?," *Psychological Inquiry* 10
      (1999): 309-28.

15    *No Direction Home*, directed by Martin Scorsese, Paramount Pictures,
      2005.

16    Aaron Kozbelt, "A quantitative analysis of Beethoven as self-critic:
      Implications for psychological theories of musical creativity," *Psychology
      of Music* 35 (2007): 144-68.

17    Louis Masur, "*Tramps Like Us*: The birth of *Born to Run*," *Slate*,
      September 2009, https://slate.com/culture/2009/09/born-to-run-the-
      groundbreaking-springsteen-album-almost-didnt-get-released.html.

18    Elizabeth E. Bruch and M. E. J. Newman, "Aspirational pursuit of
      mates in online dating markets," *Science Advances* 4(8) (2018).

19    Derek A. Kraeger et al., "'Where have all the good men gone?'
      Gendered interactions in online dating," *Journal of Marriage and Family*
      76(2) (2014): 387-410.

20    Kevin Poulsen, "How a math genius hacked OkCupid to find true
      love," *Wired*, January 21, 2014. 크리스 매킨리는《최적의 큐피드: 오케이
      큐피드의 로직 정복하기(Optimal Cupid: Mastering the Hidden Logic of

OkCupid)》라는 책에서 이 이야기를 들려준다.

21    Jason D. Fernandes et al., "Research culture: A survey-based analysis of the academic job market," *eLife Sciences*, June 12, 2020.

## 7장. 데이터광의 외모 대변신

1    Alexander Todorov, *Face Value* (Princeton, NJ: Princeton University Press, 2017). 나는 2019년 5월 7일에 토도로프와 인터뷰했다.

2    Alexander Todorov et al., "Inferences of competence from faces predict election outcomes," *Science* 308(5728) (2005): 1623-26.

3    Ulrich Mueller and Allan Mazur, "Facial dominance of West Point cadets as a predictor of later military rank," *Social Forces* 74(3) (1996): 823-50.

4    Alexander Todorov and Jenny M. Porter, "Misleading first impressions: Different for different facial images of the same person," *Psychological Science* 25(7) (2014): 1404-17.

## 8장. 인생은 소파를 박차고 일어날 때 바뀐다

1    Dan Gilbert et al., "Immune neglect: A source of durability bias in affective forecasting," *Journal of Personality and Social Psychology* 75(3) (1998): 617-38.

2    "What is it like to be denied tenure as a professor?," *Quora*, https://www.quora.com/What-is-it-like-to-be-denied-tenure-as-a-professor.

3    Donald A. Redelmeier and Daniel Kahneman, "Patients' memories of painful medical treatments: Real-time and retrospective evaluations of two minimally invasive procedures," *Pain* 66(1) (1996): 3-8.

## 9장. 현대인을 불행에 빠뜨리는 함정

1    Erik Brynjolfsson, Avinash Collis, and Felix Eggers, "Using massive online choice experiments to measure changes in well-being," *PNAS* 116(15) (2019): 7250-55.

2    GSS 데이터는 다음을 참조하라. https://gssdataexplorer.norc.org/trends/ Gender%20&%20Marriage?measure=happy.

3    Matthew A. Killingsworth, "Experienced well-being rises with income, even above $75,000 per year," *PNAS* 118(4) (2021).

4    Xianglong Zeng et al., "The effect of loving-kindness meditation on positive emotions: A meta-analytic review," *Frontiers in Psychology* 6 (2015): 1693.

5    Alex Bryson and George MacKerron, "Are you happy while you work?" *Economic Journal* 127(599) (2016): 106-25.

6    Hunt Allcott et al., "The welfare effects of social media," *American Economic Review* 110(3) (2020): 629-76.

7    Peter Dolton and George MacKerron, "Is football a matter of life or death—or is it more important than that?," *National Institute of Economic and Social Research Discussion Papers* 493, 2018.

8    Sean Deveney, "Andrew Yang brings his hoop game, 2020 campaign to A.N.H. gym for new series," https://www.forbes.com/sites/seandeveney/2019/10/14/andrew-yang-2020-campaign-new-hampshire-luke-bonner/?sh=73927bbf1e47.

9    "Comedians Tackling Depression & Anxiety Makes Us Feel Seen," YouTube, 파티시펀트(Participant)가 올린 영상, https://www.youtube.com/watch?v=TBV-7_qGlr4&t=691s.

10   Ben Baumberg Geiger and George MacKerron, "Can alcohol make you happy? A subjective wellbeing approach," *Social Science & Medicine* 156 (2016): 184-91.

11   George MacKerron and Susana Mourato, "Happiness is greater in natural environments," *Global Environmental Change* 23(5) (2013): 992-1000.

12   Chanuki Illushka Seresinhe et al., "Happiness is greater in more scenic locations," *Scientific Reports* 9 (2019): 4498.

13   Sjerp de Vries et al., "In which natural environments are people

happiest? Large-scale experience sampling in the Netherlands," *Landscape and Urban Planning* 205 (2021).

14 모든 행복 점수 비교는 다음 링크의 〔표 2〕를 토대로 저자가 직접 계산한 것이다. https://eprints.lse.ac.uk/49376/1/Mourato_Happiness_greater_natural_2013.pdf.

# 찾아보기